黄河文明与河洛文化丛书

主编 罗子俊 副主编 王东洋

石刻文献与河洛文化论稿

王东洋 著

人民出版社

《黄河文明与河洛文化丛书》
总　　序

河流是陆地表面经常或间歇流动的天然水体，它为人类生存及文明发展提供了丰富的淡水资源。黄河和长江是中国最大的两条河流。江河纵横奔腾的流域，因有充沛的淡水供应和便利的水运条件，成为文明的发祥地。黄河和长江是中华文明的摇篮，黄河流域和长江流域是中华文明的两大发祥地。

"君不见黄河之水天上来，奔流到海不复回。"这是李白《将进酒》中的诗句。黄河在中国古代被称为"四渎之宗"、百水之首。它纵横流淌的北温带80万平方公里的黄土高原和冲积平原，曾经是林草丰茂、自然生态良好的地域。先民在黄河诸支流（如湟水、汾河、渭水、洛水等）流经的台地采集、狩猎，进而发展农耕业，奠定了文明根基，又创造了辉煌的青铜和礼乐文明。20世纪初，中国的现代田野考古在黄河流域起步，发现了仰韶、大汶口、龙山等新石器文化遗址，发掘了安阳殷墟、成周洛邑等商周故城，与《尚书》《左传》《史记》等传世史典对史前及夏商周三代文化在黄河流域繁衍的记述相印证，证明了黄河流域是中华文明的发祥地。

黄河文明延续数千年而不断，至南宋以前黄河中下游地区一直是中华文明的核心地区。黄河文明包括物质文明、政治文明与精神文明，也可称作物质文化、制度文化与精神文化。黄河孕育了河湟文化、关中文化、河洛文化、齐鲁文化，哺育着中华民族，塑造了中华民族自强不息的民族品格。

2019年9月18日，习近平总书记在郑州主持召开黄河流域生态保护和高质量发展座谈会并发表重要讲话，指出："黄河文化是中华文明的重要组成部分，是中华民族的根和魂。要推进黄河文化遗产的系统保护，深入挖掘黄河文化蕴含的时代价值，讲好'黄河故事'，延续历史文脉，坚定文化自信，为实现中华民族伟大复兴的中国梦凝聚精神力量。"

河洛地区是黄河与其支流伊洛河交汇之地，处于黄河中游及中下游之交。司马迁在《史记》里曾说："昔三代之居，皆在河洛之间。"河洛地区被古人称作"天下之中"，历史上长期是我国政治、经济、文化的中心。河洛文化是植根于河洛地区的历史文化，是黄河文化的源头和核心，也是中华民族最为古老的传统文化，被学者称为中华文明之源、中华文化之根。

河南科技大学位于十三朝古都洛阳，是研究河洛文化的重镇之一。此前已有多部河洛文化研究成果面世，在省内外产生了较大影响。如今又"更上一层楼"，推出本套《黄河文明与河洛文化丛书》。丛书内容大体可分为以下四个方面：

文物考古方面有两种：《石刻文献与河洛文化论稿》一书选取河洛地区出土的重要石刻，如汉魏石经、西晋《辟雍碑》、北宋富弼家族墓志等，探讨它们与河洛文化传承的关联，发掘其所涉及的时代和史事，如都城迁徙、制度改革、家族兴衰、思想风俗等，视角独特，颇具新意。毡帐是游牧文化的重要标志，公元4世纪由北方草原传入中原。《胡风东渐与族群互动——魏晋至隋唐时期帐篷形象的考古学研究》一书广泛收集与毡帐相关的考古文物资料，区分其系统，考察其源流，并探讨载帐骆驼俑的发展演变，以揭示中古时期中国北方的族群互动和文化交流，再现胡风东渐下的中原社会生活场景。

社会生活和规范方面有两种：《汉唐间河洛地区社会生活研究》一书从衣、食、住、行和民间娱乐五个方面阐述河洛地区居民的社会生活，诸如食物品种、饮食器具、饮食习惯，纺织品生产销售与服饰演变，居住环境、建筑风格与住宅类型、室内布局，交通工具、道路修建与出行习俗，节令习俗与游艺活动等，可谓应有尽有，并指出河洛地区的社会生活代表着中国北方社会生活的整体水平，居民的生活方式与理念体现了时代发展的方向。《河洛民间契约与地方社会秩序》一书在系统整理河洛地区民间契约文书的基础上，结合地方文献，从微观和宏观两个方面，对土地房产契约、钱债契约、婚书、继嗣文书、分家文书、养老契约、金兰谱等契约文书进行深入探讨，揭示其与田宅交易规范、借贷习俗、婚姻习俗、析产习俗、养老习惯及结义习俗的关系，可以加深人们对河洛地区社会规范和社会秩序的认识。

文学方面也有两种：《孔颖达与〈诗经〉学研究》一书以黄河文明和河洛文化为背景，从文学和经学两个角度对《诗经》学进行溯源性考察。《诗经》是黄河文明的产物，风、雅、颂中的很多篇什产生于以洛阳为中心的河洛地区，"三百篇"在东周洛阳做了最后的集结。唐初，李世民秦王幕府"十八学士"之一的著名经学家孔颖达，奉唐太宗之命对唐前《诗经》学进行集大成式的整理，是为《毛诗正义》。《孔颖达与〈诗经〉学研究》即是对孔颖达《诗经》学进行的拓展和深化研究：文学方面包括《诗经》的文本构成、风格审美和主题阐释，经学方面则对孔颖达的著述、学行进行考证，分析其《诗经》学的体系、价值取向及思想内涵。作者认为，《诗经》文学之美就是黄河最生动的历史映像，孔颖达经学思想的理性与担当就是黄河彰显出来的民族精神。《隋唐洛阳文学研究》一书不是单纯按文学体裁诗歌、辞赋、散文、小说等进行研究，而是紧密结合东都洛阳的历史文化进行阐述，通过文学作品探讨洛阳城的风貌，如寓居洛阳的文人群体的闲适生活、对洛阳风景名胜的咏赞、对洛阳四时节令习俗的考察等，颇具特色。

文化传承创新方面有《河洛文化循迹》一书，该书从时间和空间两个维度，展现河洛文化的历史与现实。时间层面上，追溯河洛文化的历史脉络和文化价值，呈现河洛文化的现代传承与形态转换；空间层面上，切实考察河洛山水城镇的地域空间，深入探究河洛文明的特色文化空间。该书作者通过走访洛阳的城市、乡村、特色民族村寨，考察博物馆、实体书店以及古代书院遗址，探讨河洛文化的历史传承与现代转型，揭示河洛文明既源远流长又与时俱进的精神力量。

　　本丛书洋洋二百万言，内容丰富。著者多为富于学养的中青年学者，且有先期研究成果。书稿选题新颖，史料翔实，研究深入，观点持之有故，言之成理，有助于人们系统、全面认识河洛文化和黄河文化，挖掘其蕴含的时代价值；有利于推进文化遗产的系统保护，延续历史文脉，坚定文化自信，可谓"开卷有益"。丛书即将由人民出版社梓行，以惠学林，可喜可贺，遂草成以上推介文字，聊以充序。

程有为

2022 年 3 月 20 日于郑州文化路洛�î斋

编者的话

2019年9月，习近平总书记在郑州主持召开黄河流域生态保护和高质量发展座谈会，提出"黄河文化是中华文明的重要组成部分，是中华民族的根和魂"，作出"保护、传承、弘扬黄河文化"的重要指示。黄河流域长期是中国古代政治、经济和文化的中心，孕育了河湟文化、河洛文化、关中文化与齐鲁文化等丰富多彩的地域文化。

河洛文化根植于河洛地区，由生活在河洛地区的华夏部族、汉民族及其他民族的人民群众共同创造，并在与周边地域文化的交流中不断发展完善，最终成为中原文化、黄河文化的核心，成为中华传统文化的主根和主源。以洛阳为中心的河洛地区，横跨黄河中游南北两岸，是中华文明的重要发源地。这里成为"最早的中国"，是五帝时代以迄唐宋时期古代中国的首善之区。唐宋以后，伴随着中国政治、经济中心的转移，尽管河洛地区有所衰落，但其在中华文明进程中仍发挥着不可替代的作用。新中国成立后，古都洛阳焕发出新的生机，是"一五"时期全国八个重点建设的工业城市之一，为我们留下了宝贵的工业遗产与民族记忆。研究河洛文化，探寻黄河文明，是历史担当和时代呼唤，关乎沿黄区域经济与社会发展，更关乎中华民族的文化自信与伟大复兴！

河南科技大学坐落于古都洛阳，具备开展黄河文明与河洛文化研究得天独厚的区位优势。人文学院的教学与科研以河洛文化为特色，逐渐形成文、史、哲、法各学科协同发展的新格局，在全省乃至全国具有一定地位和影响。近年来人文学院获批近 20 项国家社科基金项目，大都与黄河文明或河洛文化密切相关。围绕黄河文明与河洛文化，凝练科研方向，回答时代问题，优化科研团队，培养后备人才，积极打造更高级别的科研平台，是人文学院教学与科研的重点方向。

《黄河文明与河洛文化丛书》坚持以习近平新时代中国特色社会主义思想为指导，贯彻习近平总书记关于"保护、传承、弘扬黄河文化"的重要指示精神，推进黄河文化遗产的系统保护，深入挖掘黄河文化蕴含的时代价值，讲好"黄河故事"，延续历史文脉，坚定文化自信，为实现中华民族伟大复兴的中国梦凝聚精神力量！本丛书注重河洛文化、黄河文明与中华文明的内在学理研究，以河洛文化研究为抓手，深化黄河文明的研究阐释；以河洛文化的繁荣兴盛，助推华夏文明的传承创新！

《黄河文明与河洛文化丛书》出版得到中央支持地方高校改革发展资金项目"河南丝绸之路文化资源保护发展研究院"（17010002-2020）资助，谨致谢忱！以洛阳为中心的隋唐大运河，沟通了陆上丝绸之路与海上丝绸之路，河洛文化由陆上与海上丝绸之路传播至海内外，成为古代中国与丝路沿线诸国文明交融、文化交流的重要形式，在中外文化交流史上居于重要地位。

本丛书也是河南科技大学人文学院主持的河南高等教育教学改革研究与实践项目"'一带一路'视域下河洛文化教育资源的整合与利用"（2019SJGLX259）的成果之一。坚持教学与科研双轮驱动，注重科研反哺教学，是我们矢志不渝的教育理念。

《黄河文明与河洛文化丛书》编委会

2022 年 2 月 16 日

前言："一带一路"倡议、大运河与河洛文化

2013年9月和10月，国家主席习近平分别提出建设"丝绸之路经济带"和"21世纪海上丝绸之路"的合作倡议（简称"一带一路"倡议），为中华民族伟大复兴注入了强大动力，为丝路沿线各国共赢发展搭建了重要平台，具有重要的国际影响。2019年9月，习近平总书记在视察河南期间，提出"黄河文化是中华文明的重要组成部分，是中华民族的根和魂"，作出"保护、传承、弘扬黄河文化"的重要指示。[①] 黄河流域长期是中国古代政治、经济和文化中心，孕育了河湟文化、河洛文化、关中文化、齐鲁文化等。其中，河洛文化是黄河文化的重要组成部分。

"一带一路"倡议包含陆上丝绸之路经济带和海上丝绸之路。陆上丝绸之路就是我们通常所说的丝绸之路，大约形成于公元前2世纪至公元1世纪间，直至16世纪仍在发挥作用，是一条东方与西方之间政治、经济、文化交流的重要通道。洛阳在陆上丝绸之路开拓中发挥了重要作用，居于重要地位：西汉初年曾短暂定都洛阳，东汉再次定都洛阳，洛阳成为丝绸之路的东方起点之一，为陆上丝绸之路的开辟、发展、繁荣做出了突出贡献。隋唐王朝通过丝绸之路和大运河保持国内外的联系，国内外客商云集洛阳，通商贸易、文化交流、人员往来日益繁盛。自西汉中期到唐中期丝绸之路贸易兴盛了千余年间，历代王朝先后采取了一系列政策措施推动丝绸之路贸易的发展。相对于陆上丝绸之路而言，海上丝绸之路是通过海上交通线发展起来的东西方贸易和文化交流通道。海上丝绸之路初步形成于秦汉时期，进一步发

---

① 习近平：《在黄河流域生态保护和高质量发展座谈会上的讲话》，《求是》2019年第20期。

展于魏晋南北朝时期，日趋繁盛于唐宋时期，渐趋没落于明清时期。海上丝绸之路是世界上已知的最为古老的海上航线，是古代中国与海外诸国交通贸易和文化交往的海上通道。"丝绸之路"现在已是古代中外政治、经济、文化交流的统称，甚至突破了原来的"中外关系史"和"中西交通史"。[①]

那么，陆上丝绸之路与海上丝绸之路的交汇点在哪里呢？我们认为就在古都洛阳。沟通陆上丝绸之路与海上丝绸之路的南北交通大动脉就是隋唐大运河，而隋唐大运河的中心就是东都洛阳。

所谓"大运河"，是京杭运河、隋唐运河、浙东运河的总称。中国大运河项目于2014年成功入选世界文化遗产名录，成为中国第46个世界遗产项目。隋唐大运河以东都洛阳为中心，向南北呈辐射状，主要包括永济渠（御河）、通济渠（汴河）、邗沟（山阳渎）和江南河四段，由北向南沟通了海河、黄河、淮河、长江及钱塘江五大水系，是那个时代世界上最为伟大的工程之一。更为重要的是，隋唐大运河一端通过扬州、宁波等港口与海外诸国保持联系，打通了海上丝绸之路，另一端自洛阳西出，衔接着横贯欧亚大陆的陆上丝绸之路，显示出隋唐帝国恢弘的开放气魄。以洛阳为中心的隋唐大运河，沟通了陆上与海上丝绸之路，成为连接古代东西方世界的主要交通线。通过大运河，古都洛阳成为隋唐宋时期唯一沟通陆上丝绸之路与海上丝绸之路的城市。

以洛阳为中心的河洛地区，在北宋以前长期是我国古代政治、经济和文化中心，是中国首善之区，在很多方面处于全国领先地位。河洛文化根植于河洛地区，"为生活在这一地区的华夏部族、汉民族及其他民族的人民群众共同创造，并在与周边地域文化的交流中不断完善发展，最终成为中原文化、黄河文化的核心，成为中华传统文化的主根和主源"[②]。关于河洛地区的范围，朱绍侯先生认为，"以洛阳、巩义为中心，西抵潼关，东至开封，南达汝颍，北越黄河，直到太行山"，凡在河洛区域内古今人所创造的文化，

---

① 刘进宝：《"丝绸之路"概念的形成及其在中国的传播》，《中国社会科学》2018 年第 11 期。

② 《河洛文化在中华传统文化中的地位及影响（笔谈）》"编者按"，《黄河科技大学学报》2008 年第 6 期，第 25 页。

统称之为河洛文化。① 薛瑞泽先生认为，"以洛阳为中心，东至郑州、中牟一线，西抵潼关、华阴，南以汝河、颍河上游的伏牛山脉为界，北跨黄河，以汾河以南的晋南，河南的济源、焦作、沁阳一线为界"②。二者之说大同小异，后者更为精确。河洛文化酝酿、产生、发展于河洛地区，因河洛地区长期以来是中国古代的政治、经济和文化中心，河洛文化具有鲜明的自身特征。河洛文化最突出的特征是：内容的元典性（根源性、原创性）、内涵的核心性（基础性、终极性）以及传承的连续性。③ 由于河洛文化具有根文化与母文化的特征，所以河洛文化也是构成中华民族文化的主干与核心。

由于战争与灾荒等因素，历史上河洛地区民众多次向周边迁徙，尤其是南迁至今江西、福建、广东等省，再迁至台湾乃至海外，造就了今日为数众多的自称"河洛郎"的客家人。客家人的形成与中原移民有关，中原民众多次南迁，大约在元明之际在南方形成了客家人。④ "台湾同胞的祖根三百年前在福建，一千年前在河洛地区"，台湾的汉族人口多数是闽南移民，他们自称"河洛郎"。⑤ 客家人既是河洛文化的创造者、传承者、传播者，又在河洛文化的基础上创造了富有创新精神的客家文化。如今自称"河洛郎"的客家人遍布海内外，不论其信仰、职业、年龄、地域有多大差异，只要一谈起河洛文化，他们就会倍感亲切，有说不完的话题，心里的距离骤然拉近。海内外客家人前来河洛地区寻根问祖蔚然成风，"根在河洛"成为全球客家人的共识。河洛文化是维系海内外炎黄子孙的重要精神纽带，加强河洛文化研究，对于增强海内外客家人及全球华人对"根在河洛"的文化认同，增强海内外华人对中华民族的民族认同与文化认同，推进中华民族的统一大业具有重要意义。

以洛阳为中心的隋唐大运河，沟通了陆上丝绸之路与海上丝绸之路，

① 朱绍侯：《河洛文化的性质及研究的意义》，《黄河科技大学学报》2008 年第 6 期。
② 薛瑞泽、许智银：《洛文化研究》，民族出版社 2007 年版，第 64 页。
③ 杨海中：《河洛文化的三个特点》，《河洛文化与客家文化》，河南人民出版社 2012 年版，第 697—700 页。
④ 任崇岳：《中原移民简史》，河南人民出版社 2006 年版，第 8 页。
⑤ 陈子华：《论闽台文化与河洛文化之亲缘关系》，载陈义初主编《河洛文化与殷商文明》，河南人民出版社 2007 年版，第 81 页。

河洛文化由陆上与海上丝绸之路传播至海内外，成为古代中国与丝路沿线诸国文明交融、文化交流的重要内容，在中外文化交流史上居于重要地位。河洛文化在对外传播的同时也通过丝绸之路源源不断吸收世界各地文化，从而使河洛文化始终保持旺盛生命力。① 河洛文化通过丝绸之路实现了对外传播与对内吸纳的双向互动，始终保持着积极进取态势，对我们今日重新认识河洛文化与"一带一路"倡议有重要启发。

总之，历史上陆上丝绸之路与海上丝绸之路的交汇点在洛阳，隋唐大运河的中心在洛阳，河洛文化的根源地在洛阳。进入新时代，"一带一路"倡议横空出世，"大运河"文化保护传承利用已上升至中央重大决策部署，黄河文化（含"河洛文化"）的保护、传承、弘扬上也已升至国家战略，于是三者被置于实现中华民族伟大复兴的中国梦的动力源下进行考察。"一带一路"倡议、"大运河"与河洛文化便产生了紧密结合，探讨三者的内在关联与机理，便成为新时代中国持续发展、构建人类命运共同体急需研究的重要课题。

河洛地区的石刻文献保存着重要的政治、社会、文化和民族等信息，承载着当时的"社会主导文化"和"国家文化"，具有重要的价值，成为研究中国历史与文化不可或缺的重要资料。本书选取河洛地区出土的重要石刻文献，探讨石刻文献与河洛文化传承的内在关联。甲篇关注洛阳汉魏石经与《晋辟雍碑》，探讨汉魏石经的种类、地位及其在十六国北朝政局演进及文教发展中的作用，揭示《晋辟雍碑·碑阴》所反映的几个问题。乙篇关注北魏洛阳时代，对北魏孝文帝迁都洛阳原因提出新解，对迁都洛阳"草率说"提出质疑，对孝文帝迁都洛阳至隋王朝之间的胡姓与汉姓变迁进行了系统梳理，对北魏洛阳时代的水运建设及其对隋唐大运河的影响进行了探究。丙篇关注洛阳新出富弼家族墓志，由此考察北宋大族的迁徙与兴衰，由墓志出发，系统探讨了富弼的政治、军事、外交及赈灾思想。丁篇关注忠孝文化与民间信仰，由一年一度的洛阳关林朝圣大典反思历史上关羽评价的演变，通过研读《孝经》论述孝道与治国、河洛文化与孝道文化的关系，由洛阳民俗博物馆新获老子木雕神像看河洛地区民间老子文化信仰。

---

① 张留见：《河洛文化与丝绸之路》，《中州学刊》2009 年第 1 期。

目　录

前言："一带一路"倡议、大运河与河洛文化 ··1

甲篇　汉魏石经与《晋辟雍碑》

第一章　从汉魏石经看古都洛阳的文化地位 ··3

　一、"汉魏石经"之概念 ··3

　二、熹平石经 ···4

　三、正始石经 ···9

　四、《典论》石经 ··13

　结　语 ···17

第二章　洛阳汉魏石经在十六国北朝历史演进中的地位及作用 ··············19

　　　　——兼论汉魏石经对隋唐书学教育之影响

　一、汉魏石经成为十六国北朝早期汉化的载体和标志 ··················20

　二、汉魏石经促进北魏洛阳时代儒学文化复兴 ························24

　三、汉魏石经成为北朝后期争夺正统的符号与象征 ····················26

　四、汉魏石经促进南北文化交融与文化认同 ··························30

　五、汉魏石经规范隋唐书学教育之发展 ······························33

　结　语 ···35

第三章　《晋辟雍碑·碑阴》所反映的几个问题 ······························37

　一、由碑阴名录看正史所载地理方面的疏误 ··························37

　二、由儒生籍贯看各地儒学发展状况 ································40

三、郑、王两家礼生并存所反映的问题 ……………………… 47

四、由碑阴名录看西晋儒生多单名的风俗 ………………… 48

乙篇　北魏洛阳时代

第四章　北魏孝文帝迁都洛阳原因新论 ……………………… 53

　一、南迁：拓跋鲜卑的历史传统 ……………………………… 53

　二、邺城：不被选择，由来已久 ……………………………… 55

　三、洛阳：统一帝国的都城 …………………………………… 57

　结　语 …………………………………………………………… 65

第五章　从平城到洛阳：北魏孝文帝迁都洛阳"草率说"献疑 …… 66

　一、迁都准备，扎实充分 ……………………………………… 67

　二、迁都过程，分步有序 ……………………………………… 68

　三、对反对迁都官员的劝诫 …………………………………… 71

　四、对普通民众的抚慰 ………………………………………… 72

　结　语 …………………………………………………………… 74

第六章　北魏迄隋胡姓、汉姓转变及其意义 ………………… 75

　一、北魏孝文帝姓氏改革：由胡姓到汉姓 ………………… 75

　二、北齐、北周：由汉姓到胡姓 ……………………………… 79

　三、隋代："悉宜复旧"，回归汉姓 …………………………… 83

　结　语 …………………………………………………………… 85

第七章　大运河与大一统：北魏洛阳时代的水运建设及其意义 … 86

　一、"达于江淮"：北魏孝文帝之前的水运建设 …………… 87

　二、"下船而战"：洛阳由水路直达淮水 …………………… 90

　三、"通运四方"：解决黄河急峻难题 ……………………… 94

　四、"以船代车"：水运征收租调 …………………………… 95

　结　语 …………………………………………………………… 98

丙篇　洛阳出土富弼家族墓志研究

第八章　从富弼家族墓志看北宋大族的迁徙与兴衰……………………103

　一、墓志所见富氏家族的迁徙……………………………………103

　二、墓志所见其他家族的迁徙……………………………………110

　三、科举考试与家族兴衰…………………………………………112

第九章　富弼的政治思想………………………………………………117

　一、正统思想………………………………………………………117

　二、天灾关乎人事…………………………………………………121

　三、广通言路………………………………………………………124

　四、太平治世思想…………………………………………………126

　结　语……………………………………………………………127

第十章　富弼的军事思想………………………………………………129

　一、统筹西北与东南防务…………………………………………129

　二、统筹国防建设、经济发展与社会治安………………………130

　三、居安思危，积极备战…………………………………………131

　四、反对宦官监军…………………………………………………133

　五、理顺军事管理体制：宰相兼任枢密使………………………134

　六、师出有名，反对行刺…………………………………………135

　结　语……………………………………………………………137

第十一章　富弼的外交思想……………………………………………138

　一、宋辽为兄弟之国，地位应平等………………………………138

　二、西夏为宋之臣属，应尽臣节…………………………………142

　三、利用宋、辽、夏三角关系，争取外交主动…………………144

　结　语……………………………………………………………147

第十二章　富弼的赈灾思想及其实践…………………………………148

　一、青州赈灾实践…………………………………………………148

　二、从《救荒活民书》看富弼赈灾之思想………………………151

　　　　结　语 ……………………………………………………153

丁篇　忠孝文化与民间信仰

第十三章　关羽评价的历史学考察——以正史记载为中心…………157

　　一、汉献帝建安年间：关羽生前同时代人的评价 …………158

　　二、三国西晋时期：关羽死后不久的评价 …………………161

　　三、十六国北朝对关羽的评价 ………………………………163

　　四、南朝对关羽的评价 ………………………………………165

　　五、唐宋及其以降对关羽的评价 ……………………………166

　　　　结　语 ……………………………………………………168

第十四章　孝道与治国——以《孝经》所论为考察点………………170

　　一、从《孝经》看"孝"与"忠" ……………………………170

　　二、从《孝经》看"孝道"与"治国" ………………………172

　　三、后世对"以孝治天下"思想的践行 ……………………174

　　　　余　论 ……………………………………………………178

第十五章　河洛地区民间信仰探微…………………………………181

　　　　——以洛阳民俗博物馆新获老子木雕造像为例

　　一、老子民间信仰的社会基础 ………………………………181

　　二、老子木雕造像的"佛教化"造型 ………………………183

　　三、老子造像佛教化造型所反映的问题 ……………………188

　　　　结　语 ……………………………………………………190

余　论：河洛文化教育资源的整合与利用………………………………191

　　一、河洛文化教育资源的整合 ………………………………191

　　二、河洛文化教育资源的综合利用 …………………………196

　　　　结　语 ……………………………………………………199

参考文献………………………………………………………………200

后　记…………………………………………………………………209

甲篇　汉魏石经与《晋辟雍碑》

第一章　从汉魏石经看古都洛阳的文化地位

　　东汉熹平石经与曹魏正始石经为我国古代著名的两大儒家经籍石经，一般被称为汉魏石经。汉魏石经具有重要的文献价值和历史价值，引起古今学者的持续关注和研究，并取得了丰硕成果①，近年来更是出版了综合性资料集刊②，为学界进一步研究提供了便利。但是，曹魏将《典论》刻石，立于太学，其性质是否属于汉魏石经，学界罕有论述。本章拟对洛阳汉魏石经之种类及其相关问题试作杂考，以期深化对古都洛阳及河洛文化在中国文化史上地位之认识。

一、"汉魏石经"之概念

　　"汉魏石经"概念的提出，始于北魏郑道昭。《魏书》卷五六《郑道昭传》载国子祭酒郑道昭上表宣武帝曰：

---

① （宋）洪适：《隶释》（中华书局 2003 年版）、（清）顾炎武：《石经考》（景印文渊阁《四库全书》第 683 册，台湾商务印书馆 1982—1986 年版）；（清）万斯同：《石经考》（景印文渊阁《四库全书》第 683 册）、（清）杭世骏：《石经考异》（景印文渊阁《四库全书》第 684 册）、（清）孙星衍：《魏三体石经残字考》（《丛书集成初编》第 131 册）、王国维：《魏石经考》（《观堂集林》，收入《王国维全集》，浙江教育出版社、广东教育出版社 2009 年版）、吴宝炜辑：《魏三体石经录》（1923 年石印本）、张国淦：《历代石经考》（燕京大学国学研究所 1930 年版）、孙海波：《魏三字石经集录》（北平大业印书局 1937 年版）、马衡：《汉石经集存》（科学出版社 1957 年版）。

② 贾贵荣辑：《历代石经研究资料辑刊》（全八册），北京图书馆出版社 2005 年版。

崇治之道，必也须才；养才之要，莫先于学。今国子学堂房粗置，弦诵缺尔。城南太学，汉魏《石经》，丘墟残毁，蓬蒿芜秽……伏愿天慈回神纡盼，赐垂鉴察。……树旧经于帝京，播茂范于不朽。斯有天下者之美业也。[1]

郑道昭充分认识到汉魏石经对北魏文教发展和政治宣扬的重要价值，强烈建议朝廷充分利用汉魏石经的文化价值和象征意义，所谓"树旧经于帝京，播茂范于不朽"，正式提出"汉魏石经"之说。北朝后期史家进一步提出"洛阳汉魏石经"之说。《魏书》卷一二《孝静帝纪》载东魏静帝武定四年八月，"移洛阳汉魏《石经》于邺"[2]。《孝静帝纪》沿用郑道昭"汉魏石经"之说，并于前冠以"洛阳"二字，从而正式确立"洛阳汉魏石经"之概念。高欢控制东魏朝廷时，为争夺正统，发展文教，下令将洛阳汉魏石经迁移至邺城，拉开北朝后期汉魏石经流转的序幕。[3]

二、熹平石经

东汉灵帝熹平四年（175），由议郎蔡邕牵头，奏请朝廷将儒经刻石，用统一的隶书书写。汉灵帝采纳其上奏，由此拉开了中国古代史上的重大文化工程的序幕。

《后汉书》卷六〇下《蔡邕传》：

邕以经籍去圣久远，文字多谬，俗儒穿凿，疑误后学，熹平四年，乃与五官中郎将堂溪典、光禄大夫杨赐、谏议大夫马日磾、议郎张驯、韩说、太史令单飏等，奏求正定《六经》文字。灵帝许之，邕乃自书丹于碑，使工镌刻立于太学门外。于是后儒晚学，咸取正焉。及碑始

---

① （北齐）魏收：《魏书》卷五六《郑道昭传》，中华书局 1974 年版，第 1240—1241 页。

② （北齐）魏收：《魏书》卷一二《孝静帝纪》，第 308 页。

③ 参见本书第二章《洛阳汉魏石经在十六国北朝历史演进中的地位及作用》第三部分"汉魏石经成为北朝后期争夺正统的符号与象征"的相关论述。

图 1–1　熹平石经残片

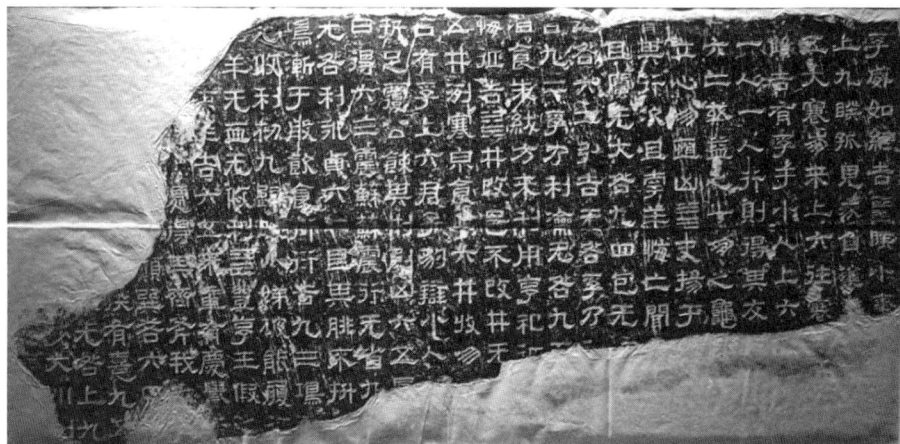

图 1–2　熹平石经拓片（部分）

立，其观视及摹写者，车乘日千余两，填塞街陌。①

《后汉书》卷七九上《儒林传》：

> 自是游学增盛，至三万余生。然章句渐疏，而多以浮华相尚，儒
> 者之风盖衰矣。……熹平四年，灵帝乃诏诸儒正定《五经》，刊于石碑，
> 为古文、篆、隶三体书法以相参检，树之学门，使天下咸取则焉。②

以上引两史料为基础，再结合其他史料，就以下几个问题进行考论。

（一）熹平石经与经学统一

由蔡邕上奏文可知，经籍流传中多有谬误，俗儒更是穿凿附会，误导
后学。汉武帝"罢黜百家，表彰六经"，立五经博士，专门从事经学的研究
和传授，其弟子通经可以入仕。因立于学官，儒学称为经学，因通经入仕，
儒生趋之若鹜。东汉继承汉武帝太学之制，在京城洛阳设置太学，生源逐年
增加，最高时达到三万人。即便如此，仍有大批儒生不能进入太学学习。在
当时条件下，经书写于简牍和帛书，在流传中多靠口授手抄，不免日增谬
误，有的经师甚至以家学更改官方所藏文本。经学文本的不统一，导致经学
考试时激烈的争论。为统一经学文本，杜绝篡改弊端，朝廷采纳蔡邕等人之
议，下令开刻熹平石经。

熹平石经在刻制过程中，始终伴随着经学文本的校对和校勘，其方法
是"古文、篆、隶三体书法以相参检"，最终确定采用隶书书写。《后汉书》
卷六四《卢植传》载朝廷下诏开刻石经后，"岁余，复征拜议郎，与谏议大
夫马日磾、议郎蔡邕、杨彪、韩说等并在东观，校中书《五经》记传，补
续《汉记》"③。另据《水经注》卷一六《谷水》载，"又东经国子太学《石经》
北……汉魏以来，置太学于国子堂。东汉灵帝光和六年，刻石镂碑载《五

---

① （南朝宋）范晔：《后汉书》卷六〇下《蔡邕传》，中华书局1965年版，第1990页。
② （南朝宋）范晔：《后汉书》卷七九上《儒林传》，第2547页。
③ （南朝宋）范晔：《后汉书》卷六四《卢植传》，第2117页。

经》，立于太学讲堂前"①。熹平石经自汉灵帝熹平四年（175）开刻，至光和六年（183）才大功告成，历经八年时间。在这期间，考校经学文本的工作一直在进行。

当然，经学文本的校对，还需要经学的大致统一。众所周知，两汉间有几次重要的学术会议，著名者有西汉石渠阁会议和东汉白虎观会议，目的都是借用朝廷的权威来统一经学。东汉今古文经学的大致统一，为熹平石经的开刻奠定了学术基础。反之，熹平石经的刊刻，对经学文本之统一，对东汉太学之发展，对汉魏学术之传承，也产生了重要而深远的影响。熹平石经立于太学，由"车乘日千余两""使天下咸取则"等用语可知，众多外地儒生驱车赶往太学门外参观临摹，则熹平石经并非仅针对太学生学习之用，而是面向天下儒生的。太学生可以观瞻参照，其他后学也可临摹学习。可以说，熹平石经就是东汉朝廷为天下儒生及学子颁布的统一的标准的官方钦定教材。

（二）"五经""六经"与"七经"之不同记载

《后汉书·蔡邕传》载蔡邕上疏奏求"正定《六经》"，而《儒林传》载"正定《五经》"。《后汉书·卢植传》载"始立太学《石经》，以正《五经》文字"，《水经注》卷一六《谷水》亦云"刻石镂碑载《五经》"。另《隋书·经籍志》载"后汉镌刻七经，著于石碑"。诸记载不一，那么熹平石经所刻内容到底是"五经""六经"，还是"七经"呢？

众所周知，"六经"乃《诗》《书》《礼》《易》《乐》和《春秋》之统称，其后《乐》失佚，六经变为五经。汉武帝设太学，立《五经》博士，五经成为儒家经学的习惯称呼。需要注意的是，汉武帝所立五经博士，与文、景时期所立不同。文景时期，提倡学术伊始，无论经子，皆使博士讲习，各博士职务相同，没有专责。汉武帝时，积书既多，需要分工治理，于是罢黜百家，专立《五经》，博士各掌其经，不复相乱。②五经不可变动，但后学可为之作注，形成经、传并存的现象。据王国维先生考证，"汉石经经数，当为

---

① （北魏）郦道元著，陈桥驿校证：《水经注校证》，中华书局 2007 年版，第 401 页。
② 刘汝霖：《汉晋学术编年》，华东师范大学出版社 2010 年版，第 71—72 页。

《易》、《书》、《诗》、《礼》、《春秋》五经并《公羊》、《论语》二《传》，故汉时谓之五经，或谓之六经，《隋志》谓之七经"①。马衡先生认为，"数五经者，不数公羊、论语二传；数六经者，以公羊传合于春秋；数七经者，举其全数。要之，皆是也"②。王国维所推论，已由地下出土石经之残石所验证。详勘出土石经残石，所刻石经有诗、书、易、礼、春秋、公羊传和论语七种。③ 据此，《后汉书》《水经注》《隋书》关于熹平石经"五经""六经"和"七经"的记载均有一定道理，是不同统计方法造成的。④ "六经"之说是蔡邕向朝廷上奏时用语，乃东汉知识界当时通行的说法，而"五经"之语是汉灵帝下诏批准的，也是熹平石经最终所刻文本。

（三）熹平石经并非全由蔡邕书丹

《蔡邕传》云"邕乃自书丹于碑"，加之《隋书·经籍志》载"后汉镌刻七经，著于石碑，皆蔡邕所书"，《太平御览》载"邕乃自丹于碑"⑤，易让后来学者误认为熹平石经全为蔡邕书丹。南宋洪适《隶释》即提出质疑，谓今存诸经字体各不同，虽蔡邕能分善隶，兼备众体，但文字之多，恐非一人可办。清人杭世骏《石经考异》谓"窃意其间必有同时挥毫者。张演石经跋云，今六经字体不一，当是时书丹者亦不独邕"⑥。另据刘汝霖先生考证，熹平石经成于光和六年，而蔡邕以光和元年得罪离京，其不得始终参与石经之事，故后人统谓石经为蔡邕所书是错误的。⑦ 从出土熹平石经残石来看，当时书写石经者并非仅蔡邕一个，还有马日磾等人。

---

①　王国维：《观堂集林》卷一六《魏石经考一》，载《王国维全集》第八卷，浙江教育出版社、广东教育出版社 2009 年版，第 482 页。

②　马衡：《汉石经集存·概述》，科学出版社 1957 年版。

③　段鹏琦：《汉魏洛阳故城》，文物出版社 2009 年版，第 100 页。

④　（清）桂馥《历代石经考略》："考汉置五经博士（乐经失传），故称五经，又加《论语》，则称六经，唐时春秋、公羊传分为二（《隋志》），故称七经。"此说大体可信。马衡先生认为五经、六经和七经之称呼，均可。

⑤　（宋）李昉等：《太平御览》卷五八九《文部五》，中华书局 1960 年版，第 2651 页。

⑥　（清）杭世骏：《石经考异》，景印文渊阁《四库全书》（第 684 册），台北商务印书馆 1985 年版，第 772 页。

⑦　刘汝霖：《汉晋学术编年》，第 397 页。

（四）熹平石经之存放位置

关于熹平石经存放位置，有两种说法：其一，存放在太学讲堂前。《后汉书》卷六〇下《蔡邕传》注引《洛阳记》："太学在洛城南开阳门外，讲堂长十丈，广二丈。堂前石经四部。"其二，按序立于太学门外。《后汉书·蔡邕传》云"立于太学门外"。《后汉书》卷七九上《儒林传》颜师古注引谢承书曰："碑立太学门外，瓦屋覆之，四面栏障，开门于南，河南郡设吏卒视之。"熹平石经刻石46枚，囿于当时的技术条件，熹平石经不可能刻制两份。

笔者赞同第二种说法，即熹平石经应按序排放在太学门外，理由有三：其一，由朝廷下诏刻制熹平石经之用意可知（"使天下咸取则"），熹平石经应放置在交通便利之地，便于天下学子前来参观与临摹，以统一经学文本。其二，由"车乘日千余两""填塞街陌"所载可知，天下学子驱车前来，不可能直入太学门内的讲堂前。其三，由"四面栏障""河南郡设吏卒视之"可知，熹平石经应置于太学门前。若存放于太学讲堂前，则无须再设置围栏，派人专门保护。

三、正始石经

汉末董卓之乱，宫阙宗庙毁坏，熹平石经也遭部分破坏，造成我国文化史上的重大损失。[1] 曹魏建立后，"始扫除太学之灰炭，补旧石碑之缺坏"，恢复太学，依照汉例予以课试。[2] 曹魏为了自身统治和振兴文教之需要，于齐王曹芳正始年间又开刻了另一部石经，即正始石经，因用古文、篆、隶三种书体刻成，又称《三体石经》或《三字石经》。

---

[1] （宋）董逌《广川书跋》卷五《蔡邕石经》云："蔡邕镌刻七经，著于石碑……才三十年，兵火继遭，碑亦损缺。"景印文渊阁《四库全书》（第813册），第384页。

[2] （晋）陈寿《三国志》卷一三《魏书三·王肃传》注引《魏略》，中华书局1982年版，第420页。

图1-3　正始石经拓片（局部）

图1-4　正始石经拓片（局部）

（一）正始石经开刻之时间

关于正始石经开刻时间，《三国志》和《晋书》两书均载"正始中"①，但具体在何年何月，史无明载。刘汝霖先生经过考证，认为齐王曹芳正始六年，刘靖请求整顿太学，朝廷又立王朗《易传》，学术界颇为活跃，从而推测出三字石经应开刻于齐王正始六年（245），所谓"其立石经，当在此时"②。不过刘先生之推测，后为地下出土石经残片所否定。汉魏石经在北朝后期成为各政权争夺的对象，屡遭迁转，在隋文帝开皇六年（586）曾从洛阳移至长安③，1957年在西安出土的魏石经残石上有"始二年三"字样④，由此可以断定正始石经刊立于正始二年（241），正始二年遂成为学界公认的正

① 分见《三国志》卷二一《魏书二一·刘劭传》，第621页；（唐）房玄龄等：《晋书》卷三六《卫恒传》，第1061页。

② 刘汝霖：《汉晋学术编年》，第516页。

③ （唐）魏徵：《隋书》卷七五《儒林·刘焯传》，中华书局1973年版，第1718页。

④ 刘安国：《西安市出土的"正始三体石经"残石》，《人文杂志》1957年第3期。

始石经刊立时间。同东汉熹平石经一样，正始石经由下诏开刻至最终完成，经历数年时间。

（二）正始石经之数量

有关正始石经之数量，史载不一。《太平御览》卷五八九《文部五》引《西征记》：

> 国子堂前有列碑，南北行，三十五枚。刻之表里，书《春秋经》《尚书》二部，大篆、隶、科斗三种字，碑长八尺。今有十八枚存，余皆崩。①

据考，东晋刘宋之际的戴祚、唐初的韦机均曾撰有《西征记》。《初学记》卷六、《封氏闻见记》卷一〇、《艺文类聚》卷六四均曾引用《西征记》，且明载为戴祚所撰，故此处《太平御览》所引《西征记》也应为戴祚所撰。三十五枚石刻，既谓用大篆、隶书和科斗三种文字书写，则为正始石经无疑。《水经注》卷一六《谷水》：

> 魏正始中，又立古、篆、隶《三字石经》。……魏初，传古文出邯郸淳，《石经》古文，转失淳法，树之于堂西，石长八尺，广四尺，列石于其下，碑石四十八枚，广三十丈。②

北魏郦道元《水经注》明载正始石经为四十八枚，且详载其尺寸大小和存放位置。《洛阳伽蓝记》卷三《城南》"报德寺"：

> 里开阳门御道东有汉国子学堂。堂前有《三种字石经》二十五碑，表里刻之。写《春秋》《尚书》二部，作篆、科斗、隶三种字。③

---

① （宋）李昉等：《太平御览》卷五八九《文部五》引《西征记》，第 2654 页。
② （北魏）郦道元著，陈桥驿校证：《水经注校证》，第 401—402 页。
③ 范祥雍校注：《洛阳伽蓝记校注》，上海古籍出版社 1978 年版，第 145 页。

上引三书所载正始石经数量不一，《太平御览》引《西征记》云三十五枚，《水经注》云四十八枚，《洛阳伽蓝记》云二十五枚。王国维先生认为，"无论二十五碑、三十五碑、四十八碑，均不足以容《尚书》、《春秋》、《左传》三书字数"，"魏石经石数，当以《西征记》为最确"①。因史载不一，学界意见亦纷纭。近现代学者，如刘传莹、章炳麟、王国维、孙海波、白坚等均有考证，但各说有异，尚无定论。② 其后更有学者提出 28 碑之说，如马衡和曾宪通两位先生。③ 而今在文献资料未有大的突破之前，我们更难究其数。

（三）正始石经之价值

正始《三体石经》用古文、篆书、隶书三种文字刻成，在中国书法史和汉字发展史上具有重要的意义。《三国志》卷二一《刘劭传》注引《文章叙录》载卫恒撰《四体书势》，分序"古文""篆书""隶书"和"草书"，其论"古文"曰：

> 自秦用篆书，焚烧先典，而古文绝矣。汉武帝时，鲁恭王坏孔子宅，得《尚书》、《春秋》、《论语》、《孝经》，时人已不复知有古文，谓之科斗书，汉世秘藏，希得见之。魏初传古文者，出于邯郸淳。敬侯写淳《尚书》，后以示淳，而淳不别。至正始中，立三字石经，转失淳法。因科斗之名，遂效其法。太康元年，汲县民盗发魏襄王冢，得策书十余万言。案敬侯所书，犹有仿佛。④

由此可知中国古文字发展之大概，也足见曹魏正始石经之地位。秦始皇焚书，造成文化上的重大损失；鲁壁藏书重见天日，但科斗之文世人多不能识。曹魏正始三字石经，由古文、隶书、篆书三种文字书写，互相对照。更

---

① 王国维：《观堂集林》卷一六《魏石经考二》，载《王国维全集》第八卷，第 483、484 页。

② 参见范祥雍校注《洛阳伽蓝记校注》，第 150 页。

③ 马衡先生考证，正始石经共刻石 28 块，约 14.7 万字。参见氏著《汉石经集存》，科学出版社 1957 年版。曾宪通认为，正始石经刻有《尚书》《春秋》和部分《左传》共约 28 碑。参见氏著《三体石经古文与〈说文〉古文合证》，载《古文字研究》第 7 辑，中华书局 1982 年版，第 278—279 页。

④ （晋）陈寿：《三国志》卷二一《魏书二一·刘劭传》注引《文章叙录》，第 621 页。

为重要的是，曹魏初年邯郸淳演习古文，但三字石经所用古文，偏离邯郸淳之法，而用上古科斗之法，为古文正法，并沿着这条路径进一步规范古文书法，流传天下，影响后世。

透过三字石经，有利于梳理中国书法和古文字的发展演变轨迹。北魏宣武帝延昌三年（514）三月，江式上表朝廷，全面论述了中国文字发展史，"建《三字石经》于汉碑之西，其文蔚炳，三体复宣。校之《说文》，篆隶大同，而古字少异"①。江式指出曹魏《三字石经》的重要贡献是"三体复宣"，即篆书、隶书和古文书一并呈现，若用《三字石经》与《说文》对校，发现篆书、隶书大体相同，而古文少异。经王国维先生考证，唐宋时期之古、籀文字，"溯此体之源，当自三字石经始矣"②。

东汉《熹平石经》和曹魏《正始石经》，因二者开始刻制时间分别为175年和241年，相隔六十余年，又曾同时立在太学前，史料中多将其统称为汉魏《石经》。有关汉、魏石经之关系，王国维先生认为，"汉、魏石经，皆取立于学官者刊之"，"汉博士所授者皆今文，故刊今文经。魏学官所立《尚书》为马、郑、王三家，故但刊三家所注之三十四篇。……其刊此三经者，以汉世所未刊"③。由此可见，东汉熹平石经与曹魏正始石经有一定互补关系。

四、《典论》石经

早在正始石经之前，曹魏明帝于太和四年（230）即诏令将魏文帝《典论》刻石。魏文帝曹丕高度重视文学的价值，认为"盖文章，经国之大业，不朽之盛事。年寿有时而尽，荣乐止乎其身，二者必至之常期，未若文章之无穷"，这样就把文学提高到与传统经典相等的地位。曹丕《典论》是中国较早的文艺理论批评专著。曹丕本人对《典论》之作非常得意，曾"以

---

① （北齐）魏收：《魏书》卷九一《艺术·江式传》，第 1963 页。

② 王国维：《观堂集林》卷一六《魏石经考五》，载《王国维全集》第八卷，第 493 页。

③ 王国维：《观堂集林》卷一六《魏石经考三》，载《王国维全集》第八卷，第 486、489 页。

素书所著《典论》及诗赋饷孙权，又以纸写一通与张昭"①。曹丕《典论》刻石，既与曹丕及后继之君的重视有关，也与熹平石经破坏后造成的文化断层有关。

（一）《典论》石刻之性质

在熹平石经遭到破坏后，正始石经开刻之前，《典论》石刻起到类似于熹平石经之作用。《三国志》卷三《明帝纪》：

> （太和）四年春二月壬午，诏曰："世之质文，随教而变。兵乱以来，经学废绝，后生进趣，不由典谟。……其郎吏学通一经，才任牧民，博士课试，擢其高第者，亟用；其浮华不务道本者，皆罢退之。"戊子，诏太傅三公：以文帝《典论》刻石，立于庙门之外。②

上引史料涉及魏明帝太和四年的两份诏书。第一份诏书认为，经过汉末混乱及三国纷争，"经学废绝"，士人入仕不由经学，造成浮华相尚等诸多问题，因此魏明帝诏令天下郎吏，如果精通经学，又有才干，考试合格者可以迅速授予官职，而对于那些浮华者则清理出官僚队伍。由此可见，魏明帝振兴经学之措施，在选举上突出经学考试之内容。第二份诏书是魏明帝颁给太傅三公的，诏令将魏文帝《典论》刻石，立于庙门之外。从时间上看，两份诏书均颁布于太和四年二月，由"壬午"至"戊子"，二者相差七天，推测两份诏书应有一定的关联。从内容上看，两份诏书有一定的逻辑关系：正因为"经学废绝"，造成后人入仕"不由典谟"，所以才需要弘扬经学；正因为汉末儒学衰微，经学人才匮乏，才更需要《典论》刻石。可以说，在汉末熹平石经遭到破坏后，正始石经开凿之前，曹丕《典论》成为当时比较完整的石刻，可供士人学习。

《三国志》卷四《三少帝纪》注引《搜神记》载魏明帝即位，诏三公曰：

---

① （晋）陈寿：《三国志》卷二《魏书二·文帝纪》，第89页。
② （晋）陈寿：《三国志》卷三《魏书三·明帝纪》，第97页。

先帝昔著《典论》，不朽之格言，其刊石于庙门之外及太学，与石经并，以永示来世。①

所引"石经"应为东汉熹平石经，因曹魏正始石经尚未开刻。魏明帝诏书明确《典论》之价值，与熹平石经并立于太学，传之后世，永垂不朽。

魏文帝《典论》刻石并立于太学，具有重要的象征意义和文化传承意义。众所周知，所谓经学就是汉武帝"罢黜百家，表彰六经"后被官方钦定认可的儒学，一旦成为经学，儒家经典便具有极强的权威性和神圣性，不能随意更改，后世只能对其进行注释。曹丕《典论》产生于曹魏，主要论述文章之义，不能称之为儒学，也不像先秦诸子如《老子》那样具有广泛的影响。在《典论》刻石之前，所刻石经多为儒家经籍。魏明帝将魏文帝《典论》刻石，与熹平石经并立于太学，供士人观瞻和学习，则其地位同于《五经》。曹魏朝廷下诏《典论》刻石，使之披上神圣的光环，具有现实的权威性，将《典论》（个人作品）成为与"五经"具有同等地位的石刻文献，天下儒生需要一并学习。

曹魏朝廷下诏将《典论》石刻立于太学，其就成为汉魏石经的一部分，或曰汉魏石经之一种。实际上，《典论》为汉魏石经之一种，在北朝隋唐时期已成共识。北魏孝明帝神龟元年（518），崔光上表朝廷曰：

寻石经之作，起自炎刘，继以曹氏《典论》，初乃三百余载，计末向二十纪矣。②

在谈及石经源流时，崔光认为石经之作始于东汉熹平石经，曹丕《典论》继其后，这些石经已经有几百年的历史了。崔光将曹丕《典论》刻石视为石经发展的重要阶段和形式，其向朝廷请求校勘修补石经中，应包括《典论》刻石。《隋书》卷三二《经籍志一》有"《一字石经典论》（一卷）"之载，也将

① （晋）陈寿：《三国志》卷四《魏书四·三少帝纪》注引《搜神记》，第118页。
② （北齐）魏收：《魏书》卷六七《崔光传》，第1494页。

《典论》刻石视为石经之一种。① 我们还可从唐人笔记《封氏闻见记》中得到启发，"（天宝）十年，有司上言经典不正，取舍无准，诏儒官校定经本，送尚书省并国子司业张参共相验考。参遂撰定《五经字样》，书于太学讲堂之壁，学者咸就取正焉"②。何谓石经？立于太学、国子学等学堂，作为官方钦定的教材，以供学生参考查验，若能起到这个功能，即便书写于墙壁上，非刻于石头上，也可称之石经。宋代学者洪适录用《水经注》资料，将"魏三字石经"和"魏典论六碑"冠于"石经"名下，即《典论》碑刻从性质上属于石经。③ 曹丕《典论》刻石立于太学，起到东汉熹平石经之功能，当然可称之为石经。

（二）《典论》石经之数量

魏明帝时将《典论》刻石，但齐王曹芳时因西域献火浣布，《典论》为天下笑，于是"刊灭此论"④。既云"刊灭"，则《典论》石经有可能被损毁。《典论》石经之数量，似乎是一个谜，直至北魏始保有相关记载。《水经注》卷一六《谷水》谓"魏明帝又刊《典论》六碑，附于其次"。《洛阳伽蓝记》卷三《城南》"报德寺"谓"魏文帝作《典论》六碑，至太和十七年，犹有四存"。郦道元和杨衒之均谓《典论》六碑，但这并非原貌。清代学者杭世骏认为，"当时所谓刊灭者，第芟去火浣布一条，至于六碑，则仍列于太学，故裴松之、杨衒之等并得见也"⑤。侯康也认为，"意当时所谓刊灭者，第刊去火浣布一条，至于六碑，则仍立于太学"⑥。据此可知，魏明帝时《典论》刻石六碑，齐王曹芳时虽芟去火浣布条，数量仍为六碑。

---

① （清）朱彝尊《经义考》云："又史家体例，以时代为先后，《隋志》列一字《石经》于前，次魏文帝《典论》，然后叙三字《石经》于后，是一字属汉，而三字属魏，不待辞说始明。"语见卢弼《三国志集解》，上海古籍出版社 2009 年版，第 453 页。

② （唐）封演撰，赵贞信校注：《封氏闻见记校注》卷二《石经》，中华书局 2005 年版，第 12 页。

③ （宋）洪适：《隶释》卷二〇《石经》，中华书局 1986 年版，第 199 页。

④ （晋）陈寿：《三国志》卷四《三少帝纪》注引《搜神记》，第 118 页。

⑤ （清）杭世骏：《石经考异》，景印文渊阁《四库全书》（第 684 册），第 774 页。

⑥ （清）侯康：《补三国艺文志》，转引自《二十五史补编》之《隋书经籍志考证》，中华书局 1995 年版，第 5227 页。

（三）《典论》石经之存放位置

考察《典论》石经之存放位置，涉及《典论》刻石是一份还是两份的大问题。前引《三国志·明帝纪》谓立于"庙门之外"，即刻石一份；而《三少帝纪》谓立于"庙门之外及太学"，即刻石两份，分别存放于庙门之外和太学门前。另据《三国志》卷四《三少帝纪》裴注引用《搜神记》，裴松之自云：

> 臣松之昔从征西至洛阳，历观旧物，见《典论》石在太学者尚存，而庙门外无之，问诸长老，云晋初受禅，即用魏庙，移此石于太学，非两处立也。窃谓此言为不然。[1]

刘宋裴松之曾亲至洛阳考察，目睹《典论》石刻尚在太学，但不见于庙门外。年长者多认为魏晋禅让，司马氏将《典论》石刻由太庙迁至太学，非两处均有石刻。对此，裴松之并不赞成。换言之，裴松之认为《典论》曾刻石两份，分别立于太庙门前和太学。笔者赞同裴松之之说，即魏文帝《典论》刻石两份，一份立于宗庙门外，另一份与东汉石经并存于太学。《典论》刻石六碑，数量较少，完全可以刻石两份，分别存放。宗庙为天子祭祖之地，魏明帝将其父《典论》石经置十宗庙门外，具有重要的家族政治宣传和文化象征意义。

结　语

综上所述，汉魏石经之说源于北魏郑道昭，洛阳汉魏石经之说在北朝后期被广泛接受。有关洛阳汉魏石经之种类，学界一般认为包括熹平石经和正始石经，但笔者通过考察，认为曹丕《典论》石刻，也可视为汉魏石经之一种。洛阳汉魏石经包括东汉熹平石经、《典论》石经和正始石经，三者均开刻于京城洛阳，在中国文化史上具有不可或缺的重要意义。作为朝廷钦定

---

[1]　（晋）陈寿：《三国志》卷四《三少帝纪》注引《搜神记》，第118页。

的统一的标准教材，洛阳汉魏石经立于太学，供天下儒生观瞻临摹，有利于经学统一和文教发展。汉魏石经无声地传达着朝廷的声音，从中可以看出文化与政治之关系。在纸质书写材料尚未普及的汉晋时期，洛阳汉魏石经起到统一经学文本、保存文化、宣扬教化的作用。

作为最早由朝廷下诏刊刻之石经，洛阳汉魏石经起到重要的示范和引领作用，对后世影响深远。从汉末到清初，由政府正式在太学里颁定，并且有实物可考的，除了汉魏石经外，还有唐"开成石经"、蜀"广政石经"、北宋"嘉祐石经"、南宋"绍兴御书石经"和清"乾隆石经"。历代各类石经的持续刊刻，不仅预示着当时儒学文化的复兴和繁荣，而且彰显出洛阳汉魏石经在中国文化史上的重要地位。

第二章 洛阳汉魏石经在十六国北朝历史演进中的地位及作用

——兼论汉魏石经对隋唐书学教育之影响

　　洛阳汉魏石经由朝廷下诏刊刻，立于太学，供天下儒生观瞻临摹，在中国文化史上具有重要意义。在纸质书写材料尚未普及的汉魏时期，汉魏石经起到统一经学文本、保存文化、宣扬教化的作用。汉魏石经具有重要的历史价值、文献价值和艺术价值，故引起古今学者的持续关注和研究，并在石经版式、文本考订、残字辑录等方面取得了丰硕成果①，这为后学进一步开展石经研究提供了便利。近年来，学界对汉魏石经的自身价值和影响进行了研究②，但对汉魏石经在十六国北朝的作用与影响却关注不够。本章梳理

① （宋）洪适：《隶释》，中华书局 2003 年版；（清）顾炎武：《石经考》，景印文渊阁《四库全书》（第 683 册）；（清）万斯同：《石经考》，景印文渊阁《四库全书》（第 683 册）；（清）杭世骏：《石经考异》，景印文渊阁《四库全书》（第 684 册）；（清）孙星衍：《魏三体石经残字考》，《丛书集成初编》（第 131 册）；王国维：《魏石经考》，见《观堂集林》，载《王国维全集》，浙江教育出版社、广东教育出版社 2009 年版；吴宝炜辑：《魏三体石经录》，1923 年石印本；张国淦：《历代石经考》，燕京大学国学研究所 1930 年版；孙海波：《魏三字石经集录》，北平大业印书局 1937 年版；马衡：《汉石经集存》，科学出版社 1957 年版。贾贵荣辑：《历代石经研究资料辑刊》（全八册，北京图书馆出版社 2005 年版）则为以往石经研究的集成汇编。

② 王继祥：《汉熹平石经的镌刻及其意义》，《图书馆学研究》1991 年第 2 期；萧东发：《儒家石经及其影响》，《紫禁城》1995 年第 4 期；曾昭聪：《中国古代的石经及其文献学价值》，《华夏文化》2002 年第 1 期；黄洁：《〈熹平石经〉与汉末的政治、文化规范》，《中国文化研究》2005 年秋之卷；王传林：《儒家"石经"之史考论》，《孔子研究》2015 年第 5 期；宋廷位：《儒家太学石经对书籍发展的影响》，《中国编辑》2016 年第 4 期。

十六国北朝各政权利用与争夺汉魏石经之史实，探讨汉魏石经与十六国北朝政治演进及文教发展之关系，以期深化对十六国北朝政治史与文化史的认识。

一、汉魏石经成为十六国北朝早期汉化的载体和标志

汉魏石经的重要作用是校定儒家经典中的谬误，统一文字、统一经学，并使之易于保存和流传，其立于太学，可视为朝廷为天下儒生及学子颁布的统一的标准的官方钦定教材。西晋永嘉之乱后，洛阳落入少数民族政权之手，汉魏石经的历史命运值得关注。西晋时期"夷狄不足为君论"盛行，该论点宣扬胡人为臣子则可，为帝王则自古未有。[①] 五胡首领欲建国称帝，必须敢于冲破"夷狄不足为君论"之魔咒，寻找新的政治资源，构建其政权合法性的理论基础。[②] 重用汉人，学习汉制，就成为摆在少数民族首领面前的紧要任务，而立于太学的汉魏石经遂成为其学习汉文化的重要载体和标志。

十六国时期，主要体现在后赵对洛阳石经的利用上。《晋书》卷一〇六《石季龙载记上》：

> 季龙虽昏虐无道，而颇慕经学，遣国子博士诣洛阳写石经，校中经于秘书。[③]

需要注意以下几点：其一，"写石经"为魏晋时期常用语言，如曹魏时赵至"年十四，诣洛阳，游太学，遇嵇康于学写石经"[④]。《世说新语》注引嵇绍《赵至叙》谓"时先君在学写石经古文"。《说文》："写，传置也。"黄

---

① （唐）房玄龄等《晋书》卷一〇四《石勒载记上》载刘琨谓"自古以来诚无戎人而为帝王者"；王子春谓"自古诚胡人而为名臣者实有之，帝王则未之有"（第2715、2721页）。《晋书》卷一一六《姚弋仲载记》载姚弋仲自言"自古以来未有戎狄作天子者"（第2961页）。

② 参见王东洋《"夷狄不足为君论"：两晋时期"夷夏"君臣观的政治宣扬及其影响》，《中州学刊》2021年第1期。

③ （唐）房玄龄等：《晋书》卷一〇六《石季龙载记上》，中华书局1974年版，第2774页。

④ （唐）房玄龄等：《晋书》卷九二《赵至传》，第2377页。

生《字诂》云"传此本书，书于他本，亦谓之写"。嵇康游太学见石经，传写其古文，非刻写石经。① 因此石季龙遣使"写石经"，非刻写石经，而是用纸张或简帛临拓石经，抄录石经。拓写或抄录石经，有利于经学文本的流传，大大方便胡汉文化的交流。其二，《中经》及《中经新簿》为魏晋时期整理皇室所藏图书而编写的目录学著作，其对当时群书进行甲乙丙丁四部分类。② 《中经》及《中经新簿》数量庞大，"四部书一千八百八十五部，二万九百三十五卷"③。西晋灭亡后，许多典籍散佚，部分被五胡政权所收藏。其三，"写石经"与"校中经"之关系。后赵石季龙虽曰残暴，但重视儒学，羡慕经学，设置国子博士和国子祭酒，秘书省收藏不少中经典籍。石季龙遣国子博士去洛阳抄录石经，并以汉魏石经为标准校勘秘书省所藏图书。汉魏石经为朝廷钦定的标准经学文本，用石经来校对存世文献正是其功能之一。当然，石季龙遣国子祭酒去洛阳抄录石经，并非一时心血来潮，而是内心长期思虑使然。作为少数民族首领，石季龙对"天王"与"皇帝"的本质区别有着清醒认识，曾说："朕闻道合乾坤者称皇，德协人神者称帝，皇帝之号非所敢闻，且可称居摄赵天王，以副天人之望。"④ "天王"可以靠武力夺取政权，与一般王侯无异；而"皇帝"必须"道合乾坤"和"德协人神"，即兼有"道"与"德"。称帝必须获取天命和民心，否则就是僭逆，石季龙对皇帝名号的认知，代表了五胡首领对汉人传统政治文化的认同。欲获取天命和人心，除主动对应"天子当从东北来"的谶语外⑤，也积极利用汉魏石经。石季龙遣使诣洛阳抄录石经之举，表明汉魏石经已成为后赵乃至十六国学习儒学和汉文化的重要载体，这对于五胡政权由单纯倚重武力征伐而转向武力与文教并重的政策具有重要的影响，最终对其政权合法性的宣扬意义重大。

---

① 余嘉锡：《世说新语笺疏》，中华书局 2016 年版，第 82—83 页。

② （唐）魏徵等《隋书》卷三二《经籍志一》载："魏氏代汉，采撷遗亡，藏在秘书中、外三阁。魏秘书郎郑默，始制《中经》，秘书监荀勖，又因《中经》，更著《新簿》，分为四部，总括群书。"（第 906 页）

③ （唐）释道宣：《广弘明集》，景印文渊阁《四库全书》（第 1048 册），第 263 页。

④ （唐）房玄龄等：《晋书》卷一〇六《石季龙载记》，第 2762 页。

⑤ （唐）房玄龄等：《晋书》卷一〇六《石季龙载记》，第 2762 页。

　　北魏平城时代，皇帝多次巡幸洛阳，观瞻石经，借以表达治国理念。如明元帝拓跋嗣泰常八年（423）外出巡行，"遂至洛阳，观《石经》"①。所谓"观"，即恭敬地观看。明元帝"礼爱儒生，好览史传"，其观瞻洛阳汉魏《石经》之举，显然与其对汉文化的看法有关。②作为北魏复国英雄拓跋珪之后的第二位皇帝，明元帝观瞻汉魏《石经》具有重要的象征意义，传递其新的治国理念，也暗示拓跋鲜卑必将进一步汉化。洛阳汉魏《石经》，成为北魏明元帝沟通鲜卑现实与汉化理想的桥梁和纽带。

　　明元帝观瞻汉魏石经之举，或直接或间接影响着北魏平城石经的开刻。明元帝于观瞻石经的当年死去，太武帝拓跋焘即位。太武帝为北魏雄才大略之主，文治武功均可称道，其在位时期曾有石经开刻之事。《南齐书》卷五七载："（平城）城西三里，刻石写《五经》及其国记，于邺取石虎文石屋基六十枚，皆长丈余，以充用。"北魏在平城将"五经"刻石，成为北魏版本的石经，可谓之"平城石经"。北魏刻石经所需石材，取于石季龙所留邺城的文石屋基，数量较多，尺寸合适。由这些表面刻有文字的"文石屋基"，加之石季龙曾遣使洛阳写石经，可以推测后赵石季龙时曾在邺城做过刻石写经的行为。不过，对于《南齐书》所载北魏所刻平城石经，清代学者颇有质疑。杭世骏即认为"魏太武无刻石经事"③，万斯同认为石经为崔浩个人所为，非朝廷之事。④二人主要理由是对于刻石写经这一帝王盛事，《魏书》缺载，《南齐书》所载不过是萧子显所听传闻而已。欲解此疑惑，尤其需要注意，与平城石经开刻同时，"国记"也被刻石。所谓"国记"，即道武帝始诏令邓渊所著之《国记》，后经太武帝时崔浩等人续写的《国书》三十卷，

①　（北齐）魏收：《魏书》卷三《太宗纪》，第63页。

②　（宋）司马光《资治通鉴》卷一一九《宋纪一》胡三省注曰"《石经》，后汉蔡邕所书者"，即认为明元帝所观《石经》仅为东汉熹平石经（中华书局1956年版，第3756页）。笔者对此不敢苟同，明元帝所观瞻《石经》，不仅仅是熹平石经，而且包括汉魏石经其他种类。

③　（清）杭世骏：《石经考异》卷上《魏太武无刻石经事》，景印文渊阁《四库全书》（第684册），第776页。

④　（清）万斯同：《石经考》卷上《后魏石经》，景印文渊阁《四库全书》（第683册），第876页。

记述了拓跋鲜卑早期的历史。"著作令史太原闵湛、赵郡郗标素谄事浩，乃请立石铭，刊载《国书》，并勒所注《五经》"，对此，崔浩"赞成之"①。可见，北魏平城石经之内容，乃崔浩所注"五经"，既包括五经原文，也有崔浩的注疏。不过，崔浩刻石之《国记》，因"尽述国事，备而不典"而引起国史之狱，崔浩被杀，"浩之姻亲，尽夷其族"②。所刻《国记》被毁灭，所刻由己作注之《石经》，自然也在销毁之列。崔浩国史之狱，还造成了北魏史风问题，影响深远。③因此，终北魏一代，史家对崔浩所刻石经不再提及，后世遂无从知晓，以致引起清代史家的质疑。

北魏朝廷同意将"五经"及《国记》刻石，显然与鲜卑拓跋对经学和历史的重视有关。北魏太武帝时代已经能够在石头上刻写"五经"，而欲将"五经"刻石，首先要有完整的权威的"五经"文本。这显示出在北魏平城时代，在汉人士族的帮助下，儒家"五经"文本在拓跋鲜卑已得到广泛传播，拓跋鲜卑的汉化程度已经相当深入。当然，北魏平城石经的开凿，既与汉人大族崔浩等人世族政治之理想有关④，也与明元帝观瞻洛阳汉魏《石经》有一定联系。崔浩石经碑宽当在四尺左右，其碑制与熹平石经非常接近。⑤平城石经无论形制还是内容，其开凿均受到汉魏石经之影响。

北魏迁都洛阳前夕，孝文帝也曾观瞻《石经》。《魏书》卷七《高祖纪下》载太和十七年（493）九月，"幸洛阳，周巡故宫基趾。……壬申，观洛桥，幸太学，观《石经》。……丁丑，戎服执鞭，御马而出，群臣稽颡于马前，请停南伐，帝乃止。仍定迁都之计。"当时洛阳虽经破乱"而旧三字石经宛然犹在"⑥。孝文帝南伐途中，巡幸洛阳，周游魏晋洛阳城遗迹，又亲临太学，观瞻《石经》。太学遗址矗立的残破石经，向孝文帝无声地诉说着洛阳城昔日的繁华与荣耀，以及曾经的文化辉煌。孝文帝此行感慨万千，向大

① （北齐）魏收：《魏书》卷三五《崔浩传》，第825页。
② （北齐）魏收：《魏书》卷三五《崔浩传》，第826页。
③ 田余庆：《拓跋史探》，生活·读书·新知三联书店2003年版，第235页。
④ 逯耀东认为，维持门第的尊严和传统文化的延续，是崔浩世族政治的两个理想。参见氏著《从平城到洛阳：拓跋魏文化转变的历程》，中华书局2006年版，第84页。
⑤ 王志刚：《北魏崔浩石经石史考》，《史学史研究》2010年第3期。
⑥ （北齐）魏收：《魏书》卷八三《冯熙传》，第1819页。

臣宣示自己的政治理想，发誓要做"修德"之君。洛阳是统一帝国的首选都城，"孝文帝迁都洛阳正是看中了洛阳的政治象征意义和文化价值"①。对于拓跋鲜卑来说，汉魏石经则是汉文化的代表和象征。可以说，洛阳太学残存的汉魏石经，进一步坚定了孝文帝迁都洛阳的决心。

二、汉魏石经促进北魏洛阳时代儒学文化复兴

北魏洛阳时代，有识大臣充分认识到汉魏石经在政权建构与文化传承中的作用，多次上奏朝廷，请求校勘、增补汉魏《石经》，汉魏石经仍为天下学子所临摹，对北魏儒学复兴产生了积极影响。

北魏宣武帝时期，国子祭酒郑道昭上表朝廷，请求重立汉魏石经。《魏书》卷五六《郑道昭传》载道昭上表曰："今国子学堂房粗置，弦诵阙尔。城南太学，汉魏《石经》，丘墟残毁，蔡藿芜秽，游儿牧竖，为之叹息……求重敕尚书、门下，考论营制之模，则五雍可翘立而兴，毁铭可不日而就。树旧经于帝京，播茂范于不朽。斯有天下者之美业也。"②当时国子学房舍简陋，典籍阙如，而城南太学所存汉魏《石经》遗迹，荒废不堪，杂草丛生，令人叹息。郑道昭请求朝廷诏令尚书省、门下省考论、校勘石经，如此则儒学复兴指日可待，并将整理、修复后的石经重新立于京城，借以宣扬王化，延揽天下学子之心，此乃万世之美业。郑道昭由此正式提出"汉魏石经"之说，表明北魏当时残存石经有东汉熹平石经和曹魏正始石经两种，也包括曹丕《典论》石刻，而这几种石经对鲜卑人所建北魏政权均有重要的价值。郑道昭充分认识到汉魏石经的作用，强烈建议朝廷充分利用汉魏石经的文化价值和象征意义，所谓"树旧经于帝京，播茂范于不朽"。郑道昭所奏尽管不被朝廷采纳，但对北魏君臣重新认识汉魏石经起到重要的推动作用。

孝明帝神龟元年（518），崔光上表朝廷，奏请校勘、修补石经。《魏书》

---

① 王东洋：《北魏孝文帝迁都洛阳原因补论》，《河南科技大学学报》（社会科学版）2010 年第 3 期。

② 刘汝霖进一步将郑道昭上表时间考定为宣武帝景明三年（502）。参见氏著《东晋南北朝学术编年》，华东师范大学出版社 2010 年版，第 288 页。

卷六七《崔光传》载崔光上表曰：

> 寻石经之作，起自炎刘，继以曹氏《典论》，初乃三百余载，计未向二十纪矣。昔来虽屡经戎乱，犹未大崩侵。如闻往者刺史临州，多构图寺，道俗诸用，稍有发掘，基趾泥灰，或出于此。皇都始迁，尚可补复，军国务殷，遂不存检。……今求遣国子博士一人，堪任干事者，专主周视，驱禁田牧，制其践秽，料阅碑牒所失次第，量厥补缀。①

崔光将曹丕《典论》刻石视为石经发展的重要阶段和石经形式。② 崔光纵论石经发展史，认为石经之作始于东汉熹平石经，曹丕《典论》继其后，这些石经已经有几百年的历史了。③ 汉魏石经前后相继，体现了内在的文化传承和学术延续。虽经多次战乱，汉魏石经仍没有出现大的破坏，但在北魏迁洛阳前后，洛州刺史为建佛寺之需多拆除石块，石经及其文字遭到严重破坏，石经数量减少，文字缺失，周围杂草丛生。即便如此，北魏迁都洛阳时"尚可补复"。有鉴于此，崔光请求派遣博学之国子博士前去巡查，禁止周围垦田和放牧，并对散落石经进行整理、增补。对此，朝廷诏曰：

> 此乃学者之根源，不朽之永格，垂范将来，宪章之本，便可一依公表。④

北魏朝廷充分认识到汉魏《石经》之作用：所谓"学者之根源"，指汉魏石经的内容为朝廷钦定和认可的儒家经典，也是读书之人求学问道的根据和来源；所谓"不朽之永格"，指汉魏石经这种保存和传承文化的法式和标准，

---

① （北齐）魏收：《魏书》卷六七《崔光传》，第 1494—1495 页。

② （唐）李延寿：《北史》卷四四《崔光传》所载崔光上表，与此记载略同，独缺"曹氏《典论》"之句（中华书局 1974 年版，第 1620 页）。

③ （清）顾炎武《石经考》："按汉熹平四年乙卯至魏神龟元年戊戌，计三百四十三年。魏文帝黄初七年丙子崩，至后魏神龟元年戊戌，计二百九十二年。"景印文渊阁《四库全书》（第 683 册），第 836 页。

④ （北齐）魏收：《魏书》卷六七《崔光传》，第 1495 页。

必将长久影响后世。前者突出了汉魏石经具有的典籍保存之功能，后者更突出了其文化传承之作用。北魏朝廷将汉魏石经提高到关乎政权存亡和治乱兴衰的高度，凸显汉魏石经的正统性和神圣性。得到朝廷允许，崔光"乃令国子博士李郁与助教韩神固、刘燮等勘校石经，其残缺者，计料石功，并字多少，欲补治之"，可惜其后因政局混乱而未能实施。

尽管上述郑道昭和崔光上疏朝廷之建议，没有真正付诸实施，但汉魏石经之残石对迁都洛阳后的北魏文教发展仍起着重要引领作用。北魏末年，张景仁为儿童时，"在洛京，曾诣国学摹《石经》"①。由此可知，经过校勘与修补，时至北魏末年，汉魏石经仍矗立在北魏国子学前，供天下学子临摹学习，此功能如同汉魏时期石经立于太学引起天下学子临摹一样。

三、汉魏石经成为北朝后期争夺正统的符号与象征

北齐、北周和隋前期，为宣扬正统，发展文教，竞相展开对汉魏石经的争夺。汉魏石经随着政治重心的变动而迁转：北齐时期由洛阳迁至邺城，北周时期由邺城迁至洛阳，隋时由洛阳迁至长安。在南北朝对峙的大背景下，汉魏石经遂成为各政权标榜正统和争夺合法性的文化符号。获取汉魏石经，如同获取天命，获得人心，对于本政权的正统性和合法性宣传，对于其文教发展，都有着至关重要的意义。

北魏分裂后，东魏与西魏展开了激烈争斗，其中既有军事征伐，也有政治与文化争夺。《魏书》卷一二《孝静帝纪》："（武定四年）八月，移洛阳汉魏《石经》于邺。"《洛阳伽蓝记》卷三《城南》"报德寺"："武定四年，大将军迁《石经》于邺。"由此可见，孝静帝武定四年（546），高欢令人将汉魏《石经》迁至邺城，这一方面有重振文化的考虑；另一方面也有政治上争夺正统的考虑。邺城为东魏首都，实际掌权者大将军高欢将霸府建在晋阳，形成事实上的两都制（邺—晋阳），这一体制为北齐所继承。②北齐

---

① （唐）李延寿：《北史》卷八一《张景仁传》，第2732页。
② ［日］谷川道雄著：《隋唐帝国形成史论》，李济沧译，上海古籍出版社2011年版，第302页。

建立后，高洋和高演两位皇帝先后下诏将石经安置于学馆。《北齐书》卷四《文宣帝纪》：

> （天保元年）八月，诏郡国修立黉序，广延髦俊，敦述儒风。其国子学生亦仰依旧铨补，服膺师说，研习《礼经》。往者文襄皇帝所运蔡邕石经五十二枚，即宜移置学馆，依次修立。①

《北史》卷七《齐本纪》：

> （皇建元年）又诏国子寺可备立官属，依旧置生，讲习经典，岁时考试。其文襄帝所运石经，宜即施列于学馆。外州大学，亦仰典司，勤加督课。②

北齐承北魏设置国子寺，掌管天下教育。③北齐文宣帝天保元年（550），即高洋称帝当年，为发展学校教育，振兴儒学，诏令将昔日文襄皇帝（高澄）从洛阳迁移的东汉熹平石经五十二枚，依序安放于国子学馆，供儒生学习。由“蔡邕石经”可知，此为东汉熹平石经。皇建元年（560）八月，即高演即位之时，为发展儒学、讲习经典之需，再次诏令将文襄皇帝所运熹平石经安放于国子学馆。北齐两位皇帝即位之初，均高度重视石经的作用，诏令安置石经于学馆。

　　上引诸文献，可注意者有三：其一，《魏书》与《洛阳伽蓝记》均载高欢当政时“移洛阳汉魏《石经》于邺”，而《北齐书》与《北史》却载迁转石经者是文襄皇帝高澄，《资治通鉴》也谓高澄迁洛阳石经于邺。④史载不一，难道高欢和高澄先后两次迁转《石经》了吗？据刘汝霖推测，《北齐书·文宣帝纪》和《孝昭帝纪》皆云文襄帝高澄转运石经，大概高欢于东魏孝静

---

① （唐）李百药：《北齐书》卷四《文宣帝纪》，中华书局1972年版，第53页。
② （唐）李延寿：《北史》卷七《齐本纪》，第269—270页。
③ （后晋）刘昫等：《旧唐书》卷四四《职官志》，中华书局1975年版，第1890页。
④ （宋）司马光：《资治通鉴》卷一五九《梁纪十五》“武帝中大同元年（546）”，第4940页。

帝武定四年命令转移石经，但当时战争频仍，迁转石经没能立即实施；高欢死后，才由高澄完成高欢迁转石经之愿望。① 其二，《魏书》载"洛阳汉魏《石经》"，而《北齐书》载仅为"蔡邕石经五十二枚"。另据《隋书》卷三二《经籍志一》："后魏之末，齐神武执政，自洛阳徙于邺都，行至河阳，值岸崩，遂没于水。其得至邺者，不盈太半。"对此，顾炎武认为："按《水经注》《伽蓝记》所列碑数，东二十五，西四十八，共七十三枚，而《北齐书》所纪在邺者五十二枚，则不过失其二十一枚耳，未至于不盈大半也。"② 马衡认为，当日高氏迁邺者或只有汉石经而不包括魏石经，《北齐书》所言尚有五十二枚亦不可信。③ 高澄通过水路转运洛阳石经，遇河岸崩溃，不少石经坠入水中，即便如此，到达邺城者仍达五十二枚。熹平石经总数为四十六枚④，显然五十二枚石经中也包括其他石经，而非仅为熹平石经。高澄所运这批石经，定包括多种汉魏石经。⑤ 其三，国子学生欲"服膺师说"，首先要有标准权威的版本或教材，而汉魏石经恰具备这个功能。中国儒学传承的特点，重视家学和师承关系。纠正谬误，正本清源，朝廷钦定，立于太学，这本是汉魏石经开刻之目的，也是儒学统一的重要途径。高氏迁移洛阳汉魏石经至邺城，立于中央学馆，这对于北齐儒学发展、汉魏文化传承、南北朝文化融合，均具有重要的促进作用。

北周武帝灭北齐后，旧都洛阳纳入北周版图，周宣帝大象元年（579），诏令将石经由北齐旧都邺城迁回洛阳。《周书》卷七《宣帝纪》载："辛卯，诏徙邺城石经于洛阳。"所谓"邺城石经"，即昔日东魏、北齐从洛阳迁移的汉魏石经。这些石经本来存放于洛阳，现在又重新被迁移至洛阳。周宣帝认识到洛阳的地位，诏令邺城石经迁回洛阳后，征发关东多州民众，修复洛阳城，建立洛阳宫，并移相州六府于洛阳，称"东京六府"，进一步恢复洛阳

---

① 刘汝霖：《东晋南北朝学术编年》，第388页。

② （清）顾炎武：《石经考》，景印文渊阁《四库全书》（第683册），第837页。

③ 马衡：《汉石经概述》，《考古学报》（第10册），1955年12月15日，第4页。

④ （南朝宋）范晔：《后汉书》卷六〇《蔡邕传》，第1990页。

⑤ 另范邦瑾认为，西晋惠帝时裴頠为国子祭酒，刻石写经，是为《晋石经》。高氏所迁洛阳石经，除了《汉石经》外，还应有《魏石经》和《晋石经》的碑石在内。参见氏著《〈晋石经〉探疑》，《史林》1988年第4期，第14页。

地位。① 周宣帝迁转北齐邺城石经之举，既有振兴学术的实际意义，也有宣示政权合法性的象征意义。

隋文帝开皇六年，汉魏石经又被从洛阳移至长安。《隋书》卷七五《刘焯传》："六年，运洛阳《石经》至京师，文字磨灭，莫能知者，奉敕与刘炫等考定。"洛阳石经几经周转，损坏严重，文字多磨灭不清，隋文帝遂敕令刘焯等人考定石经。此次迁运洛阳石经，包括时存多部汉魏石经。

不过，《隋书·经籍志一》却另有记载："隋开皇六年，又自邺京载入长安，置于秘书内省，议欲补缉。立于学，寻属隋乱，事遂寝废，营造之司，因用为柱础。"其后唐人封演《封氏闻见记》谓"隋开皇六年，又自邺载入长安，置于秘书内省，议欲补葺"②，则隋文帝迁徙汉魏石经的路线是由邺城至长安，而非由洛阳至长安。那么，开皇六年迁至长安之汉魏石经，究竟源于何地？由上引《周书·宣帝纪》"诏徙邺城石经于洛阳"和《隋书·刘焯传》"六年，运洛阳《石经》至京师"记载可知，周宣帝诏令石经从邺城迁回洛阳，则邺城不应继续存有石经，隋文帝开皇六年所迁石经确实源出洛阳。《封氏闻见记》所云"自邺载入长安"之说有误，显然系沿袭前引《隋书·经籍志一》之误。顾炎武认为，《隋书·经籍志一》"失载周大象元年徙洛阳一节，史书之疏也，《刘焯传》言自洛阳运至京师者为信"③。另外，对于汉魏石经迁转至长安，曾有学者表示怀疑。如马衡认为史载汉魏石经两次迁徙，其终点在长安，但是后世发现残石均在洛阳原址，而长安无所闻，着实让人怀疑。④ 但是1957年在西安出土的魏石经残石上有"始二年三"字样，可以推知是"正始二年""三体"石经⑤，据此可知隋文帝开皇六年确曾迁转汉魏石经至长安。

汉魏石经迁至长安，至唐后期遂有"西京石经"之说。⑥ 所谓西京石经，

---

① （唐）令狐德棻等：《周书》卷七《宣帝纪》，中华书局1971年版，第119页。

② （唐）封演撰，赵贞信校注：《封氏闻见记校注》，第11页。

③ （清）顾炎武：《石经考》，景印文渊阁《四库全书》（第683册），第837页。

④ 马衡：《凡将斋金石丛稿》，中华书局1977年版，第215页。

⑤ 刘安国：《西安市出土的"正始三体石经"残石》，《人文杂志》1957年第3期。

⑥ （宋）欧阳修等：《新唐书》卷一九〇《钟传传》，中华书局1975年版，第5487页。

即隋文帝开皇六年（586）由洛阳运至长安的汉魏石经。汉魏石经几经周转，至唐代后期，西京之石经遭到破坏，成为市场可以用重金购买的货物，其命运令人扼腕叹息。

四、汉魏石经促进南北文化交融与文化认同

南北文化交融与文化认同的重要前提是文字的统一，而汉魏石经对中国古文字的规范与统一产生了重要影响。熹平石经的镌刻是我国书法史上的创举，正始石经因用古文、篆、隶三种书体刻成，又称《三体石经》或《三字石经》，更对文字发展产生了深远影响。秦始皇焚书，古文灭绝，造成文化上的重大损失，西汉时鲁壁藏书重见天日，但科斗文世人多不能识，后藏书于秘府，普通士人无缘寓目。《三国志》卷二一《刘劭传》注引《文章叙录》载西晋卫恒《四体书势》，其序"古文"曰：

> 魏初传古文者，出于邯郸淳。……至正始中，立三字石经，转失淳法。因科斗之名，遂效其法。①

正始三字石经，古文、隶书、篆书三种文字互相对照，有利于梳理中国古文字的发展演变轨迹。曹魏初年邯郸淳演习古文，广为流传，但正始三字石经所用古文偏离邯郸淳之法，遂成后世古文正法，并沿着这条路径进一步规范古文书写，流传天下。

北魏宣武帝延昌三年，江式上表朝廷，纵论中国文字发展史。《魏书》卷九一《江式传》载：

> 又建《三字石经》于汉碑之西，其文蔚炳，三体复宣。校之《说文》，篆隶大同，而古字少异。……辄求撰集古来文字，以许慎《说文》为主，爰采孔氏《尚书》、《五经》音注……《三字石经》、《字林》、《韵

---

① （晋）陈寿：《三国志》卷二一《刘劭传》注引《文章叙录》，第621页。

集》、诸赋文字有六书之谊者，皆以次类编联，文无复重，纠为一部。①

江式指出《三字石经》的重要贡献是"三体复宣"，即篆书、隶书和古文书一并呈现，相互对照，并可用三字石经与《说文》相对校，发现篆书、隶书大体相同，而古文稍异，由此可以考察中国文字的发展演变轨迹。江式宣誓继承父祖之业，奏请"撰集古来文字"，撰写综合性的字典《古今文字》。文字为文化之载体，字典之编撰意义重大。该字典以《说文》为蓝本，同时参考借鉴了当时流传的多种字书，《三字石经》也是其参考文本之一，由此可见，三字石经对北魏文字学及文化发展之影响。

　　汉魏石经立于旧都洛阳，东晋南朝偏安江南，无法迁转汉魏石经，但汉魏石经对其并非没有影响。永嘉之乱后，北人大量南迁，其中有多人曾在太学求学，目睹汉魏石经，甚至抄录石经文本，因此东晋君臣和一般士大夫对于汉魏石经是熟悉的。南朝士人对于汉魏石经也不陌生，如萧梁就保存有多卷汉魏石经之拓本。《隋书》卷三二《经籍志一》载：

　　　　《一字石经周易》一卷（梁有三卷）、《一字石经尚书》六卷（梁有《今字石经郑氏尚书》八卷，亡）、《一字石经鲁诗》六卷（梁有《毛诗》二卷，亡）……《一字石经春秋》一卷（梁有一卷）……《一字石经论语》一卷（梁有二卷）……《三字石经尚书》九卷（梁有十三卷）……《三字石经春秋》三卷（梁有十二卷）。②

由此可见：其一，由《隋志》在每种石经下均标注卷数（若干卷表示纸质拓本的数量）可以看出汉魏石经对于南北传拓及印刷术之影响。马衡认为，《隋书·经籍志一》所载《一字石经》若干卷、《三字石经》若干卷，则为秘府相承传拓之本，"拓石之法盖始于石经，发明时期当在六朝，自后宋时发现汉魏残石，传拓之外，往往复刻"③。石经的出现引导捶拓方法的发明，"而

---

① （北齐）魏收：《魏书》卷九一《艺术传·江式》，第1964页。
② （唐）魏徵等：《隋书》卷三二《经籍志一》，第945—946页。
③ 马衡：《凡将斋金石丛稿》，第216页。

捶拓技术恰恰是雕版印刷术的先驱"①。儒家太学石经是雕版印刷术的源头之一，在书籍发展过程中为书籍装帧提供了借鉴。②中国古代书写材料由石刻转向纸张，印刷方式大体经历"石经—传拓—雕版印刷"诸阶段，在这一伟大转变历程中，汉魏石经功不可没。其二，《隋志》明载萧梁保存卷数及亡佚情况。萧梁保存某些石经卷数超过北方，说明汉魏石经拓本曾大量传入南朝，并在萧梁保存较好，而这可能与梁武帝重视文教的统治政策有关。梁武帝博学多识，颇为自负，在经、史、子、集和佛学各方面均有研究。③梁武帝进行官制、礼制改革，以与北朝争夺正统，就连东魏高欢也感慨"江东复有一吴儿老翁萧衍者，专事衣冠礼乐，中原士大夫望之以为正朔所在"④。梁武帝重视文教，招引士人，必然重视汉魏石经，以与北朝争夺正统。当然，汉魏石经在南北朝均有大量拓本流传，有利于南北朝经学统一和文化认同。

北朝精通五经之人，被冠以"石经"称号，这是南北时人均认可的赞誉。如《魏书》卷五五《刘芳传》云：

> 王肃之来奔也，高祖雅相器重，朝野瞩目。芳未及相见。高祖宴群臣于华林……高祖称善者久之。肃亦以芳言为然，曰："此非刘石经邪？"昔汉世造三字石经于太学，学者文字不正，多往质焉。芳音义明辨，疑者皆往询访，故时人号为刘石经。⑤

按，汉代所造熹平石经，乃一字石经，非三字石经。孝文帝太和十七年，王肃自建邺北奔。⑥不久就与北魏刘芳论辩有关礼仪，这场辩论实际上是南北朝文化的碰撞与交流。北魏刘芳因儒学功底深厚，博学多闻，学者若有疑问

---

①　萧东发：《儒家石经及其影响》，《紫禁城》1995 年第 4 期。

②　宋廷位：《儒家太学石经对书籍发展的影响》，《中国编辑》2016 年第 4 期。

③　据（唐）魏徵等《隋书》卷三二《经籍志一》，仅在经学方面，梁武帝即撰有《周易大义》《周易讲疏》《周易系辞义疏》《尚书大义》《毛诗发题序义》《毛诗大义》《礼记大义》《中庸讲疏》《制旨革牲大义》《乐社大义》《乐论》《孝经义疏》《孔子正言》等。

④　（唐）李百药：《北齐书》卷二四《杜弼传》，第 347 页。

⑤　（北齐）魏收：《魏书》卷五五《刘芳传》，第 1220 页。

⑥　（北齐）魏收：《魏书》卷六三《王肃传》，第 1407 页。

多向其咨询，而被时人赞为"刘石经"。王肃对刘芳大为赞赏，赞同北人所论，也赞之为"刘石经"，显示出南北朝对"石经"称谓的一致认同。再如陆义："于《五经》最精熟，馆中谓之石经。人为之语曰：'《五经》无对，有陆义。'"① 陆义精通"五经"，被人赞为"陆石经"，可与"五经"文本相对校。

汉魏石经立于太学，供儒生后学观瞻学习，若有文献方面的疑难问题，必以石经为标准。石经为官方钦定的标准，用于核对查询。"刘石经"和"陆石经"之称谓，反映了南北朝对石经文化的认可，也标志着北朝儒学文化的复兴。北朝儒学大家被冠以"石经"称号，在北朝社会形成了浓厚的石经文化氛围，而这种氛围对于北朝儒学复兴与发展是十分有利的。汉魏石经对于南北朝文化融合与文化认同起到了重要的推动作用。

五、汉魏石经规范隋唐书学教育之发展

汉魏石经对隋唐教育也产生了深远影响，主要表现如下：其一，《三字石经》成为唐代"书学"教育之专业。《旧唐书》卷四四《职官志三》"国子监"条下载有：

> 书学博士二人，学生三十人。博士掌教文武官八品已下及庶人之子为生者。以《石经》、《说文》、《字林》为专业，余字书兼习之。②

《新唐书》卷四四《选举志上》亦云：

> 凡书学，石经三体限三岁，《说文》二岁，《字林》一岁。③

唐代国子监为中央教育管理机构，下辖国子学、太学、四门学、律学、书

① （唐）李延寿：《北史》卷二八《陆义传》，第1019页。
② （后晋）刘昫等：《旧唐书》卷四四《职官志三》，第1892页。
③ （宋）欧阳修等：《新唐书》卷四四《选举志上》，第1160页。

学和算学，其中后三者属专门教育。① 按，《旧唐书》所引《石经》即《新唐书》所谓"石经三体"，也就是曹魏三字石经。理由如下：新、旧《唐书》均先谓《石经》，再说《说文》和《字林》，顺序完全对应；唐开成石经开凿较晚，且字体乖谬，素为名儒轻视②；唐代国子监"书学"博士，以《石经》等为专业，教授生徒，所引《石经》应指用三种文字书写的《三字石经》。唐代将《三字石经》作为国子监所辖"书学"之专业，且规定三年内修完。研修时间超过《说文》和《字林》，足见《三字石经》在书学教育中的地位。唐宋时期之古、籀文字，"溯此体之源，当自三字石经始矣"③。《三字石经》既是唐代官学教育（书学）之专业和钦定教材，也是未来科举考试（书学）的科目之一。

　　其二，汉魏石经成为唐代"小学"之教材。"小学"包括文字学、音韵学及训诂学等，在隋唐可谓之"字学"。《隋书》卷三二《经籍志一》谓"相承传拓之本"，加上"秦帝刻石"，成为唐初"小学"之教材，其中包括"《一字石经周易》一卷……《一字石经论语》一卷、《一字石经典论》一卷、《三字石经尚书》九卷、《三字石经尚书》五卷、《三字石经春秋》三卷"④。钱大昕认为，《隋书·经籍志》载一字、三字石经，"其编次，一字在三字之前，是一字为汉刻，三字为魏刻也"⑤。尤其值得注意的是，"《一字石经典论》一卷"之书写，表明《隋志》认为曹丕《典论》亦为汉魏石经之一种。⑥ 由此可知，《隋书·经籍志一》所云《一字石经》指熹平石经和《典论》石经，《三字石经》指正始石经。《旧唐书》卷四六《经籍志上》亦明确列举"小

---

① （宋）欧阳修等：《新唐书》卷四四《选举志上》，第 1159 页。

② （后晋）刘昫等《旧唐书》卷一七下《文宗纪》云："时上好文，郑覃以经义启导，稍折文章之士，遂奏置五经博士，依后汉蔡伯喈刊碑列于太学，创立《石壁九经》，诸儒校正讹谬。上又令翰林勒字官唐玄度复校字体，又乖师法，故石经立后数十年，名儒皆不窥之，以为芜累甚矣。"（第 571 页）

③ （清）杭世骏：《石经考异》，景印文渊阁《四库全书》（第 684 册），第 493 页。

④ （唐）魏徵等：《隋书》卷三二《经籍志一》，第 945—946 页。

⑤ （清）钱大昕：《十驾斋养新余录》，上海书店出版社 1983 年版，第 504 页。

⑥ 详见本书第一章《从汉魏石经看古都洛阳的文化地位》相关论述。亦可参见拙文《汉魏石经杂考》，《河南科技大学学报》（社会科学版）2017 年第 1 期。

学"书目：

> 《今字石经易篆》三卷、《今字石经尚书》五卷、《今字石经郑玄尚书》八卷、《三字石经尚书古篆》三卷……《三字石经左传古篆书》十三卷、《今字石经左传经》十卷、《今字石经公羊传》九卷、《今字石经论语》二卷。①

清代学者侯康于《补三国艺文志》中认为"《唐志》所云今字者，皆一字，盖指隶书一体也"②，而《隋书·经籍志一》所云"一字石经"主要指熹平石经。两《唐书》所云"今字石经"，仍指熹平石经；所谓"三字石经"，即曹魏正始石经。由汉至唐，跨越时空，历经战乱，但以汉魏石经为载体所保存的儒家文本、文字演变和书法艺术，成为唐代发展文教事业的重要基础。

结　语

十六国北朝多为少数民族所建，其早期社会发展程度较低，文化较为落后，汉化成为其不可避免的选择。相对于以汉魏文化正统自居的南朝，十六国北朝尤其需要学习汉人的典籍和文化。洛阳汉魏石经作为汉文化的重要载体和象征，具有不可估量的政治和文化价值，对十六国北朝统治者具有很强的吸引力，他们或派人抄写，或亲自观瞻，或奏请重立，或校勘修补。十六国北朝统治者由最初的武力杀戮转为重视儒学和人文教化，在这个转变过程中，汉魏石经的作用不容忽视。

北齐、周和隋为宣扬正统，发展文教，展开对汉魏石经的激烈争夺。洛阳汉魏石经随着政权重心的变动而移动，由洛阳至邺城，由邺城至洛阳，再由洛阳至长安。汉魏石经在北朝后期的历史命运，凸显出汉魏石经的政治与文化价值。洛阳汉魏石经成为北朝儒学复兴与发展的重要标志，也成为各

---

① （后晋）刘昫等：《旧唐书》卷四六《经籍志上》，第 1986—1987 页。
② （清）姚振宗：《隋书经籍志考证》，载《二十五史补编》，中华书局 1955 年版，第 5227 页。

政权争夺正统的重要文化象征。

　　总之，洛阳汉魏石经见证了十六国北朝的政治演进、民族融合和文教发展的过程，其流转经历了国家由"统一"至"分裂"，再由"分裂"走向"统一"的进程。洛阳汉魏石经对于十六国北朝的汉化改革和文教发展，对于北朝隋唐文字之发展方向，对于南北朝文化交流和融合，进而对于南北民众心理及胡汉文化认同，均起到重要的促进和推动作用，并对隋唐书学教育之发展产生了深远影响。

第三章 《晋辟雍碑·碑阴》
所反映的几个问题

　　《晋辟雍碑》早于 1931 年被发掘于河南洛阳原太学遗址处，有碑额及碑阴，不久余嘉锡和顾廷龙两位先生即对之进行研究，并有成果问世。[①]《晋辟雍碑》当年的发掘材料及余、顾二氏所据材料于今不易查寻，庆幸刘承幹先生《希古楼金石萃编》全文收载。[②] 有关《晋辟雍碑》拓片，请参见本章图 3-1 至图 3-4。《晋辟雍碑》立于晋武帝咸宁四年（478），碑阴是立辟雍碑的题名，有四百多人，其中多是太学儒生，有博士、弟子、礼生和散生等各种级别，并书其籍贯。碑阴内容丰富，对于研究西晋历史大有裨益，可补正史之缺憾。笔者以刘氏所辑《晋辟雍碑》有关碑阴资料为依据，在余、顾两位先生研究的基础上，探讨以下几个问题。

一、由碑阴名录看正史所载地理方面的疏误

　　《晋辟雍碑》立于晋武帝咸宁四年，则碑阴中诸生的籍贯应该反映当时的政区设置，用之与《晋书·地理志》对照，可以纠正《地理志》的疏误。

　　有关赵郡与赵国的问题。碑阴中，籍贯标明"赵郡"者，有"礼生赵

---

① 余嘉锡：《晋辟雍碑考证》（写于 1931 年 12 月），载《余嘉锡文史论集》，岳麓书社 1997 年版；顾廷龙：《大晋龙兴皇帝三临辟雍皇太子又再莅之盛德隆熙之颂跋》，《燕京学报》1931 年第 10 期。

② 刘承幹：《希古楼金石萃编》卷九《晋辟雍碑》，载国家图书馆善本金石组编《先秦秦汉魏晋南北朝石刻文献全编》（一），北京图书馆出版社 2003 年版。

图 3–1　晋辟雍碑碑首

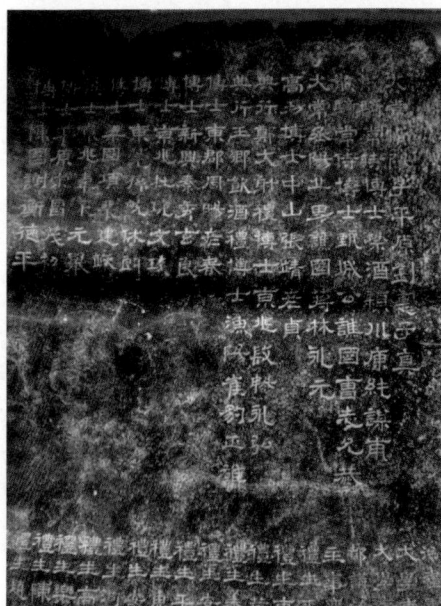

图 3–2　晋辟雍碑碑阳

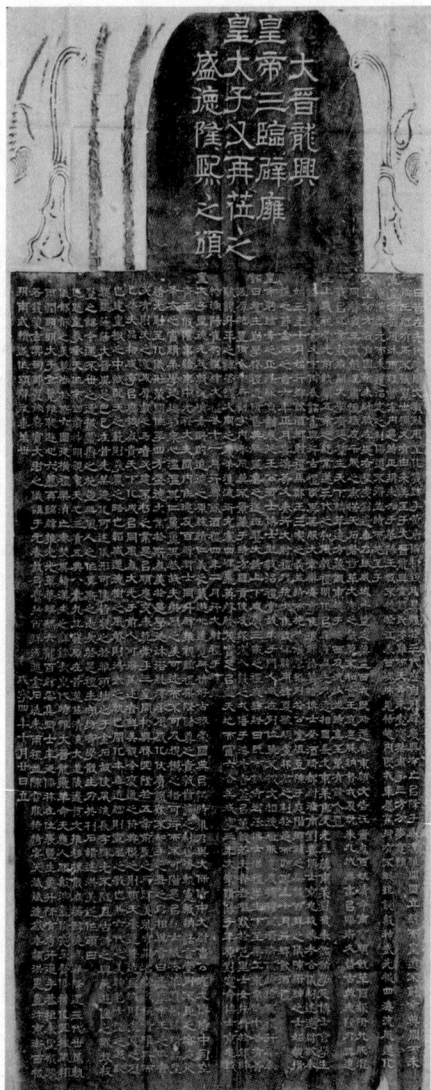

图 3–3　晋辟雍碑碑阴（局部）

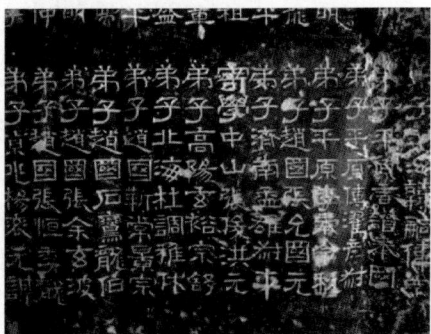

图 3–4　晋辟雍碑碑阴（局部）

郡赵京叔武""礼生赵郡宋康玄处""礼生赵郡苗谧公仪""礼生赵郡解庆长云""礼生赵郡赵綮叔烈"等；标明"赵国"者，有"弟子赵国靳常景宗""弟子赵国张余玄波""弟子赵国石鸾龙伯""弟子赵国张恒季龙""弟子赵国李施令之"等。巧合的是，凡云礼生均注为"赵郡"，凡云弟子均注为"赵国"。如何解释该现象，暂且不理，需要注意的是在咸宁四年，赵郡与赵国是同时并存的，而《晋书·地理志》却找不到赵郡与赵国的关系。换言之，《晋书·地理志》认为赵郡与赵国不能并存。此乃有误。

现考察西晋的分封状况，以说明该问题的背景。晋武帝统治初期，诸王国力量不强，应属"虚封"。泰始元年（265）分封，诸王并未就国，多数留官或居于洛阳，有的出任地方都督，诸王就国是在咸宁三年（277），而且"按照封国应在所镇地域内的制度"，诸王移封就镇，即是所封之国在其所都督区内。[①] 正是当时的初封及后来的改封，使《晋书》的相关记载出现混乱。

有关太康元年新增郡国问题。《晋书》卷十四《地理志上》："晋武帝太康元年，既平孙氏，凡增置郡国二十有三，荥阳、上洛、顿丘、临淮、东莞、襄城、汝阴、长广、广宁、昌黎、新野、随郡、阴平、义阳、毗陵、宣城、南康、晋安、宁浦、始平、略阳、乐平、南平。"从"增置"二字看出，诸郡在太康元年前应该是不存在的。关于此条记载，清人钱大昕早指出其谬误之处，"义阳、乐平皆魏置，而又入增置之列；阴平亦以为魏武置，而又重出，前后不检照如此"[②]。至于其余郡国，可能是资料不足，钱氏没有论及。《晋辟雍碑》的出土，为解决此问题提供了新的线索。碑阴中所出人名多冠其籍贯，据此可知该郡国在咸宁四年（278）即存在。如"弟子汝阴龙运孔机""弟子汝阴郑穆季恭""礼生汝阴夏荣季原"，可知汝阴并非太康元年增置。再如"弟子东莞王乂叔康""礼生顿丘吴霄道明""礼生荥阳张斌长叙"等，可知东莞、顿丘、荥阳亦非太康元年增置。而"礼生义阳韩俭彦恭""主事乐平段干琰伯"，亦证上引钱大昕所云正确。可见，《地理志》增置郡国二十三之说明显存有疏误。

① 唐长孺：《西晋分封与宗王出镇》，载《魏晋南北朝史论拾遗》，中华书局 2011 年版，第 134—138 页。

② （清）钱大昕：《廿二史考异》，上海古籍出版社 2004 年版，第 333 页。

二、由儒生籍贯看各地儒学发展状况

古代有关辟雍的说法主要有两种：一种是古太学称辟雍。《礼记·王制》云："天子命之教，然后为学。小学在公宫南之左，大学在郊。天子曰辟雍，诸侯曰泮宫。"郑玄注："辟，明也；雍，和也。"① 第二种说法，辟雍是国子受学之处，又为养老、乡饮、乡射之处，又为献俘首之处。《白虎通·辟雍篇》云："大学者，辟雍，乡射之宫。"不论何说，辟雍在西晋时期是儒生学习之处，从碑阴各博士、礼生、散生、弟子等地域分布上，可以大致推测各地经学的发展及各地与中央政权的关系。

为了便于说明问题，笔者以刘承幹所辑《晋辟雍碑·碑阴》为据，将碑阴所涉人员的数量，按其籍贯分布列表如下：

表 3–1　《晋辟雍碑》所涉人员数量及籍贯统计表

| 地域 | 身份 | 太常博士 | 礼生 | | 弟子 | 散生 | 其余杂员 | 小计 |
			郑家	王家				
司州	京兆郡	3			3			55
	东郡	1			1			
	河南郡		2		1		1	
	阳平郡		2	2	1		1	
	顿丘郡		1		1			
	荥阳郡		1				1	
	汲郡		1	1	2			
	广平郡		2	12	4		2	
	魏郡		1		1			
	河东郡			1	2			
	平阳郡				1			

_____

① （东汉）郑玄注，（唐）孔颖达正义：《礼记正义》卷十二《王制》，载清阮元校刻《十三经注疏》，中华书局 2009 年版，第 2885 页。

续表

地域＼身份	太常博士	礼生 郑家	礼生 王家	弟子	散生	其余杂员	小计
弘农郡				1			
河内郡				1		1	
冀州 中山国	1	3	4	2		1	152
赵国				6		1	
赵郡		4	4				
安平国		7	4	8			
河间国		3		2		1	
清河国		2	1	8			
巨鹿郡		2	5	4			
乐陵郡		3		2		1	
勃海郡		5	4	9		1	
常山郡		2	2	2			
高阳国		1	5	5			
平原国	2	7	3	23		1	
章武国				1			
豫州 梁国	1	1	1	1			34
陈国	1	3					
汝南郡		1	3			1	
汝阴郡			1	2		1	
襄城郡		2	1				
沛国		1		1			
鲁国			2	1		1	
颍川郡	1	3	1	1			
谯国	2						
幽州 渔阳郡	1	2	2				14
燕国		1					
范阳国		1	1				

续表

地域＼身份		太常博士	礼生		弟子	散生	其余杂员	小计
			郑家	王家				
	辽西郡		2	2				
	代郡		1	1				
并州	新兴郡	1						8
	太原		2		1		1	
	乐平郡						1	
	上党郡		2					
	雁门郡							
兖州	济北国		3	5	1		1	42
	陈留国		4		4		3	
	泰山郡		1		1			
	高平国		4	5	3		1	
	任城国		1		1			
	濮阳国			2				
	东平国				1			
	济阴郡				1			
青州	乐安国		3	1	5		2	32
	齐国		1				1	
	东莱国		3		1			
	济南郡		3		5			
	北海郡		1		3			
	城阳郡				3			
徐州	东海郡		1				1	7
	琅琊国				1			
	东莞郡	1		1	1			
	彭城国				1			
	东安							

续表

地域	身份	太常博士	礼生 郑家	礼生 王家	弟子	散生	其余杂员	小计
荆州	江夏郡	1						3
	义阳郡	1						
	南阳国	1						
梁州	广汉郡	1						1
秦州	天水郡	1						2
	武都郡				1			
雍州	始平郡	1						5
	扶风郡			1	1			
	京兆郡							
	冯羽郡				1			
	新平郡				1			
平州	辽东国				1		1	2
凉州	西海郡					3		45
	金城郡					9		
	敦煌郡					6		
	西平郡					27		
西域						3		3
总计		15	102	78	135	48	27	405①

说明：1. 表中"太常博士"栏含太常丞、博士、博士祭酒。2. "其余杂员"栏包括治礼议郎、治礼郎中、治礼舍人、治礼军谋掾、都讲、主事、国子主事、国子司成、太学吏舍人、太学吏军谋、掌故、寄学等。3. 赵郡和高平国各有一名礼生不明其属于郑、王哪家，姑且计入王家。

从表 3–1 可以看出以下问题：西晋前期各州郡太学生数量差别较大，各

---

① 余嘉锡先生认为是 408 人，参上引其《晋辟雍碑考证》，第 123 页。而据刘承幹所辑资料，籍贯可识者 405 人，另有 8 人籍贯不可识者，计 413 人。从余嘉锡和顾廷龙撰文时间看，二位先生当利用《晋辟雍碑》发掘材料，而不可能利用刘承幹所辑资料。余、顾和刘三氏对碑阴所载人数略有出入，但应各有所本。

地儒学发展不均衡。司州、冀州、豫州、兖州和青州，面积较大，为经济发达之地，传统文化中心，同时离政治中心较近，因而太学生员最多，尤其是冀州，人数达到 152 人，占碑中所列总人数的 37%强，足见冀州的经济文化发展水平是很高的。当时司州是西晋中央政府所在地，太学生人数为 55 人，与冀州相较，实不足为豪。司州与冀州的差距，说明文化的积淀是长久的过程。冀州在东汉时期即经济文化发达，东汉末年袁绍更视冀州为根据地，曹魏时期冀州继续得到发展。

各州太学生的人数与各州的人口总数大致成正比例关系。据《晋书》卷十四《地理志上》载，司州，户 47.57 万；兖州，户 8.33 万；豫州，户 11.6796万；冀州，户 32.6 万；幽州，户 5.9 万。两汉行察举制，君主为求贤才，往往要求各郡国根据各地户口总数举荐人才。魏晋沿袭两汉，各地根据户口多少荐人才数量。至于太学生产生方式，笔者认为，一是由君主下诏令几品官以上子弟，必须要入太学；二是各地所推荐的地方儒生到中央太学学习。①

西晋共有十九州及西域长史府和鲜卑、羌、夫余、挹娄等地区。咸宁四年，孙吴尚未臣服，其所辖宁州、交州、广州和扬州之地域尚未并入西晋版图。除吴四州和蜀一州外，其他 14 州或多或少都有儒生在太学就学。益州为蜀汉之地，虽然早在 263 年就被并入曹魏版图，可是该地在太学者竟无一人。灭蜀时，虽时为曹魏，但真正掌权者是司马氏，制定了对蜀政策。司马氏建晋后，对蜀汉旧地政策具有延续性。蜀汉亡后，司马氏集团对于蜀汉士人是防范大于信任。谯周因主张投降，为司马氏立有大功，故而其弟子罗宪、陈寿、李密、杜轸和文立受到重用。除谯周师徒受到重用外，原蜀地其他士人处境很尴尬。《晋书》卷九一《儒林传》载泰始初，太子中庶子文立"上表请以诸葛亮、蒋琬、费祎等子孙流徙中畿，宜见叙用，一以慰巴蜀之心，其次倾吴人之望，事皆施行"。泰始五年，"散骑常侍文立表复假故蜀大

---

① 东汉时太学生人数达三万，该人数不可能全是中央品官的子弟，应包括地方郡国举荐的儒生。因此，本书认为辟雍碑记载太学生的籍贯，能反映出各地儒学发展状况。（梁）萧子显《南齐书》卷九《礼志上》载："晋初太学生三千人，既多猥杂，惠帝时欲辩其泾渭，故元康三年始立国子学，官品第五以上得入国学。"到了晋惠帝时，官品第六以下子弟只能入太学，而不能入国子学。

臣，名勋后五百家不预斯剧，皆依故官号为降"①。西晋对于蜀汉名士之后尚且如此，对于更年轻的学子更不会重视。西晋统治者对于蜀汉旧地的士人是歧视的、压抑的、不重用的。② 可以认为，西晋灭蜀后，并没有为原蜀之地培养人才，更没有从高层次上来弥合两地由于分裂所造成的心理隔阂，这可视为西晋统一全国又迅速分裂的一个重要原因。

如果联系平吴后，江南人士在洛阳的遭遇，就能够更清楚地看出西晋对蜀、吴旧地统治政策的狭隘和偏见。如贺循无援于朝，久不进序，著作郎陆机上疏荐循曰："臣等伏思台郎所以使州州有人，非徒以均分显路，惠及外州而已。诚以庶士殊风，四方异俗，壅隔之害，远国益甚。至于荆、扬二州，户各数十万，今扬州无郎，而荆州江南乃无一人为京城职者，诚非圣朝待四方之本心。"③ 陆机所云荆州无一人在京城为职者，这应归因于西晋政府对于旧吴之地的政策。再如陶侃，"为孝廉，至洛阳，数诣张华。华初以远人，不甚接遇。侃每往，神无忤色。华后与语，异之。除郎中。伏波将军孙秀以亡国支庶，府望不显，中华人士耻为掾属，以侃寒宦，召为舍人"④。就连张华名流之士亦有强烈的地域偏见，遑论他人。作为亡国之人，纵然有才能德行，也很难在洛阳城谋到职位。

凉州儒学发展迅速，值得注意。"散生"的概念历来解说不一，亦不知其与弟子的关系，但可推测散生之地位要低于弟子。即便如此，在中央太学的散生达到48人，其中凉州占据45人，也让人感叹凉州的文化水平。其实在东汉时，凉州的文化水平不高，在《后汉书·儒林传》中不曾发现有凉州人士，《文苑传》有侯瑾一人（敦煌人）即为明证。至如曹魏，初期有征士敦煌周生烈，"历注经传，颇传于世"⑤；末期有索靖，"少有逸群之量，与乡人泛衷、张甝、索纻、索永俱诣太学，驰名海内，号称'敦煌五龙'"⑥。西晋

① （晋）常璩：《华阳国志》，巴蜀书社 1984 年版，第 604 页。
② 王永平：《入晋之蜀汉人士命运的浮沉》，《史学月刊》2003 年第 2 期。
③ （唐）房玄龄等：《晋书》卷六八《贺循传》，第 1825 页。
④ （唐）房玄龄等：《晋书》卷六六《陶侃传》，第 1768 页。
⑤ （晋）陈寿：《三国志》卷一三《王肃传》，第 420 页。
⑥ （唐）房玄龄等：《晋书》卷六〇《索靖传》，第 1648 页。

以后，河西文化发展迅速。但由于史料缺乏，我们难得其详。《晋辟雍碑》的出土，为我们把脉凉州的文化发展历程及凉州在全国的地位提供了宝贵史料。由于凉州地处西北，远离军事斗争之中原，在乱世往往是士人避难的主要场所。西汉末期、汉魏之际均是如此。①外来士人带来先进的文化，是推动凉州儒学发展的一个重要因素。②陈寅恪先生曾云："西晋永嘉之乱，中原魏晋以降之文化转移保存于凉州一隅，至北魏取凉州，而河西文化遂输入于魏，其后北魏孝文、宣武两代所制定之典章制度遂深受其影响。"③陈先生把凉州视为文化中心，并成为北魏、北齐的制度来源之一，成为隋唐制度渊源之因子。然而，凉州文化发展非一日之功，亦非永嘉之乱一事促成，而是早有重视文化的传统和根基。西晋咸宁四年（278）太学之散生，凉州有45人，足证凉州在西晋前期即已文化底蕴深厚，"永嘉之乱"后中原士人迁徙居此，客观上加强了该地的文化中心地位。

西域人来中原在太学中受教育，是很珍贵的史料，反映了西晋统治者对于西域的重视。西汉张骞通西域，东汉班超经营西域，透露的多是汉与匈奴对西域的武力争夺。查《汉书》《后汉书》，不曾发现西域人在中央受教育的记录。实际上，在秦汉时期"夷夏之辨"的氛围中，不可能吸纳西域人来中央受太学教育。因而该碑阴所载西域人来中央太学受教育，反映了时代风气和中央政府对待西域态度及政策的重大转变。

西晋前期各地儒学发展很不平衡，究其原因，盖有数端：其一，各地政治经济发展的不平衡；其二，西晋中央政府对地方的政策；其三，特殊的地理位置，便于吸引外来儒学人士，如凉州。西晋前期儒学中心在北方，尤其是司州、冀州、豫州为核心区。同时也要注意，西晋边远地区的文化水平（以儒学为标志）也有所上升，如凉州和西域等地。

---

① 参见刘跃进《班彪与两汉之际的河西文化》，《齐鲁学刊》2003 年第 1 期。
② （北齐）魏收：《魏书》卷五二《胡叟传》载北魏程伯达谓胡叟曰："凉州虽地居戎域，然自张氏以来，号有华风。"（第 1150 页）
③ 陈寅恪：《隋唐制度渊源略论稿》，生活·读书·新知三联书店 2001 年版，第 4 页。

三、郑、王两家礼生并存所反映的问题

从表3-1还可以看出，郑家、王家礼生在西晋太学并存的现象。① 郑家礼生为102人，而王家礼生为78人，从总数上远逊于郑家。从礼生分布情况看，除了司州王家多于郑家外，其余各州郑家均是多于王家，尤其是在并州、荆州、梁州和秦州，王家竟无一人。另外，郑、王两家礼生在平州、凉州和西域均没有分布。

郑、王两家基本上是同时同地并存的，尤其是在冀州、司州、兖州和豫州。传统观点认为，王学创始人王肃与司马氏结成党羽，王学在司马氏的政治支持下占据统治地位，形成了对于郑学和马学的绝对优势。"（王）肃善贾、马之学，而不好郑氏，采会同异，为《尚书》、《诗》、《论语》、《三礼》、《左氏》解，及撰定父朗所作《易传》，皆列于学官。"② "晋初郊庙之礼，皆王肃说，不用郑义"③；"郑学出而汉学衰，王肃出而郑学亦衰。肃善贾、马之学，而不好郑氏"④。这让人担心郑学发展遭受挫折。但从表3-1人数和地域分布上看，郑、王两家可以同时并存，并且郑家力量还要大于王家。这一方面说明郑学的强大生命力，生徒众多，"郑君徒党遍天下，即经学论，可谓小统一时代"⑤，使西晋统治者不能忽视其存在和影响；另一方面也说明，西晋司马氏标榜"以孝治天下"，对于各种有利于统治的学说均加以杂糅利用，因而马、郑、王三家可以并时而立。⑥ 至于在碑阴中为何没有马家礼生，余嘉锡先生解释说："泰始六年之后，盖三家之礼并行者已三次，觉郑、

---

① 所谓郑家，指由郑玄创立的学派；王家，指由王肃创立的学派。在魏晋之际，郑学与王学争论激烈，两家斗争已不是单纯的学派之争，实质上是政治斗争。郑学基本是拥曹派，如孙炎、王基、马昭等，而王学则是党于司马氏，如孔晁、孙毓等。

② （晋）陈寿：《三国志》卷一三《王肃传》，第419页。

③ （清）皮锡瑞：《经学历史》，中华书局2004年版，第109页。

④ （清）皮锡瑞：《经学历史》，中华书局2004年版，第105页。

⑤ （清）皮锡瑞：《经学历史》，中华书局2004年版，第103页。

⑥ 前引刘承幹辑《晋辟雍碑》释文："泰始三年十月，始行乡饮酒乡射礼，马、郑、王三家之义并事而施。"

王之学各有所长，而马融之义则已为两家采取殆尽，毋庸复立故也。"① 马、郑、王三家并时而施，从一个侧面反映了晋武帝司马炎在对经学学派问题上的宽容态度。

郑王两家在地域分布上有一定规律可循，两家有个核心的影响带。在平州、凉州和西域更为边远地带，郑王二家均无分布。在较远之并州、秦州、梁州和平州，王家礼生不曾分布，郑家礼生虽有分布但是数量较少。在冀州、司州、豫州和兖州，郑王二家力量都很强大，人数分布占据了总数的绝大多数。可以看出，郑王两家的地域分布，呈现环状交错分布，最核心地域是司州、冀州、豫州和兖州等，稍外围是幽州、青州、徐州、雍州等，更外围是并州、秦州、梁州和荆州，最外围是平州、凉州和西域等。皮锡瑞谓："郑君康成……当时莫不仰望，称伊、洛以东，淮、汉以北，康成一人而已。"② 并州大部分不在伊、洛以东，传统的郑学礼生分布不广。表3-1可见，郑学礼生分布地如荆州、梁州、秦州和雍州，不再局限于皮锡瑞所论之范围，这恰好说明郑学在魏晋时期有所扩大。但是荆州、梁州、秦州和雍州，郑学礼生分布数较少。郑学礼生之分布，与皮氏所论大致相同。

四、由碑阴名录看西晋儒生多单名的风俗

汉代人存在多用单名的风俗习惯，"以这种情况同魏晋南北朝时期相比较，显然同魏晋南北朝时期人多复名、多以'之'字命名和父子不避名讳等情况有别"③。至曹魏明帝时期，郡县吏民人名似多用两个字，这与汉代人名多用单字的社会风俗不同，如《庐江太守范式碑》碑阴所列名录。④ 但从《晋辟雍碑》来看，西晋时儒生取名仍以单名为多，复名较少，且以"之"字命名者更少。陈寅恪先生认为，六朝天师道信徒以"之"字为名者颇多，

---

①　余嘉锡：《晋辟雍碑考证》，载《余嘉锡文史论集》，第138页。

②　（清）皮锡瑞：《经学历史》，第95页。

③　高敏：《尹湾汉简〈考绩簿〉所载给我们的启示》，《郑州大学学报》（哲学社会科学版）1998年第3期。

④　（清）王昶：《金石萃编》卷二四，中国书店出版社1985年版。

"之"字在其名中，乃代表其宗教信仰之意，如佛教徒之以"云"或"法"为名者相类。①《晋辟雍碑·碑阴》中儒生的人名仍多用单字，这种情况或许可以说明三点：其一，西晋在风俗习惯上更多的是对两汉的继承，综观整个两汉魏晋南北朝，西晋在此点上的过渡性较为明显；其二，道教在西晋前期影响较小，尚未深入大众人心。其三，西晋前期普通民众（包括吏民）和儒生取名存有差异，儒生更倾向于汉代之传统。

---

① 陈寅恪：《崔浩与寇谦之》，载《金明馆丛稿初编》，生活·读书·新知三联书店 2001 年版，第 121 页。

乙篇　北魏洛阳时代

第四章　北魏孝文帝迁都洛阳原因新论

北魏孝文帝迁都洛阳属于历史学的传统课题，古往今来博学之君子做了深入研究。仅就现当代学界而言，研究学者亦甚多，诸位先生对孝文帝迁都均有论述。[①] 学界研究的焦点主要有二：其一，孝文帝迁都之原因；其二，孝文帝迁都洛阳之得失。[②] 学界对孝文帝迁都洛阳原因多有论断，笔者拟在前人研究的基础上提出几点看法，以补前人之所遗。

---

① 相关成果主要有：万绳楠整理《陈寅恪魏晋南北朝史讲演录》，贵州人民出版社 2007 年版，王仲荦《北魏初期社会性质与拓跋宏的均田、迁都、改革》，《文史哲》1955 年第 1 期；陈汉玉《也谈北魏孝文帝的改革》，《中国史研究》1982 年第 4 期；蒋福亚《孝文帝迁都得失议》，《民族研究》1983 年第 3 期；董省非《北魏统治中原的几个问题》，《浙江学刊》1986 年第 1 期；史苏苑《北魏孝文帝迁都洛阳评议》，《郑州大学学报》（哲学社会科学版）1986 年第 6 期；朱大渭、童超《北魏孝文帝改革》，载《中国古代改革家》，中国社会科学出版社 1987 年版；肖黎《北魏改革家——孝文帝评传》，山西人民出版社 1987 年版；力高才、高平《论孝文帝迁都洛阳之失误》，《晋阳学刊》1989 年第 6 期；刘精诚《论魏孝文帝迁都洛阳的原因和意义》，《许昌学院学报》1992 年第 4 期；马帮城《略论北魏孝文帝的迁都改制》，《浙江学刊》1993 年第 6 期；尚志迈《也谈魏孝文帝拓跋宏的迁都》，《张家口师专学报》（社会科学版）1994 年第 3 期；程维荣《拓跋宏评传》，南京大学出版社 1998 年版；周建江《太和十五年》，广东人民出版社 2001 年版；逯耀东《北魏孝文帝迁都与其家庭悲剧》，载《从平城到洛阳：拓跋魏文化转变的历程》，中华书局 2006 年版；李凭《论北魏迁都事件》，载《北朝研究存稿》，商务印书馆 2006 年版；王永平《略论北魏孝文帝迁都洛阳之个人因素》，《江苏科技大学学报》2011 年第 3 期；袁宝龙《论北魏孝文帝迁都洛阳的军事意义及影响》，《中原文化研究》2013 年第 1 期。
② 戴雨林：《北魏孝文帝迁都洛阳问题研究综述》，《洛阳大学学报》2005 年第 1 期。

一、南迁：拓跋鲜卑的历史传统

拓跋鲜卑的发展壮大与多次南迁密切相关。北魏孝文帝曾谓群臣曰："卿等或以朕无为移徙也。昔平文皇帝弃背率土，昭成营居盛乐，太祖道武皇帝神武应天，迁居平城。朕虽虚寡，幸属胜残之运，故移宅中原，肇成皇宇。卿等当奉先君令德，光迹洪规。"[①] 平文皇帝"弃背率土"所指何处，据《资治通鉴》所载："朕之远祖，世居北荒，平文皇帝始都东木根山，昭成皇帝更营盛乐，道武皇帝迁于平城。朕幸属胜残之运，而独不得迁乎！"[②] 在孝文帝之前，拓跋鲜卑曾多次迁都：平文皇帝迁都东木根山，昭成帝迁都盛乐，道武帝迁都平城。东木根山和盛乐均处塞外，属于草原游牧生产区，但迁都盛乐，拓跋鲜卑的势力由草原扩展到长城脚下，而迁都平城，其势力则进入长城内侧的农耕地区。可见，在迁都洛阳前，拓跋鲜卑曾多次向南迁都。拓跋鲜卑的每次迁都均对其社会经济发展产生了深远影响，向南不断迁都可谓是拓跋鲜卑的历史传统。

北魏迁都洛阳是这一历史传统的继承。平城时代是北魏势力发展的重要时期，但随着北魏帝国的发展，平城已不再适宜作为北魏的都城。其一，平城气候条件较为恶劣。南朝史载平城"土气寒凝，风砂恒起，六月雨雪。议迁都洛京"[③]。平城地处北方，寒冷多风沙，不利于农牧业生产。其二，平城经常发生粮食危机。《魏书》卷一一〇《食货志》载："太宗永兴中，频有水旱，诏简宫人非所当御及非执作技巧，自余出赐鳏民。神瑞二年，又不熟，京畿之内，路有行馑。帝以饥将迁都于邺，用博士崔浩计乃止。"其三，平城无漕运。太和十九年（495）四月，孝文帝"欲自泗入河，溯流还洛"，大臣劝阻，孝文帝敕咸曰："朕以恒代无运漕之路，故京邑民贫。今移都伊洛，欲通运四方，而黄河急峻，人皆难涉。我因有此行，必须乘流，所以

---

① （北齐）魏收：《魏书》卷一四《东阳王元丕传》，第 360 页。
② （宋）司马光：《资治通鉴》卷一三九《齐纪五》，第 4352 页。
③ （梁）萧子显：《南齐书》卷五七《魏虏传》，第 990 页。

开百姓之心。"①"我以平城无漕运之路，故京邑民贫。今迁都洛阳，欲通四方之运，而民犹惮河流之险；故朕有此行，所以开百姓之心也。"②平城因气候恶劣，农牧业生产受到影响，易造成粮食危机；因无漕运之便，无法有效从外地输入，粮食危机无法从根本上得到解决。其四，除上述不利因素外，政治上的考量也是不可忽略的因素。《魏书》卷一四《元丕传》载"及高祖欲迁都，临太极殿，引见留守之官大议"，孝文帝曾谓燕州刺史穆罴曰："今代在恒山之北，为九州之外，以是之故，迁于中原。"罴曰："臣闻黄帝都涿鹿。以此言之，古昔圣王不必悉居中原。"高祖曰："黄帝以天下未定，居于涿鹿；既定之后，亦迁于河南。"③在孝文帝看来，平城居于九州之外，远离中原政治中心，与其政治理想相去甚远。因此孝文帝认为，"国家兴自北土，徙居平城，虽富有四海，文轨未一，此间用武之地，非可文治，移风易俗，信为甚难"④。孝文帝深知平城为用武之地，在统一北方的征伐中尚可为都，但欲实施文治，宣扬王化，则不再适宜。平城不再适应北魏进一步发展壮大的需要，向南迁都是历史发展的必然。

二、邺城：不被选择，由来已久

北魏孝文帝从平城南迁，可供选择的都城有二：洛阳和邺城。洛阳是东周天子之都、汉魏都城，长期处于政治文化中心地位，而邺城是当时中原地区最富庶的地区。从军事战略价值来说，洛阳的南方较少可供戍守的天然重镇，与南朝处于直接对峙之下，不如邺城与南朝有较远缓冲区。邺城似乎更适合作为北魏的新都，因此有大臣主张迁邺，而反对迁都洛阳。《魏书》卷五四《高闾传》云："迁都洛阳，闾表谏，言迁有十损，必不获已，请迁于邺。高祖颇嫌之。"高闾所言迁洛"十损"之内容，我们于今不得详考，但既云十损，想必是从各个方面进行了深入论述，将迁洛的种种弊端详列殆

---

① （北齐）魏收：《魏书》卷七九《成淹传》，第 1754 页。
② （宋）司马光：《资治通鉴》卷一四〇《齐纪六》，第 4384 页。
③ （北齐）魏收：《魏书》卷一四《东阳王元丕传》，第 359 页。
④ （北齐）魏收：《魏书》卷一九中《元澄传》，第 464 页。

尽。高闾所论十损，是反对迁洛的集大成者，代表了反对迁都的大臣的心声。纵然高闾言迁洛有十损，但孝文帝仍坚持迁洛，说明迁洛之深层原因非高闾之辈所能洞悉。

实际上，在孝文帝之前，早在明元帝拓跋嗣时期，北魏就有迁都邺城的建议。《魏书》卷三五《崔浩传》载："神瑞二年（415），秋谷不登，太史令王亮、苏垣因华阴公主等言谶书国家当治邺，应大乐五十年，劝太宗迁都。"有人提议迁都邺城，但遭到崔浩等人的反对，崔浩与特进周澹言于太宗曰：

> 今国家迁都于邺，可救今年之饥，非长久之策也。东州之人，常谓国家居广漠之地，民畜无算，号称牛毛之众。今留守旧部，分家南徙，恐不满诸州之地。参居郡县，处榛林之间，不便水土，疾疫死伤，情见事露，则百姓意沮。四方闻之，有轻侮之意。屈丐、蠕蠕必提挈而来，云中、平城则有危殆之虑。阻隔恒代千里之险，虽欲救援，赴之甚难。如此则声实俱损矣。今居北方，假令山东有变，轻骑南出，耀威桑梓之中，谁知多少？百姓见之，望尘震服。此是国家威制诸夏之长策也。至春草生，乳酪将出，兼有菜果，足接来秋。若得中熟，事则济矣。①

崔浩等人认为，迁都邺城只能救一时之饥荒，而不会从根本上解决粮食危机，从而带来全局性的影响，且迁都邺城有多种弊端：其一，鲜卑族人不服水土，迁都过程中必会造成疾疫流行，造成百姓重大伤亡，令百姓沮丧。其二，鲜卑族被称为牛毛之众，分散于北方，使诸夏民众不知拓跋鲜卑之实力，这样有利于对其威慑，而迁都邺城就会将鲜卑数量暴露无遗，必然引起四方的侵扰。其三，鲜卑族居北方，有事轻骑南下，便于震慑和控制。因此崔浩主张迁民而不应迁都，"可简穷下之户，诸州就谷。若来秋无年，愿更图也。但不可迁都"②。崔浩之论虽在明元帝时，但对于邺城的地位分析是十分恰当的，可用以解释孝文帝不选择邺城作为都城的原因。

---

① （北齐）魏收：《魏书》卷三五《崔浩传》，第808页。
② （北齐）魏收：《魏书》卷三五《崔浩传》，第808页。

三、洛阳：统一帝国的都城

孝文帝迁都最终舍弃平城而选择洛阳是有深刻原因的，其中既有洛阳这座古城自身的优势，亦是孝文帝的政治理想使然。

（一）古都神韵：洛阳自身优势

洛阳位居天下之中，历史上曾长期为政治、经济和文化中心，交通十分便利。《魏书》卷三九《李韶传》载"高祖将创迁都之计，诏引侍臣访以古事"，李韶认为"洛阳九鼎旧所，七百攸基，地则土中，实均朝贡，惟王建国，莫尚于此"，高祖称善。[①] 李韶认为，洛阳历史上长期为都城，是王权的象征，且位居天下之中，交通便利，便于各地前来朝贡，是迁都的最好选择。此外，洛阳还具备发达的漕运网络。前引《资治通鉴·齐纪六》载太和十九年（495）四月，孝文帝曰："我以平城无漕运之路，故京邑民贫。今迁都洛阳，欲通四方之运，而民犹惮河流之险。"平城无漕运之路，而洛阳具备发达的水运条件，便于粮草运送。

更为重要的是，洛阳为汉魏故都，文化底蕴深厚。洛阳虽经战乱破坏，但像太学遗址和经学石经仍残存着。孝文帝迁洛之前，冯熙为洛州刺史，"洛阳虽经破乱，而旧《三字石经》宛然犹在，至熙与常伯夫相继为州，废毁分用，大至颓落"[②]。"三字石经"，又称"魏石经"或"正始三体石经"，是以《尚书》《春秋》《左传》等儒家经典为主要内容的石刻。[③]《魏书》卷七《高祖纪下》载太和十七年（493）九月，高祖"幸洛阳，周巡故宫基趾。……遂咏《黍离》之诗，为之流涕。壬申，观洛桥，幸太学，观《石经》。……丁丑，戎服执鞭，御马而出，群臣稽颡于马前，请停南伐，帝乃止。仍定迁都之计。"孝文帝巡察洛阳洛桥、太学和石经，表明其欲恢复儒学、重振洛阳的决心。太学遗址矗立的残破石经，向孝文帝无声地诉说着洛阳城昔日的繁华与荣耀，以及曾经的文化辉煌。对于拓跋鲜卑来说，汉魏石

---

① （北齐）魏收：《魏书》卷三九《李韶传》，第886页。

② （北齐）魏收：《魏书》卷八三上《冯熙传》，第1819页。

③ 关于三字石经，参见本书第一章《从汉魏石经看古都洛阳的文化地位》相关论述。

经是汉文化的代表和象征。洛阳太学残存的汉魏石经，进一步坚定了孝文帝迁都洛阳的决心。

（二）必然性：从孝文帝的正统观念和大一统理想来看

北魏孝文帝具有强烈的正统思想和天下观念。在迁都洛阳后的几年中，孝文帝多次外出巡幸，以正统之君的姿态祭奠历代华夏的皇帝、忠臣、孔子等，祭祀高山大川。《魏书》卷七下《高祖纪》载：

> （太和十九年四月）癸丑，幸小沛，遣使以太牢祭汉高祖庙。己未，行幸瑕丘，遣使以太牢祠岱岳。……庚申，行幸鲁城，亲祠孔子庙。辛酉，诏拜孔氏四人、颜氏二人为官。……又诏选诸孔宗子一人，封崇圣侯，邑一百户，以奉孔子之祀。又诏兖州为孔子起园柏，修饰坟垄，更建碑铭，褒扬圣德。
>
> （十九年九月）行幸邺……遣黄门郎以太牢祭比干之墓。
>
> （二十年五月）遣使者以太牢祭汉光武及明、章三帝陵。又诏汉、魏、晋诸帝陵，各禁方百步不得樵苏践踏。
>
> （二十一年三月）车驾次平阳，遣使者以太牢祭唐尧。
>
> 夏四月庚申，幸龙门，遣使者以太牢祭夏禹。癸亥，行幸蒲坂，遣使者以太牢祭虞舜。戊辰，诏修尧、舜、夏禹庙。辛未，行幸长安。……戊寅，幸未央殿、阿房宫，遂幸昆明池。……丙戌，遣使者以太牢祀汉帝诸陵。
>
> （五月）遣使者以太牢祭周文王于酆，祭武王于镐。癸卯，遣使祭华岳。①

孝文帝外出巡幸，遣使祭祀历代君王，其中有汉高祖、汉光武帝、汉明帝、汉章帝、其他汉代诸帝、周文王和周武王，并诏令保护汉、魏、晋诸帝的陵墓，即使远古时期的尧、舜、禹也受到隆重拜祭，并予以修庙。祭祀的名山大川有泰山和华山，祭祀的忠臣有比干。在巡幸秦都遗址时，孝文帝并没有

---

① 上引诸史料，参见《魏书》卷七下《高祖纪》，第177—182页。

遣使祭祀秦始皇，显示了秦始皇的治政方略和对儒学的态度并不为孝文帝所接受。值得注意的是，孝文帝对孔子的礼遇更高。对于其他帝王陵寝是"遣使"祭祀，而对孔子庙则是"亲祠"；拜孔氏和颜氏后人为官；择孔子后人封侯；在兖州为孔子修建坟垄，树碑褒扬圣德。由此可知，在孝文帝心中，孔子比其他君王地位更高，这突出反映了孝文帝尊崇儒学、实施礼治的政治理想。① 孝文帝在迁都洛阳后，以华夏正统之君的身份巡幸各地，对历代君王通过祭祀的方式进行点评，借以宣扬王化，宣示正统，表达政治理想。除孝文帝巡幸外，遣使巡行之目的较之以前亦有较大变化。孝文帝太和二十一年（497）一月，"遣兼侍中张彝、崔光，兼散骑常侍刘藻，巡方省察，问民疾苦，黜陟守宰，宣扬风化"②。辑诸史料，北魏前期诸君，遣使巡行均不明载"宣扬风化"的目的，但至孝文帝时期，多次出现以宣扬"风化"为目的的巡行，这从一个侧面反映了迁都洛阳后北魏正统地位的巩固与强化。

孝文帝具有明确的天下意识和君临天下的胸怀。迁都洛阳前，元澄曾谓孝文帝曰："今陛下以四海为家，宣文德以怀天下，但江外尚阻，车书未一，季世之民，易以威伏，难以礼治。愚谓子产之法，尤应暂用，大同之后，便以道化之。"③ 元澄主张治理天下应儒法并用，先法制，再礼治。孝文帝欲实施礼治，非常满意元澄之语。在迁都问题上，孝文帝还曾谓元丕曰："朕既以四海为家，或南或北，迟速无常。"④ 孝文帝以四海为家，南迁或北迁均属正常，不应受到狭隘地域的限制。对于胡汉各民族，孝文帝"每言凡为人君，患于不均，不能推诚御物。苟能均诚，胡越之人亦可亲如兄弟"⑤。这种民族平等、和睦相处的民族意识正是获取民众支持、统一天下的保障。

孝文帝既以四海为家，以实现大一统为其政治理想，因此始终不忘南方尚未统一。《魏书》卷五四《高闾传》载高闾规劝孝文帝行封禅大典，认

---

① 孝文帝以正统之君自居，恢复儒学教育，如《魏书》卷八四《儒林传》云："及迁都洛邑，诏立国子太学、四门小学。高祖钦明稽古，笃好坟典，坐舆据鞍，不忘讲道。"
② （北齐）魏收：《魏书》卷七下《高祖纪》，第181页。
③ （北齐）魏收：《魏书》卷一九中《元澄传》，第463页。
④ （北齐）魏收：《魏书》卷一四《东阳王元丕传》，第360页。
⑤ （北齐）魏收：《魏书》卷七下《高祖纪》，第186页。

为"汉之名臣，皆不以江南为中国。且三代之境，亦不能远"，高祖曰："淮海惟扬州，荆及衡阳惟荆州，此非近中国乎?"① 按，"淮海惟扬州""荆及衡阳惟荆州"两句，出自《尚书·禹贡》关于九州的记载。②《禹贡》将"九州"与"禹迹"相连，宣扬大一统理念，九州本为一体，不可分割。高闾认为荆州和扬州皆不属中国，且夏、商、周三代的疆域亦不大，应行封禅。扬州、荆州本在九州范围之内，这是儒家经典《尚书·禹贡》的记载，自先秦以来即成为各方共识，因此北魏统治者不可能将荆、扬二州从"中国"分割出去。孝文帝以荆、扬二州尚未归顺、天下一统尚未完成，拒绝了高闾关于封禅的请求。

欲实现大一统，仅靠武力是远远不够的，还需要文治。"有魏始基代朔，廓平南夏，辟壤经世，咸以威武为业，文教之事，所未遑也。"③ 拓跋鲜卑以武功起家，较少关注文教之事，孝文帝始重视文教，并对文治有着清醒的认识。《魏书》卷一九中《元澄传》载太和十七年，南伐谋迁都之际，孝文帝谓元澄曰："今日之行，诚知不易。但国家兴自北土，徙居平城，虽富有四海，文轨未一，此间用武之地，非可文治，移风易俗，信为甚难。崤函帝宅，河洛王里，因兹大举，光宅中原，任城意以为何如?"元澄曰："伊洛中区，均天下所据。陛下制御华夏，辑平九服，苍生闻此，应当大庆。"④ 孝文帝深知平城为用武之地，在统一北方的征伐中尚可为都，但欲移风易俗，宣扬王化，则不再适宜。元澄认为洛阳为天下之中，便于制御华夏，统一天下，大臣和民众应该支持迁洛。北魏欲移风易俗，一统天下，非迁都洛阳不可。洛阳拥有丰富的文化积淀，长时期为汉族政权的中心，因此迁都洛阳是其推行文教之事的必然选择。北宋史家评论曰："(拓跋氏)爵而无禄，故吏多贪墨。刑法峻急，故人相残贼。不贵礼义，故士无风节。货赂大行，故俗

---

① (北齐)魏收:《魏书》卷五四《高闾传》，第1208页。

② 《尚书·禹贡》载:"禹敷土，随山刊木，奠高山大川。[两河惟]冀州……济、河惟兖州……海岱惟青州……海岱及淮惟徐州……淮海惟扬州……荆及衡阳惟荆州……荆、河惟豫州……华阳黑水惟梁州……黑水、西河惟雍州。"转引自《尚书正义》卷六《禹贡》，载清阮元校刻《十三经注疏》，第307—316页。

③ (北齐)魏收:《魏书》卷七下《高祖纪》，第187页。

④ (北齐)魏收:《魏书》卷一九中《元澄传》，第464页。

尚倾夺。迁洛之后，稍用夏礼。"①北魏迁都洛阳后，采用夏礼，注重文教，正是孝文帝文治理想的实施。逯耀东先生认为，"孝文帝最后放弃邺，而选择洛阳，完全是为了实现他的文化理想"②，颇有道理。

孝文帝的这种政治理想，集中体现于其遗诏上。《魏书》卷七下《高祖纪》载太和二十三年三月，顾命宰辅曰：

> 粤尔太尉、司空、尚书令、左右仆射、吏部尚书，惟我太祖丕丕之业，与四象齐茂，累圣重明，属鸿历于寡昧。兢兢业业，思纂乃圣之遗踪。迁都嵩极，定鼎河瀍，庶南荡瓯吴，复礼万国，以仰光七庙，俯济苍生。困穷早灭，不永乃志。公卿其善毗继子，隆我魏室，不亦善欤？可不勉之！③

由孝文帝遗诏可知，迁都洛阳原因有四：其一为"南荡瓯吴"。孝文帝迁都洛阳，与南朝处于直接对峙状态，便于对南朝的军事行动，此可由孝文帝车驾南伐、连年对南朝用兵看出。孝文帝曾怒叱阻挠南伐群臣曰："吾方经营天下，期于混一，而卿等儒生，屡疑大计。"④其二为"复礼万国"。迁都洛阳后，孝文帝实施一系列汉化改革，推崇汉族的礼仪和礼制，恢复华夏正统，希冀以正统之君统一天下。其三为"仰光七庙"。孝文帝继承先祖宏业，开拓创新，将北魏的势力和疆土进一步扩大。其四为"俯济苍生"。孝文帝以天下正统之君自居，希冀通过迁都洛阳和实施改革，统一天下，救济苍生，实现"治国平天下"的理想。由此不难看出，孝文帝遗诏所列迁都四原因，实际是其政治理想的表现。孝文帝欲实现其政治理想，其前提就是迁都洛阳，实施汉化改革，获取天下正统名分，赢得民众支持，进而完成天下的统一。从孝文帝的正统观念和大一统理想来看，北魏迁都洛阳具有必然性。

---

① 参见《魏书》末附"旧本魏书目录序"，第 3065 页。

② 逯耀东：《从平城到洛阳：拓跋魏文化转变的历程》，中华书局 2006 年版，第 131 页。

③ （北齐）魏收：《魏书》卷七下《高祖纪》，第 185 页。

④ （宋）司马光：《资治通鉴》卷一三八《齐纪四》"永明十一年"条，第 4339—4340 页。

（三）必要性：从孝文帝的风俗改革来看

孝文帝一生中进行了一系列改革活动，史称孝文帝改革。孝文帝改革具有明显的阶段性，即迁洛阳前后改革内容和目的不尽相同，各有侧重。迁都洛阳前的改革，主要集中于社会经济领域，如俸禄制、均田制、三长制及新租调制等；迁都洛阳后，其改革的重点体现在风俗文化上，如服饰、语言、姓氏、籍贯、婚姻等。由孝文帝迁都前后的改革异同，亦可窥见孝文帝迁都洛阳的原因。

服饰。太和十八年十二月，"壬寅，革衣服之制"①。太和十八年十一月始正式迁都至洛阳，随即进行服饰改革，可谓雷厉风行。孝文帝禁穿鲜卑旧服，其对象不仅针对官员，而且也包括一般民众。太和二十三年（499），孝文帝批评任城王元澄曰："朕昨入城，见车上妇人冠帽而着小襦袄者，若为如此，尚书何为不察？"②服饰是一个民族文化的外在表现，禁穿鲜卑旧服，改穿汉服，是孝文帝迁洛后改革的第一步。

语言。在正式禁止鲜卑语之前，孝文帝曾与大臣谈及此事。太和十九年（495），孝文帝说："自上古以来及诸经籍，焉有不先正名，而得行礼乎？今欲断诸北语，一从正音。年三十以上，习性已久，容或不可卒革。三十以下，见在朝廷之人，语音不听仍旧。若有故为，当降爵黜官。各宜深戒。如此渐习，风化可新。若仍旧俗，恐数世之后，伊洛之下复成被发之人。王公卿士，咸以然不？"③在征求大臣意见后，太和十九年六月，"诏不得以北俗之语言于朝廷，若有违者，免所居官"④。孝文帝诏令汉语为朝廷正式语言，并作为官员升降赏罚的依据之一。

姓氏。太和二十年（496），"春正月丁卯，诏改姓为元氏"⑤。《资治通鉴》卷一四〇《齐纪六》载太和二十年春正月，孝文帝诏曰："北人谓土为拓，后为跋。魏之先出于黄帝，以土德王，故为拓跋氏。夫土者，黄中之色，万

---

① （北齐）魏收：《魏书》卷七下《高祖纪》，第176页。
② （北齐）魏收：《魏书》卷一九中《元澄传》，第469页。
③ （北齐）魏收：《魏书》卷二一上《咸阳王禧传》，第536页。
④ （北齐）魏收：《魏书》卷七下《高祖纪》，第177页。
⑤ （北齐）魏收：《魏书》卷七下《高祖纪》，第179页。

物之元也；宜改姓元氏。诸功臣旧族自代来者，姓或重复，皆改之。"① 孝文帝姓氏改革情况，《魏书·官氏志》有详载。经过姓氏改革，鲜卑旧的较冗长的姓氏改为汉族姓氏。若单从姓氏上看，很难将鲜卑族人与汉人区分，这非常有利于胡汉各民族的认同感。

籍贯。太和十九年六月，"丙辰，诏迁洛之民，死葬河南，不得还北。于是代人南迁者，悉为河南洛阳人"②。南迁代人变为洛阳人，这是籍贯的重大改变。孝文帝用诏令的形式，稳定南迁代人的情绪，使其在洛阳安居，加速了与汉人交融。此外，孝文帝令鲜卑贵族与汉族士人通婚，这更保障了双方的交融。

孝文帝迁都洛阳后进行的风俗改革，可谓一场文化革命，对拓跋鲜卑影响深远。风俗文化改革进一步巩固了北魏的正统地位，取得了汉族士人的拥护。北魏迁都洛阳后，南朝齐明帝遣使赠书，力劝崔僧渊归入南朝，僧渊复书曰："（北方）三光起重辉之照，庶物蒙再化之始。分氏定族，料甲乙之科；班官命爵，清九流之贯。礼俗之叙，粲然复兴，河洛之间，重隆周道。……加以累叶重光，地兼四岳，士马强富，人神欣仰，道德仁义，民不能名。……文士竞谋于庙堂，武夫效勇于疆场，若论事势，此为实矣。"③ 崔僧渊在书信中描绘了北魏迁洛阳后政治、经济和文化的巨大变革。拓跋鲜卑通过风俗变革，实现了本民族的跨越式发展，也使得"礼俗"和"周道"得以复兴，文士和武夫各展其能，北魏的正统地位得以进一步巩固。孝文帝的风俗文化改革，只能在汉族文化底蕴深厚并且长期为都城的洛阳方能实施，孝文帝迁都洛阳具有必要性。

（四）远见性：从东晋迁都洛阳之争论来看

在孝文帝迁都洛阳前，东晋曾有迁都洛阳的争论。通过东晋迁都洛阳之争论，有利于启发我们对北魏迁都洛阳的认识。"时大司马桓温欲经纬中国，以河南粗平，将移都洛阳。朝廷畏温，不敢为异，而北土萧条，人情疑

---

① （宋）司马光：《资治通鉴》卷一四〇《齐纪六》"明帝建武三年"条，第4393页。
② （北齐）魏收：《魏书》卷七下《高祖纪》，第178页。
③ （北齐）魏收：《魏书》卷二四《崔僧渊传》，第631页。

惧，虽并知不可，莫敢先谏。"① 对此《资治通鉴》亦有载，晋哀帝隆和元年
（362），"（桓）温上疏请迁都洛阳，自永嘉之乱播渡江表者，一切北徙，以
实河南"②。河洛地区刚刚平定，桓温即欲迁都洛阳，反映了其对洛阳地位的
认识。东晋朝廷摄于桓温权势，不敢反对，但认为北方萧条、破坏严重而不
可迁都洛阳。

对桓温迁都洛阳之议，孙绰却明确表示反对，其理由主要有三③：其一，
"天祚未革，中宗龙飞，非惟信顺协于天人而已，实赖万里长江画而守之
耳"，即长江天险足以守国，不应轻易放弃。其二，"（东晋）植根于江外数
十年矣，一朝拔之，顿驱踬于空荒之地，提挈万里，逾险浮深，离坟墓，弃
生业……舍安乐之国，适习乱之乡，出必安之地，就累卵之危"，即认为东
晋在江南经营数十年，立足已稳，而河洛地区破坏严重，不宜作为都城。其
三，孙绰提出迁徙建议，"且可更遣一将有威名资实者，先镇洛阳，于陵所
筑二垒以奉卫山陵，扫平梁、许，清一河南，运漕之路既通，然后尽力于开
垦，广田积谷，渐为徙者之资"，即先遣得力将领镇守洛阳，将其作为前沿
军事重镇，发展实力，以图后事。孙绰之论，不无道理，尤其是其先遣将领
镇守洛阳，以图后事的建议颇具战略性。

王述也反对桓温迁都洛阳。王述论曰："永嘉不竞，暂都江左。方当荡
平区宇，旋轸旧京。若其不尔，宜改迁园陵，不应先事钟虡。"④ 王述认为，
"永嘉之乱"后司马睿携群臣建立东晋，并没有迁出洛阳皇陵，而是待机平
定北方再返回洛阳；若最终无法平定北方，一统天下，应该将皇陵迁出，而
不应迁都洛阳。王述之意，意在反对桓温专权，借迁都来胁迫朝廷，但也透
露出东晋大臣先统一天下再返迁洛阳故都的心声。

东晋末期，刘裕亦欲迁都洛阳。《宋书》卷四六《王懿传》："武帝（刘
裕）欲迁都洛阳，众议咸以为宜。"但王懿认为："非常之事，常人所骇。今
暴师日久，士有归心，固当以建业为王基，俟文轨大同，然后议之可也。"

---

① （唐）房玄龄等：《晋书》卷五六《孙绰传》，第1545页。
② （宋）司马光：《资治通鉴》卷一〇一《晋纪二十三》"哀帝隆和元年"条，第3189页。
③ （唐）房玄龄等：《晋书》卷五六《孙绰传》，第1545—1547页。
④ （唐）房玄龄等：《晋书》卷七五《王述传》，第1964页。

王懿主张以建业为根本，待平定天下后再迁都洛阳。

由桓温和刘裕欲迁都洛阳引起的争论来看，东晋君臣并非完全弃置洛阳，而是待天下平定后再返迁洛阳。在东晋君臣心目中，洛阳仍是一统帝国的首选都城，也是最终的政治归宿，其逻辑关系是先以建业为根本，积蓄力量，待统一天下后再返迁洛阳。而孝文帝则反其道而行之，认为洛阳是未来统一帝国的都城，必先迁都洛阳，获取正统名号和天下人心，才能实现天下统一。孝文帝迁都洛阳，将其作为未来统一帝国的都城，确具有极大的远见性，此非胸怀天下者不能为之。

结　语

综上所述，南迁是拓跋鲜卑的历史传统，孝文帝最终选择洛阳作为新都，既有洛阳自身的原因，亦为其政治理想使然。孝文帝具有强烈的正统思想和天下观念，实现大一统理想是其迁都洛阳的必然。孝文帝在迁都洛阳后进行的风俗文化改革，只有在文化底蕴深厚的洛阳方能完成，由此可反观迁都洛阳的必要性。从东晋迁都洛阳之争论也可从侧面看出北魏迁都洛阳之深层原因。洛阳是统一帝国的首选都城，孝文帝迁都洛阳正是看中了洛阳的政治象征意义和文化价值。

第五章 从平城到洛阳：北魏孝文帝
迁都洛阳"草率说"献疑

北魏孝文帝由平城迁都洛阳，开启北魏洛阳时代，是北魏政治文化转折史上的大事。孝文帝具有强烈的正统思想和天下观念，实现大一统理想是其迁都洛阳的必然。洛阳是统一帝国的都城首选，孝文帝迁都洛阳正是看中了洛阳的政治象征意义和文化价值。[①] 有关孝文帝迁都洛阳，周建江先生在《太和十五年：北魏政治文化变革研究》一书中认为："孝文帝迁都洛阳存在着严重的决策性失误"，"孝文帝以主观臆断为前提，缺乏迁都的可行性研究"，"孝文帝没有取得贵族集团的谅解，给予一定的考虑时间，贸然动迁，自绝于众多元老贵族们的支持，独自在中原作战"，因此"孝文帝迁都洛阳完全是失败之举"[②]。王建舜先生为该著写有书评，认为"仅凭孝文帝的一句话，说迁都就迁都，百万大军就此驻扎不前，将讨伐江南的任务改为修建都城的任务实在有些草率"[③]。还有其他学者也持有相似看法，如逯耀东先生认为，孝文帝最初是想改造平城，并没有积极南迁的意念，后来匆匆南迁，是由于北方保守势力对其改革的阻挠。[④] 笔者对此不敢苟同，现根据相关史料予以申论，不当之处，敬请学界同人指正。

---

① 王东洋：《北魏孝文帝迁都洛阳原因补论》，《河南科技大学学报》（社会科学版）2010年第3期。

② 周建江：《太和十五年：北魏政治文化变革研究》，广东人民出版社2001年版，第109—113页。

③ 王建舜：《平城弃守与北魏灭亡——读〈太和十五年：北魏政治文化变革研究〉》，《雁北师范学院学报》2003年第4期。

④ 逯耀东：《从平城到洛阳：拓跋魏文化转变的历程》，第130页。

一、迁都准备，扎实充分

北魏孝文帝为迁都洛阳，事先做了充分的准备。《魏书》卷七下《高祖纪》载：

（1）（十七年）六月丙戌，帝将南伐，诏造河桥。

（2）己丑，诏免徐、南豫、陕、岐、东徐、洛、豫七州军粮。

（3）丁未，讲武。

（4）乙巳，诏曰："六职备于周经，九列炳于汉晋，务必有恒，人守其职。此百秩虽陈，事典未叙。自八元树位，躬加省览，远依往籍，近采时宜，作《职员令》二十一卷。事迫戎期，未善周悉。虽不足纲范万度，永垂不朽，且可释滞目前，厘整时务。须待军回，更论所阙，权可付外施行。其有当局所疑而令文不载者，随事以闻，当更附之。"

（5）立皇子恂为皇太子。①

孝文帝为迁都洛阳，于太和十七年（493）六月做了多项准备：其一，造河桥，为南伐及迁都提供交通保障。河桥原由西晋杜预在孟津所建，为当时空前的盛大工程，大大方便了黄河南北的交通往来。严耕望先生认为，"《通鉴》卷八五晋惠帝太安二年，成都王颖等起兵向洛，'列军自朝歌至河桥，鼓声闻数百里。帝亲屯河桥以御之。'是南北用兵，此桥见重之始。其后历代用兵，事涉洛阳者，无不争此桥之控制权。……既为兵家所争，故史事所见，屡图破坏"②。此桥战略地位重要，多次被焚毁，亦多次被复建。孝文帝为迁都洛阳，于是下诏在孟津重建河桥。其二，免除河洛周边地区州郡的军粮，这是为迁都洛阳后储备战略物资。其三，颁布《职员令》二十一卷。北魏曾两次颁布《职员令》。前《职员令》虽然不够完备，但为应对当时复

---

① 上引五史料，均参见《魏书》卷七下《高祖纪》，第172页。

② 严耕望：《唐代交通图考》（第一卷），上海人民出版社2007年版，第133页。

杂的政治军事形势而提前颁布，用以"厘整时务"，为即将到来的迁都大业作动员和组织准备。① 太和十九年（495）十二月，"引见群臣于光极堂，宣示品令，为大选之始"，《职员令》正式实施。② 其四，册立皇太子，留守平城。太子制度是皇权政治的重要组成部分，对于维持皇权政治的稳定性具有重要作用。迁都洛阳前，北魏存在着兄终弟及的传统，如献文帝欲传位于其弟，而不传其子，幸赖群臣劝阻而止，拓跋宏才得以继承皇位。孝文帝在南伐并计划迁都的前夕，册立其子拓跋恂为皇太子，并让其留守旧都平城，显然有完善太子制度、确保父死子继成为定制、稳定拓跋鲜卑贵族的政治考量。尽管迁都洛阳后，拓跋恂被北方保守势力所利用，趁孝文帝外出巡幸之机，由洛阳逃奔北方，被孝文帝处死，造成家庭悲剧。③ 但孝文帝册立其子拓跋恂为太子，确实也是为迁都洛阳做的重要准备。这些军事、经济、政治等方面的准备工作，为孝文帝即将进行的迁都大业奠定了重要基础。

二、迁都过程，分步有序

从平城迁都洛阳，其间的困难及大臣们的反对意见，孝文帝是有充分预估的。太和十八年（494）召开留守官员大议，孝文帝说："北人比及十年，使其徐移。朕自多积仓储，不令窘乏。"④ 孝文帝原定分批逐步迁移，用十年时间完成迁都大业，并做好充足的物资储备。其后虽未严格执行此迁都时间表，但综观整个迁都过程仍是分步有序，并非鲁莽草率。

（一）借道南伐，确定迁都大计

孝文帝太和十七年（493）八月，"车驾发京师，南伐"；九月，"幸洛阳，周巡故宫基址……群臣稽颡于马前，请停南伐。帝乃止。仍定迁都之计"⑤。

---

① （北齐）魏收：《魏书》卷七下《高祖纪》，第172页。
② （北齐）魏收：《魏书》卷七下《高祖纪》，第178页。
③ 逯耀东：《从平城到洛阳：拓跋魏文化转变的历程》，第148—158页。
④ （唐）李延寿：《北史》卷一五《东阳王元丕传》，第555页。
⑤ （北齐）魏收：《魏书》卷七下《高祖纪》，第172—173页。

南伐是孝文帝向南迁都的重要一步，"外示南讨，意在谋迁"①。孝文帝南伐至洛阳后，曾召随从亲信大臣密谋迁都之事。如拓跋提，"后诏提从驾南伐，至洛阳，参定迁都之议"，其后"以预参迁都功，追封长乡县侯"②。张彝、郭祚、崔光等人均因"参迁都之谋"而晋爵。孝文帝在太和十七年九月，借南伐之机曾举行大议，最终定下迁洛大计。

（二）营造洛阳，宣布迁都之意

孝文帝太和十七年（493）冬十月，"诏征司空穆亮与尚书李冲、将作大匠董爵经始洛京。己卯，幸河南城。乙酉，幸豫州。癸巳，次于石济。乙未，解严，设坛于滑台城东，告行庙以迁都之意。大赦天下"③。定下迁都大计后，诏令有司营造洛阳。在平衡各方反对意见、宣布解严后，孝文帝正式宣布迁都，告行庙以迁都之意。

（三）朝堂大议，制定迁都策略

孝文帝太和十八年（494）春正月，"幸洛阳西宫"。二月，"诏天下，喻以迁都之意"，"癸酉，临朝堂，部分迁留"。三月，"罢西郊祭天。壬辰，帝临太极殿，谕在代群臣以迁移之略"④。对于孝文帝亲临太极殿情况，"及高祖欲迁都，临太极殿，引见留守之官大议。乃诏丕等，如有所怀，各陈其志"⑤。迁都之前的大议，在太极殿举行，规格极高，确定了迁都的过程和策略。在迁都准备过程中，孝文帝逐步罢弃在平城的祭天礼制，以示完全迁都洛阳的决心。

（四）巡幸北镇，稳定后方

迁都为重大政治事件，为保持政局稳定，预防不测，孝文帝在迁都期间展开了大规模巡行边镇活动。太和十八年（494）七月至八月，孝文帝大规模巡行北边军镇。七月，"车驾北巡"。八月，"行幸阴山，观云川。……幸怀朔镇。己未，幸武川镇。辛酉，幸抚冥镇。甲子，幸柔玄镇。乙丑，南

---

① （北齐）魏收：《魏书》卷一九中《元澄传》，第464页。
② （北齐）魏收：《魏书》卷一八《元提传》，第419页。
③ （北齐）魏收：《魏书》卷七下《高祖纪》，第173页。
④ （北齐）魏收：《魏书》卷七下《高祖纪》，第174页。
⑤ （北齐）魏收：《魏书》卷一四《元丕传》，第359页。

还。……丙寅，诏六镇及御夷城人，年八十以上而无子孙兄弟，终身给其廪粟；七十以上家贫者，各赐粟十斛。又诏诸北城人，年满七十以上及废疾之徒，校其元犯，以准新律。"①孝文帝为迁都洛阳，需要安抚北边六镇。虽然其后历史证明，正是北边军镇起义动摇了拓跋鲜卑政权的根基，加速了北魏的分裂和灭亡，但我们并不能以此作为反对孝文帝南迁洛阳的理由。实际上，孝文帝深知北边六镇的重要性，因而在迁都过程中要对其进行巡幸，确保北边稳定。

（五）颁布考课法，加强官员管理

在巡幸北边六镇后，孝文帝对官员考课办法进行了改革。《魏书》卷七下《高祖纪》载太和十八年（494）九月诏曰："三载考绩，自古通经；三考黜陟，以彰能否。今若待三考然后黜陟，可黜者不足为迟，可进者大成赊缓。是以朕今三载一考，考即黜陟，欲令愚滞无妨于贤者，才能不壅于下位。各令当曹考其优劣，为三等。六品以下，尚书重问；五品以上，朕将亲与公卿论其善恶。上上者迁之，下下者黜之，中中者守其本任。"其后"帝临朝堂，亲加黜陟"②。孝文帝从北边巡幸归来，回至平城，即颁布此考课法令，其中涉及考课周期与考课年限的调整。所谓考课周期，就是一次有效的考课所需要的年数；所谓考课年限，就是通过考课以决定官员黜陟所需要的年数。③三年一考，考即黜陟，说明任期为三年。太和十八年九月改制，对于中央官的任期规定为三年，而地方官任期仍为六年。此时进行考课年限的重大变革，显然与即将迁都洛阳有关，目的是加强对官员的管理，加速官员的升降流转，以使优者升迁，劣者黜汰。由此也可看出，孝文帝在迁都洛阳过程中，非常重视官员管理的制度建设，并希冀造就大批适应新形势的官僚队伍。其后孝文帝亲临朝堂，考课黜陟官员，新的考课办法确曾付诸实施。

（六）奉迁神主，分批迁都

孝文帝在完成上述准备后，奉迁宗庙神灵，正式迁都洛阳。太和十八年（494）冬十月，"亲告太庙，奉迁神主。……车驾发平城宫"。十一月，"车

---

① （北齐）魏收：《魏书》卷七下《高祖纪》，第 174 页。

② （北齐）魏收：《魏书》卷七下《高祖纪》，第 175 页。

③ 王东洋：《魏晋南北朝考课制度研究》，社会科学文献出版社 2009 年版，第 214 页。

驾幸邺。……己丑，车驾至洛阳"①。对于"奉迁神主"之事，孝文帝曾谓于烈说："宗庙至重，翼卫不轻，卿当只奉灵驾，时迁洛邑。朕以此事相托顾，非不重也。"其后，"烈与高阳王雍奉迁神主于洛阳，高祖嘉其勋诚，迁光禄卿"②。北魏孝文帝迁都洛阳，途中历时近两月。孝文帝亲告太庙，将祖宗神灵迁往洛阳，平城作为都城的祭祀功能亦不复存在。这是中国古代王朝实现正式迁都的标志，也暗示着北魏不再将平城视为都城。③ 太和十九年（495）四月，"太和庙成"。五月，"庚午，迁文成皇后冯氏神主于太和庙"；"癸未，车驾至自南伐，告于太庙"④。北魏孝文帝在洛阳重建太和庙，将祖先神灵迁居于此，向天下文武百官明白无误地宣示迁都的决心和意志。北魏军国大事要告于洛阳的太庙，显示了洛阳作为都城的祭祀功能已经具备。

太和十九年九月，"六宫及文武尽迁洛阳"⑤。"高祖又南征，后率六宫迁洛阳"⑥。孝文帝之皇后冯氏率后宫迁洛阳，完成迁都过程。孝文帝分批迁都，有利于整个迁都过程有序进行。

三、对反对迁都官员的劝诫

对于反对迁都洛阳的官员，孝文帝能够听取异议，耐心劝诫。《魏书》卷一九中《元澄传》云：

> 及驾幸洛阳，定迁都之策，高祖诏曰："迁移之旨，必须访众。当遣任城驰驿向代，问彼百司，论择可否。近日论《革》，今真所谓革也，王其勉之。"既至代都，众闻迁诏，莫不惊骇。澄援引今古，徐以

① （北齐）魏收：《魏书》卷七下《高祖纪》，第175页。
② （北齐）魏收：《魏书》卷三一《于烈传》，第738页。
③ 北魏孝文帝迁都洛阳，废弃平城，虽韩显宗等人提议在平城"建畿置尹"，但北魏两京制（平城与洛阳）的梦想最终破灭。参见《魏书》卷六〇《韩显宗传》，第1340页。
④ （北齐）魏收：《魏书》卷七下《高祖纪》，第177页。
⑤ （北齐）魏收：《魏书》卷七下《高祖纪》，第178页。
⑥ （北齐）魏收：《魏书》卷一三《孝文废皇后冯氏传》，第332页。

晓之，众乃开伏。①

北人恋本，不欲南迁，加之个别大臣蓄意阻挠，孝文帝欲劝其南迁，不啻为一场革命。孝文帝认为迁都意旨必须访问众人，并派遣任城王亲赴平城，征询百官意见。在整个迁都过程中，孝文帝对于拓跋贵族没有采取强制措施，而是多听取大臣的心声，表现出较强的忍耐性与宽容度。

　　鉴于平城与洛阳气候的差异，孝文帝特准拓跋旧贵族冬夏二居。《魏书》卷一五《元晖传》："初，高祖迁洛，而在位旧贵皆难于移徙，时欲和合众情，遂许冬则居南，夏便居北。"宣武帝曰："先皇迁都之日，本期冬南夏北，朕欲聿遵成诏，故有外人之论。"孝文帝为尽量减少迁都阻力，遂在当时允许旧贵族可以冬夏两居，而宣武帝即位后，对此政策颇感疑惑，由此造成人心不稳，不能安居。对此，元晖谓宣武帝曰："先皇移都，为百姓恋土，故发冬夏二居之诏，权宁物意耳。乃是当时之言，实非先皇深意。且北来迁人，安居岁久，公私计立，无复还情。陛下终高祖定鼎之业，勿信邪臣不然之说。"②世宗从之。元晖认为，孝文帝为安抚朝贵及民众迁都，避免太大阻力，遂诏许百姓冬夏二居，此乃当时之计，至宣武帝时理应废除，以稳定南迁民众。

　　孝文帝为减少阻力还颁布迁都赦令。《魏书》卷八九《高遵传》载："及车驾幸邺，（高）遵自州来朝，会有赦宥……遵自陈无负，帝厉声曰：'若无迁都赦，必无高遵矣！……自今宜自谨约。'"可见，孝文帝曾颁布迁都赦，赦免那些在迁都期间有过错的官员，此为笼络官员之措施，以尽量减少迁都的阻力。

四、对普通民众的抚慰

　　由平城迁都洛阳是复杂的系统工程，民众的支持与否亦受到孝文帝的

---

① （北齐）魏收：《魏书》卷一九中《元澄传》，第465页。
② （北齐）魏收：《魏书》卷一五《元晖传》，第378页。

重视。孝文帝通过赐民爵，对民众进行抚慰和拉拢，尽量减少迁都阻力。①
笔者辑诸正史，将迁都洛阳前后所赐民爵情况，列表如下：

表5-1　孝文帝迁都洛阳前后赐民爵简表

时间		地域范围	不同高龄赐爵情况				鳏寡孤独不能自存者	孝悌廉义，文武应求者	资料来源（注2）
			≥100（岁）	≥90	≥80	≥70			
太和十七年	七月	全国	（注1）				人粟五斛		172
	八月	肆州				一级			172
	九月	洛、怀、并、肆所过四州	假县令	三级	二级	一级	粟五斛帛二匹	以名闻	172
太和十八年	一月	相、兖、豫州	假县令	二级		一级	粟五石帛二匹	以名闻	173
	十一月	冀、定州	假县令	三级	二级	一级	赐以谷帛	以名闻	175
	十二月	郢、豫州	假县令	三级	二级	一级	赐以谷帛	以名闻	176
太和十九年	四月	全国	假县令	三级	二级	一级	赐以谷帛	德著丘园者具以名闻	177
	六月	济州、东郡、荥阳及河南诸县所经处	假县令	三级	二级	一级	赐以谷帛	以名闻	177
	十月	全国	假郡守	假县令	三级	二级	赐以谷帛		178
太和二十一年	三月	汾州	假县令	三级	二级	一级			181

注1：太和十七年七月，以太子立，"诏赐民为人后者爵一级，为公士；曾为吏属者爵二级，为上造"。

注2：资料来源为《魏书》卷七下《高祖纪》，表下所标数字为页码。

---

① 日本学者西嶋定生认为，秦汉的民爵制度，以皇帝为中心，把下至居住在里的庶民都组织到一元化的秩序之中，因此民爵具有作为国家秩序的性格。参见西嶋定生著，武尚清译《中国古代帝国的形成与结构——二十等爵制研究》，中华书局2004年版，第440—457页。西嶋氏所论虽是秦汉时期的民爵，但其精神同样适用于北魏。

由皇帝赏赐民爵，就是将皇帝与普通民众发生直接联系。表5-1中太和十九年（495）十月诏令，其待遇优厚尤值得注意：前几次赐爵，对于百年以上是"假县令"，而此次却是"假郡守"，对于七十岁、八十岁和九十岁以上老人亦是普遍提高一级，太和二十一年（497）的赐民爵级别又恢复至正常状态。原因何在？前文已明，太和十九年九月，"六宫及文武尽迁洛阳"，此次赐民爵待遇极为优厚，显然与北魏迁都有关。就目前文献来看，在太和十七年（493）迁都洛阳之前，孝文帝极少赐民爵；在太和二十一年后，孝文帝也很少再赐民爵；而在迁都洛阳前后的短短五年中，孝文帝却颁布赐民爵十余次。对此合理的解释是，孝文帝赐民爵与迁都有关，目的是最大范围内获取民众支持，以利于其迁都大业。

结　　语

孝文帝为迁都洛阳做了充分准备，整个迁都过程是有步骤、有秩序进行的。孝文帝较好地处理了两种关系：对于反对迁都之官员，多加劝诫，不施逼迫；对于普通民众，大规模赐民爵。从孝文帝宣布迁都洛阳、劝慰群臣、安抚民众，到开始营建洛阳，再到分批南迁，历时两年有余。其间孝文帝统揽全局，北巡南征，稳定后方，开拓前线，并伴随有官制改革，使得迁都洛阳的过程有条不紊，循序渐进。总之，孝文帝迁都洛阳是综合考量各种因素而确定的迁都方案，并非仓促和草率之举。学者用北魏在洛阳经营四十年即分裂灭亡的事实来指责孝文帝迁都洛阳的正确性，未免稍显牵强。孝文帝迁都洛阳本身并没有错，北魏分裂灭亡的原因应从其后继之君的统治政策上来寻找。

第六章　北魏迄隋胡姓、汉姓转变及其意义

北魏孝文帝迁都洛阳后实行全面汉化改革，河洛地区成为民族交融的重要区域，但民族交融的进程并非一帆风顺，其间充满了反复、曲折甚至是一时的倒退。就姓氏改革而言，北魏、东魏北齐与西魏北周、隋的胡姓和汉姓呈现出交替转变的景象。胡姓与汉姓的互动转变，为我们研究北朝民族交融提供了一个新的视角。本章拟从胡姓与汉姓多次转变的视角，来考察北朝姓氏变迁所彰显的历史意义。[1]

一、北魏孝文帝姓氏改革：由胡姓到汉姓

（一）北魏前期的姓氏变革

早在孝文帝改定姓氏之前，北魏早期即出现胡姓变为单姓的现象。顺应汉化的趋势，早期北魏政权将十六国时期的诸胡族姓氏，变为汉人姓氏。如《魏书》卷三〇《宿石传》："宿石，朔方人也，赫连屈孑弟文陈之曾孙也。……祖若豆根，太宗时赐姓宿氏，袭上将军。"[2] 所载"太宗"即北魏明元帝拓跋嗣。宿石原为赫连氏，而赫连氏为十六国时期匈奴族的著名姓氏，如十六国之一的夏即为赫连勃勃所建，威震一时。宿石祖父在明元帝拓跋嗣时被赐姓为宿氏，则赫连氏变为宿氏。《周书》卷一九《豆卢宁传》："其先

---

[1]　有关北朝姓氏研究，参见姚薇元《北朝胡姓考》，中华书局 2007 年版；王仲荦《鲜卑姓氏考》，《文史》第三十、三十一辑；陈连庆《中国古代少数民族姓氏研究——秦汉魏晋南北朝少数民族姓氏研究》，吉林文史出版社 2000 年版。

[2]　（北齐）魏收：《魏书》卷三〇《宿石传》，第 724 页。

本姓慕容氏，前燕之支庶也。高祖胜，以燕。皇始初（396），归魏，授长乐郡守，赐姓豆卢氏，或云避难改焉。"①豆卢宁原姓慕容氏，而慕容氏在十六国时期十分活跃。慕容氏在北魏前期被赐姓豆卢氏，可见北魏前期所赐之姓并非仅限于汉姓。

（二）孝文帝迁都洛阳后的姓氏改革

北魏孝文帝太和年间进行了一系列改革活动，史称太和改制。孝文帝太和改制具有明显的阶段性特征，即迁洛前后改革内容和目的不尽相同，各有侧重。迁都洛阳前的改革，主要集中于社会经济领域，如俸禄制、均田制、三长制及新租调制等；迁都洛阳后，其改革的重点体现在风俗文化上，如姓氏、服饰、语言、籍贯、婚姻等。

就姓氏改革而言，北魏孝文帝太和二十年（496），"春正月丁卯，诏改姓为元氏"②。《资治通鉴》载太和二十年春正月，孝文帝诏曰："北人谓土为拓，后为跋。魏之先出于黄帝，以土德王，故为拓跋氏。夫土者，黄中之色，万物之元也；宜改姓元氏。诸功臣旧族自代来者，姓或重复，皆改之。"③孝文帝诏令将本族"拓跋"氏改为"元"氏。孝文帝姓氏具体改革情况，《魏书》卷一一三《官氏志》有详载：

> 魏氏本居朔壤，地远俗殊，赐姓命氏，其事不一，亦如长勺、尾氏、终葵之属也。初，安帝统国，诸部有九十九姓。至献帝时，七分国人，使诸兄弟各摄领之，乃分其氏。自后兼并他国，各有本部，部中别族，为内姓焉。年世稍久，互以改易，兴衰存灭，间有之矣，今举其可知者。
>
> 献帝以兄为纥骨氏，后改为胡氏。次兄为普氏，后改为周氏。次兄为拔拔氏，后改为长孙氏。弟为达奚氏，后改为奚氏。次弟为伊娄氏，后改为伊氏。次弟为丘敦氏，后改为丘氏。次弟为侯氏，后改为亥氏。七族之兴，自此始也。

---

① （唐）令狐德棻等：《周书》卷一九《豆卢宁传》，第308页。
② （北齐）魏收：《魏书》卷七下《高祖纪》，第179页。
③ （宋）司马光：《资治通鉴》卷一四〇《齐纪六》"明帝建武三年"条，第4393页。

又命叔父之胤曰乙旃氏，后改为叔孙氏。又命疏属曰车焜氏，后改为车氏。凡与帝室为十姓，百世不通婚。①

可注意者有：其一，鲜卑族早期姓氏命名带有游牧民族独特的风俗习惯，如"长勺""尾氏""终葵"之类，这些姓氏与中原汉族姓氏迥异。其二，"七族之兴，自此始也""凡与帝室为十姓"，说明在魏收撰写《魏书》时已将"姓""氏"和"族"视为一体，三者的含义已无很大差异。华夏族早期姓氏制度发展至北朝时期，已经出现了重大变化。其三，孝文帝汉姓改革时，除了将皇室拓跋氏变为元氏外，还将其余九姓分别变为汉族姓氏。改革后出现的"长孙氏"和"叔孙氏"虽为复姓，但与鲜卑原有姓氏已有很大差异。

现将上述所载，列表如下：

表 6-1 孝文帝改革前后鲜卑族姓氏对照表

类别	原有姓氏	孝文帝改革后姓氏
帝室	拓跋氏	元氏
七族	纥骨氏	胡氏
	普氏	周氏
	拔拔氏②	长孙氏
	达奚氏	奚氏
	伊娄氏	伊氏
	丘敦氏	丘氏
	侯氏	亥氏
叔父之胤	乙旃氏	叔孙氏
疏属	车焜氏	车氏

① （北齐）魏收：《魏书》卷一一三《官氏志》，第 3005—3006 页。
② 所列"拔拔氏"，原作"拓跋氏"。参见姚薇元《北朝胡姓考》，中华书局 2007 年版，第 13—14 页；陈连庆《中国古代少数民族姓氏研究——秦汉魏晋南北朝少数民族姓氏研究》，吉林文史出版社 2000 年版，第 96 页。现据《魏书·官氏志》校勘记二三，改作"拔拔氏"。参见（北齐）魏收《魏书》卷一一三《官氏志》校勘记二三，第 3019 页。

《魏书·官氏志》所载北人姓氏共 120 个，其中，以皇室元氏为首的宗室诸姓计 10 姓，以穆姓为首的内入诸姓计 75 姓，以东方宇文、慕容氏为首的四方诸姓计 35 姓。经过孝文帝姓氏改革，鲜卑旧的较冗长的姓氏改为汉族姓氏，若单从姓氏上看，很难将鲜卑族人与汉人区分。北魏孝文帝的汉化姓氏改革，大大促进了当时北方的民族大融合。

需要说明的是，孝文帝将姓氏改革与定姓族结合起来，通过皇权的力量，逐渐建立起北朝的门阀制度。《魏书》卷一一三《官氏志》载孝文帝太和十九年（495），诏曰"代人诸胄，先无姓族，虽功贤之胤，混然未分，故官达者位极公卿，其功衰之亲，仍居猥任。比欲制定姓族，事多未就，且宜甄擢，随时渐铨。其穆、陆、贺、刘、楼、于、嵇、尉八姓，皆太祖已降，勋著当世，位尽王公，灼然可知者，且下司州、吏部，勿充猥官，一同四姓"①。"宗室十姓"和"勋臣八姓"被确定为鲜卑第一等贵族。此外，孝文帝还确立了其他鲜卑勋贵进入姓族的标准和途径。《隋书》卷三三《经籍志二》载："后魏迁洛，有八氏十姓，咸出帝族。又有三十六族，则诸国之从魏者。九十二姓，世为部落大人者，并为河南洛阳人。其中国士人，则第其门阀，有四海大姓、郡姓、州姓、县姓。"②唐长孺先生认为："以朝廷的威权采取法律形式来制定门阀序列，北魏孝文帝定士族是第一次。"③孝文帝改定鲜卑族姓族，不仅制定了详细的标准，而且也制定了具体的步骤。北魏孝文帝定姓族，建立门阀制度，是顺应历史发展潮流所作的重大变革，它对推动北魏社会的封建化和加速鲜卑拓跋族自身社会的发展，都具有重要的历史意义。④

孝文帝迁都洛阳后进行的风俗改革，可谓一场文化革命，对拓跋鲜卑影响深远。风俗文化改革进一步巩固了北魏的正统地位，取得了汉族士人的拥护。《魏书》卷二四《崔僧渊传》载迁都洛阳后，南朝齐明帝遣使赠书，劝崔僧渊归入南朝，僧渊则复书曰："（北方）三光起重辉之照，庶物蒙再化之始。分氏定族，料甲乙之科；班官命爵，清九流之贯。礼俗之叙，粲然复

① （北齐）魏收：《魏书》卷一一三《官氏志》，第 3014 页。

② （唐）魏徵等：《隋书》卷三三《经籍志二》，第 990 页。

③ 唐长孺：《论北魏孝文帝定姓族》，载《魏晋南北朝史论拾遗》，第 91 页。

④ 张旭华：《九品中正制略论稿》，中州古籍出版社 2004 年版，第 307 页。

兴，河洛之间，重隆周道。……加以累叶重光，地兼四岳，士马强富，人神欣仰，道德仁义，民不能名。……文士竞谋于庙堂，武夫效勇于疆场，若论事势，此为实矣。"① 崔僧渊在书信中描绘了北魏迁洛阳后政治、经济和文化的巨大变革，拓跋鲜卑通过风俗变革，实现了本民族的跨越式发展，也使得"礼俗"和"周道"得以复兴，文士和武夫各展其能，北魏的正统地位得以进一步巩固。孝文帝通过姓氏汉化改革，促使胡人与汉人在姓氏上融为一体，加速了当时北方各民族的大融合，具有重要的影响。

二、北齐、北周：由汉姓到胡姓

（一）北齐时期（含东魏）

北齐时期，鲜卑化势力重新抬头，胡汉矛盾非常尖锐，出现了"鲜卑共轻中华朝士"的局面。② 高欢起兵时与六镇鲜卑约定"不得欺汉儿"③。汉人杜弼曰"鲜卑车马客，（治国）会须用中国人"，高德政"常言宜用汉，除鲜卑"，都被高洋杀死。④ 在东魏北齐，汉族士人与鲜卑勋贵的斗争，"往往以鲜卑勋贵成功地排挤了汉族士人而告终"⑤。正是在这种背景下，北魏孝文帝的汉化成果在东魏北齐遭遇挫折，呈现出明显的胡化倾向。相应地，在姓氏上，出现由汉姓转变为胡姓的现象。

高氏掌权后，北魏皇室后裔为保自身性命，求赐胡姓。如《北齐书》卷四八《外戚传·元蛮》载："元蛮，魏太师江阳王继子，肃宗元皇后之父也。历光禄卿。天保十年，大诛元氏，肃宗为蛮苦请，因是追原之，赐姓步六孤氏。"⑥ 在北魏皇室元氏遭杀戮时，元蛮为保自家性命，向北齐高氏乞姓步六孤氏。

---

① （北齐）魏收：《魏书》卷二四《崔僧渊传》，第 631 页。
② （唐）李百药：《北齐书》卷二一《高昂传》，第 295 页。
③ （唐）李百药：《北齐书》卷一《神武纪上》，第 7 页。
④ （唐）李百药：《北齐书》卷二四《杜弼传》，第 353 页。
⑤ 阎步克编著：《波峰与波谷：秦汉魏晋南北朝的政治文明》（第二版），北京大学出版社 2017 年版，第 182 页。
⑥ （唐）李百药：《北齐书》卷四八《外戚传·元蛮》，第 668 页。

东魏北齐多对臣子赐姓高氏。《北齐书》卷三八《元文遥传》："元文遥，字德远，河南洛阳人，魏昭成皇帝六世孙也。……天统二年，诏特赐姓高氏，籍属宗正，子弟依例岁时入朝。"① 由此可知，元文遥原有姓氏为拓跋氏，在孝文帝改革时变为元氏，在北齐时期被赐姓国姓高氏。元文遥姓氏在北朝的多次变更，反映了时代的巨大变化。

北魏皇室诸元氏为求自保，亦请求赐姓高氏。《北齐书》卷四一《元景安传》云："元景安，魏昭成五世孙也。……天保初，加征西将军，别封兴势县开国伯，带定襄县令，赐姓高氏。"该传接着说：

> 天保时，诸元帝室亲近者多被诛戮。疏宗如景安之徒议欲请姓高氏，景皓云："岂得弃本宗，逐他姓，大丈夫宁可玉碎，不能瓦全。"景安遂以此言白显祖，乃收景皓诛之，家属徙彭城。由是景安独赐姓高氏，自外听从本姓。②

由此可知，作为北魏皇室的元氏在北齐惨遭杀戮，元景安为保身之策请赐高氏，而元景皓因不愿放弃本姓而被杀，这可看出元景安由元氏变为高氏的政治背景。在王朝更替的特殊时期，往往对前朝皇室成员进行杀戮，以排除后朝的顾虑和障碍。

（二）北周时期（含西魏）

西魏北周实行关中本位政策。宇文泰先把将士籍贯改为关中，如辽东襄平李弼改为陇西成纪人，随后恢复了拓跋部的三十六姓和九十九姓。西魏北周时期，元氏照例改为拓跋氏，如"子孝以国运渐移，深自贬晦，日夜纵酒。后例降为公，复姓拓跋氏"③。北周时，元氏确实已"复用旧姓"④。

宇文泰还恢复使用鲜卑语。孝文帝的汉化改革成果，在西魏北周遭受

---

① （唐）李百药：《北齐书》卷三八《元文遥传》，第504页。
② （唐）李百药：《北齐书》卷四一《元景安传》，第542—544页。
③ （唐）李延寿：《北史》卷一七《元子孝传》，第631页。
④ 陈连庆：《中国古代少数民族姓氏研究——秦汉魏晋南北朝少数民族姓氏研究》，吉林文史出版社2000年版，第93页。

重大挫折，民族交融的趋势也遭受逆流。

西魏北周通过赐姓，将众多姓氏恢复到孝文帝姓氏改革以前的状态。北魏皇室元氏改为拓跋氏，其他姓氏也多复旧，如《周书》卷二九《王勇传》云："王勇，代武川人也，本名胡仁。……进爵新阳郡公，增邑通前二千户，仍赐姓库汗氏。"王勇本为代武川人，在西魏被赐姓库汗氏，不过从"仍"字可看出，王勇原本姓氏即为库汗氏，很可能是在孝文帝汉姓改革时被赐予汉姓，至西魏时再被赐回旧姓。

查阅正史，笔者所见西魏北周赐姓共 62 例，涉及 28 个姓氏，具体为：赐姓步陆孤氏者，陆通；赐姓车非氏者，周摇；赐姓叱利氏者，杨绍；赐姓大利稽氏者，蔡佑；赐姓尔绵氏者，段永；赐姓纥干氏者，田弘；赐姓和稽氏者，耿豪；赐姓侯伏侯氏者，侯植；赐姓侯吕陵氏者，韩褒；赐姓侯莫陈氏者，刘亮；赐姓可频氏者，王雄；赐姓库汗氏者，王勇；赐姓莫胡卢氏者，杨纂；赐姓普屯氏者，辛威；赐姓徒何氏者，李弼；赐姓拓跋氏者，李穆；赐姓拓王氏者，王盟；赐姓万纽于氏者，樊深；赐姓尉迟氏者，陈忻；赐姓叱罗氏者，有郭衍、张羡 2 人；赐姓大野氏者，有李虎、阎庆 2 人；赐姓独孤氏者，有高宾、李屯 2 人；赐姓普六茹氏者，有杨忠、杨尚希 2 人；赐姓若口引氏者，有寇和、寇洛 2 人；赐姓乌丸氏者，有王德、王轨 2 人；赐姓乙弗氏者，有赵贵、赵肃 2 人；赐姓贺兰氏者，有苏椿、裴文举、梁台 3 人。赐姓宇文氏者有李和、刘雄、柳庆、赵昶、王悦、刘志、韩雄、叱罗协、韦瑱、韦孝宽、薛善、令狐整、李彦、李昶、申徽、柳敏、张轨、崔猷、薛端、李吴氏、郑孝穆、崔谦、崔说、王杰、唐瑾等 26 人。[1] 由上可见，宇文泰在创建帝业过程中，许多汉人因军功被赐胡姓，其中赐国姓宇文氏者最多，达 26 例，足见赐国姓具有重大象征意义和号召力。

下面我们来看几个典型案例：

1. 李弼。《周书》卷一五《李弼传》载："李弼字景和，辽东襄平人也。……迁太保，加柱国大将军。魏废帝元年，赐姓徒河氏。"[2] 李弼为柱国

---

[1] 参见李文才《略论西魏北周时期的赐、复胡姓》，《民族研究》2001 年第 3 期。

[2] （唐）令狐德棻等：《周书》卷一五《李弼传》，第 239 页。

大将军，被赐姓徒河氏。

2. 赵贵。《周书》卷一六《赵贵传》云："赵贵字元贵，天水南安人也。……寻拜柱国大将军，赐姓乙弗氏。"① 赵贵拜柱国大将军，被赐姓乙弗氏。

3. 李虎。《旧唐书》卷一《高祖纪》言："皇祖讳虎，后魏左仆射，封陇西郡公，与周文帝及太保李弼、大司马独孤信等以功参佐命，当时称为'八柱国家'，仍赐姓大野氏。"② 李虎被赐姓大野氏，为八柱国之一，而李虎为唐高祖李渊之祖父。

4. 杨忠、杨坚。《周书》卷一九《杨忠传》载："魏恭帝初（554），赐姓普六如氏，行同州事。"③ 隋文帝杨坚之父杨忠为十二大将军之一，被赐姓普六如氏。《隋书》卷一《高祖纪上》亦载："皇考从周太祖起义关西，赐姓普六茹氏，位至柱国、大司空、隋国公。"④ 内史王轨骤言于北周皇帝曰："皇太子非社稷主，普六茹坚貌有反相。"⑤ 可见，杨坚沿用其父杨忠普六如氏，在北周被称为普六茹坚。"普六如氏"与"普六茹氏"个别文字书写有别，其实一也。

赐姓制度对于西魏北周具有特别重要的意义。西魏北周将赐姓集成图书，据《隋书》卷六六《鲍宏传》载：

> 初，周武帝敕（鲍）宏修《皇室谱》一部，分为《帝绪》、《疏属》、《赐姓》三篇。有集十卷，行于世。⑥

西魏实行府兵制，李弼、赵贵、李虎、于谨、独孤信、侯莫陈崇分别担任柱国大将军。李弼、赵贵、李虎分别被赐予胡姓徒河氏、乙弗氏、大野氏。独

---

① （唐）令狐德棻等：《周书》卷一六《赵贵传》，第 261 页。
② （后晋）刘昫等：《旧唐书》卷一《高祖纪》，第 1 页。
③ （唐）令狐德棻等：《周书》卷一九《杨忠传》，第 317 页。
④ （唐）魏徵等：《隋书》卷一《高祖纪上》，第 1 页。
⑤ （唐）魏徵等：《隋书》卷一《高祖纪上》，第 2 页。
⑥ （唐）魏徵等：《隋书》卷六六《鲍宏传》，第 1548 页。

孤信和侯莫陈崇本身即为胡姓。史书没有明确记载于谨是否被赐胡姓。这样
担任柱国大将军的汉人，多数被赐予胡姓，以与府兵制的精神相符合。[①] 通
过隋文帝杨坚之父和唐高祖之祖父分别被赐予胡姓普六茹和大野氏，确能感
受到中国中古时期地方大族地位的沉浮和变迁。

三、隋代："悉宜复旧"，回归汉姓

杨坚建隋，对姓氏又进行了改革。《周书》卷八《静帝纪》载大象二年
（580）十二月诏曰：

> 《诗》称"不如同姓"，《传》曰"异姓为后"。盖明辨亲疏，皎然
> 不杂。太祖受命，龙德犹潜。篆表革代之文，星垂除旧之象，三分天
> 下，志扶魏室，多所改作，冀允上玄。文武群官，赐姓者众，本殊国
> 邑，实乖胙土。……不可仍遵谦抱之旨，久行权宜之制。诸改姓者，悉
> 宜复旧。[②]

从诏书可知，周太祖宇文泰对文武百官多行赐姓之举，以笼络人心，但赐姓
之举"实乖胙土"，因此当下要将已改姓者重新改回旧姓。"悉宜复旧"主要
恢复为西魏北周赐姓之前的汉姓，即北魏孝文帝汉化改革后确立的汉姓。这
样，在北魏孝文帝汉化改革时由胡姓变为的汉姓，经过东魏北齐、西魏北周
的胡姓反复，至隋重又变为汉姓。诏书虽由周静帝下发，但当时实际掌权者
为杨坚。这标志着胡姓与汉姓的又一次重大变革。

"悉宜复旧"的诏令颁发后，出现了由胡姓改回汉姓的潮流。如《周
书》卷二〇《阎庆传》载："（西魏时）累迁使持节、车骑大将军、仪同三
司、散骑常侍、骠骑大将军、开府仪同三司、云州大中正，加侍中，赐姓
大野氏。"[③] 据《新唐书》卷七三下《宰相世系三》："（阎）进少子庆，字仁

---

① 李文才：《略论西魏北周时期的赐、复胡姓》，《民族研究》2001 年第 3 期。
② （唐）令狐德棻等：《周书》卷八《静帝纪》，第 135 页。
③ （唐）令狐德棻等：《周书》卷二〇《阎庆传》，第 342 页。

度，后周小司空、上柱国、石保成公，赐姓大野氏，至隋复旧。"① 可见，阎庆曾为北周上柱国，纳入府兵系统，被赐姓大野氏，至隋又变为阎氏。《隋书》卷五五《周摇传》载："周摇字世安，其先与后魏同源，初为普乃氏②，及居洛阳，改为周氏。……周闵帝（宇文觉）受禅，赐姓车非氏，封金水郡公。……高祖（杨坚）受禅，复姓周氏。"③ 周摇先祖为鲜卑族人，姓普乃氏，孝文帝汉姓改革时改为周氏，北周时改为车非氏，至隋又变为孝文帝汉化改革时的周氏。《周书》卷三七《寮允传》曰："又有安定寮允，本姓牛氏，亦有器干，知名于时。历官侍中、骠骑大将军、开府仪同三司、工部尚书、临泾县公，赐姓宇文氏。……允子弘，博学洽闻。宣政中，内史下大夫、仪同大将军。大象末，复姓牛氏。"④ 牛弘先祖在北魏时姓牛氏，在西魏北周时赐姓宇文氏，至杨坚掌权后复改为牛氏。牛弘和周摇之例非常典型，其先祖经历了北朝至隋胡姓和汉姓变动的全部阶段，从中我们可以管窥出各民族姓氏变动的大致轨迹。

隋代亦出现赐姓现象，不过所赐之姓为汉姓。如《隋书》卷七八《卢太翼传》载："卢太翼，字协昭，河间人也，本姓章仇氏。……（炀）帝常从容言及天下氏族，谓太翼曰：'卿姓章仇，四岳之胄，与卢同源。'于是赐姓为卢氏。"⑤ 卢太翼由胡姓（章仇氏）被赐姓汉姓（卢氏），这与北周北齐动辄赐姓胡姓已有很大差别，彰显了时代的重大变迁。

隋朝多次赐臣子国姓杨氏。《隋书》卷六三《杨义臣传》云："代人也，本姓尉迟氏。"后被隋文帝杨坚赐姓"杨氏"⑥。相关记载亦见《隋书》卷六六《鲍宏传》："时有尉义臣者，其父崇不从尉迥，后复与突厥战死，上嘉之，将赐姓为金氏。访及群下，宏对曰：'昔项伯不同项羽，汉高赐姓刘氏，

---

① （宋）欧阳修等：《新唐书》卷七三下《宰相世系三》，第 2984 页。

② 陈连庆先生认为，"普乃或为普氏之复姓"。参见氏著《中国古代少数民族姓氏研究——秦汉魏晋南北朝少数民族姓氏研究》，第 95 页。

③ （唐）魏徵等：《隋书》卷五五《周摇传》，第 1376 页。

④ （唐）令狐德棻等：《周书》卷三七《寮允传》，第 671 页。另据《隋书》卷四九《牛弘传》："弘字里仁，安定鹑觚人也，本姓寮氏。"（第 1297 页）

⑤ （唐）魏徵等：《隋书》卷七八《卢太翼传》，第 1769 页。

⑥ （唐）魏徵等：《隋书》卷六三《杨义臣传》，第 1498 页。

秦真父能死难，魏武赐姓曹氏。如臣愚见，请赐以皇族。'高祖曰：'善。'
因赐义臣姓为杨氏。"① 杨义臣本为鲜卑族人，姓尉迟氏，后被赐予皇族杨
氏。即使被赐姓金氏，亦为汉姓。在赐姓问题上有意让群臣讨论，足见隋朝
对赐姓问题非常重视。

结　语

在北魏迄隋这段复杂的历史变革时期，由胡姓与汉姓反复曲折，我们
可以深刻地感受到当时民族交融的曲折历程。胡姓与汉姓的互动变迁，为我
们研究北朝历史和民族交融提供了一个新的视角。新的王朝建立后，往往对
有功人员赐皇朝国姓，以此来拉拢人心，稳定统治，同时这也是维持本家族
地位的有效手段。在门阀制度居于重要地位的中国中古时期，赐姓制度与门
阀制度相结合，彰显了赐姓对于门阀制度的维持和运转有着重要意义。

河洛地区成为北朝民族交融的重要区域，姓氏变迁是其外在表现。胡
姓多表现为复姓，汉姓多表现为单姓。北魏孝文帝将众多胡姓变为汉姓，相
应地，姓氏在外在形态上呈现出由复姓变为单姓；东魏北齐、西魏北周将汉
姓变为胡姓，姓氏呈现出由单姓变为复姓；隋代将胡姓回归汉姓，姓氏呈现
出由复姓变为单姓。北魏迄隋所定姓氏与今日中华姓氏的继承关系，尚需进
一步研究；但可以肯定的是，今日汉族姓氏多单姓，与北魏迄隋的胡姓与汉
姓变动有着直接或间接的关联。当然，在该时期的姓氏变革中，大量复姓也
得以保留，丰富了中华民族的姓氏宝库，使得中华民族的姓氏文化以独特的
面貌呈现于世人面前。

---

① （唐）魏徵等：《隋书》卷六六《鲍宏传》，第 1547 页。

第七章　大运河与大一统：北魏洛阳时代的水运建设及其意义

　　大运河研究长期是我国学界持续关注的热点，近年来学界对大运河的研究热情持续高涨，成果丰硕。① 大运河研究是个宏大的系统性课题，笔者兴趣仅集中于魏晋南北朝时期的水路开通和河渠修建，追溯隋唐大运河在魏晋南北朝时期的酝酿与实践，梳理魏晋南北朝时期蕴含的大运河理想，考察包括水路在内的交通体系建设在魏晋南北朝由"分裂"走向"统一"进程中的地位及作用，旨在探索"大运河"与"大一统"的内在关联。

　　北魏孝文帝迁都洛阳是北魏历史上的重大事件，也是南北朝历史进程中的重要转折点。迁都洛阳后，北魏的正统性与合法性获得极大增强，孝文帝更是宣扬天命在我，频频南征，欲实现其大一统理想。② 欲大规模南征，需要兵力与物资的迅速投送与补给。相较于陆路，水运具有运输量大、运输成本相对低廉、水运道路开通迅捷等特点，于是通水运、开运河就成为孝文帝的重要选择。迁都洛阳后的孝文帝，急切需要开通运河，以保障北魏的政

---

① 相关重要论著有：史念海《中国的运河》（首版于 1944 年），人民出版社 2013 年版。朱偰编著《大运河的变迁》（首版于 1961 年），江苏人民出版社 2017 年版。单霁翔《大运河文化遗产保护文集》，天津大学出版社 2013 年版。刘森林《大运河：环境　人居　历史》，上海大学出版社 2015 年版。张秉政编著《运河·中国：隋唐大运河历史文化考察》，北京时代华文书局 2019 年版。姜师立编著《中国大运河文化》，中国建材工业出版社 2019年版。

② 北魏孝文帝亲征南伐，重提自十六国以来很少提及的"天无二日，土无二王"的传统观念。萧齐南阳太守房伯玉兵败被俘，孝文帝对之进行教育，认为天命在"此"（北朝）不在"彼"（南朝）。可参见（北齐）魏收《魏书》卷四三《房伯玉传》，第 973—974 页。

治与军事目标的实现。北魏洛阳时代的水运建设，对隋唐大运河以洛阳为中
心的路线选择产生了重要影响。有关魏晋南北朝时期的水路交通与内河航
运，学界已取得了重要成果①，但关于北魏洛阳时代孝文帝大运河理想方面，
学界关注不多。笔者不揣浅陋，在前人研究基础上，探讨北魏洛阳时代大运
河与大一统的关联，不当之处，敬请方家指正。

一、"达于江淮"：北魏孝文帝之前的水运建设

北魏孝文帝迁都洛阳后，急需打通由洛阳出发直达淮河的水上交通线，
用于物资补给和兵力调动，以保障北魏的南伐战略。不过，北魏孝文帝由洛
阳出发顺水而下直达淮水的设想，并非一时心血来潮，也并非完全首倡。在
此之前，历史上有多次关于由京城洛阳出发沿水路直达江淮的尝试与努力，
并取得一定进展。

东汉曾多次尝试将都城洛阳通过水路与天然河道相连，但效果不佳。
汉顺帝阳嘉年间，修建阳渠，引谷水入阳渠，取得一定成效。《水经注·谷
水》载"谷水又东屈南，径建春门石桥下，即上东门也"，桥首建两石柱，
桥之右柱铭云：

> 阳嘉四年乙酉壬申，诏书以城下漕渠，东通河、济，南引江、淮，
> 方贡委输，所由而至，使中谒者魏郡清渊马宪监作石桥梁柱，敕赦工
> 匠尽要妙之巧，攒立重石，累高周距，桥工路博，流通万里云云。②

---

① 黄盛璋：《曹操主持开凿的运河及其贡献》，《历史研究》1982 年第 6 期；王育民：《南北
大运河始于曹魏论》，《上海师范大学学报》(哲学社会科学版) 1986 年第 1 期；王鑫义：《东
晋南北朝时期的淮河流域漕运》，《安徽史学》1999 年第 1 期；薛瑞泽：《北魏的内河航运》，
《山西师大学报》(社会科学版) 2001 年第 3 期；何德章：《魏晋南北朝时期南北水路交通
的拓展》，《武汉大学学报》(哲学社会科学版) 2004 年第 2 期；王利华：《魏晋南北朝时期
华北内河航运与军事活动的关系》，《社会科学战线》2008 年第 9 期；张晓东：《汉唐漕运
与军事》，上海世纪出版集团 2010 年版。

② (北魏) 郦道元著，陈桥驿校证：《水经注校证》卷一六《谷水》，第 396 页。

汉顺帝阳嘉四年（135），诏令有司以洛阳城下漕渠为起点，东通黄河济水，南连长江淮河，各地贡赋，通过水路直达京城。这份"东通河济，南引江淮"的诏令，将洛阳通过水路与四渎（黄河、长江、淮河、济水）相连①，雄心勃勃，极具进取精神，但在当时实施起来却困难重重，它涉及旧有渠道的疏浚、新渠道的开挖、新旧渠道的贯通以及天然河流的利用等问题。因此该诏令实际是东汉政府以都城洛阳为中心开挖运河、连接四渎、征收赋税政治理想的公开宣扬，也是后世大运河理想的重要酝酿。

三国为争取战略主动，非常重视水运建设，曹魏尤其如此。邓艾是杰出的军事人才，也是杰出的水利专家，他强调利用河渠之作用，一方面可以灌溉农田；另一方面可以运送军粮。为讨伐孙吴，司马懿派邓艾巡查淮河流域，经过详细考察，邓艾认为淮水南北之地，"田良水少，不足以尽地利，宜开河渠，可以引水浇灌，大积军粮，又通运漕之道"，"乃著《济河论》以喻其指"②。邓艾所论得到司马氏赏识，实施效果良好，"自寿春到京师，农官兵田"，粮食生产和储存充足，有力地支撑了曹魏对东南的军事行动。③《济河论》文字无存，但其主旨当为"开河渠"或"引河入汴"④。除淮河流域屯田外，开通水渠以贯通南北水运更是邓艾战略思想的体现。《三国志》卷二八《邓艾传》载：

> 正始二年，乃开广漕渠，每东南有事，大军兴众，泛舟而下，达于江、淮，资食有储而无水害，艾所建也。⑤

在淮水南北屯田基础上，邓艾建议开挖广漕渠，连接长江与淮河，每次对孙吴用兵时，通过水运进行兵力运输与粮草调运。从更长远的角度看，曹魏在

---

① 四渎独流入海，为我国古代著名的大川。参见《尔雅注疏》卷七《释水》："江、河、淮、济为四渎。四渎者，发源注海者也。"载清阮元校刻《十三经注疏》，第 5698 页。

② （晋）陈寿：《三国志》卷二八《魏书二十八·邓艾传》，第 775 页。

③ （唐）房玄龄等：《晋书》卷二六《食货志》，第 785 页。

④ 何德章：《魏晋南北朝时期南北水路交通的拓展》，《武汉大学学报》（哲学社会科学版）2004 年第 2 期。

⑤ （晋）陈寿：《三国志》卷二八《魏书二十八·邓艾传》，第 776 页。

东南广开河渠，实现水运贯通，一旦对东南用兵，大军从洛阳出征，利用水道，直达江淮，非常便于对吴征伐。在开凿广漕渠的同时，在邓艾的建议下，又整理了汴渠，使之复通。① 邓艾利用水路从洛阳出发直达江淮的思想和实践，对北魏孝文帝应有所启发。

东晋安帝义熙十二年（416），刘裕率军北伐，充分发挥东晋在陆路与水路两方面优势，水陆并进，取得重要军事胜利。十月攻占洛阳，修复西晋皇陵。义熙十三年（417）正月，"公以舟师进讨，留彭城公义隆镇彭城"②，九月，刘裕进驻长安。《宋书》卷二《武帝纪中》载：

> 十二月庚子，发自长安，以桂阳公义真为安西将军、雍州刺史，留腹心将佐以辅之。闰月，公自洛入河，开汴渠以归。③

北伐攻占长安后，刘裕本想留守关中，进一步经略赵魏之地，其后因前将军刘穆之卒，担心政局有变，在安排其子刘义真留守长安后，自己便急于返回南方。值得注意的是，刘裕率军南返走的是水路，从洛水至黄河，然后"开汴渠以归"。"十四年正月壬戌，公至彭城，解严息甲"④，可见刘裕开汴渠"以归"彭城。刘裕急于行军返回南方，不可能动用大量人力重新开挖河渠，只能是利用旧有河道，疏通而已。故所谓"开"，合理的解释是疏浚。因为东汉定都洛阳后，即以洛阳为中心发展水运网，修凿汴水是其中重要一环。如汉明帝永平十二年（69）四月，"遣将作谒者王吴修汴渠，自荥阳至于千乘海口"；一年后，"汴渠成"⑤。李贤注曰："汴渠，即莨荡渠也。汴自荥阳首受河，所谓石门，在荥阳山北一里。过汴以东，积石为堤，亦号金堤，成帝阳嘉中所作也。"由史载王吴"修"汴渠而非"凿"汴渠，以及李贤所注，可知东汉永平年间对于汴渠，也是在前朝基础上修补和疏通。不过刘裕返回

---

① 史念海：《中国的运河》，载《史念海全集》第一卷，人民出版社2013年版，第358页。

② （南朝梁）沈约：《宋书》卷二《武帝纪中》，中华书局1974年版，第41页。

③ （南朝梁）沈约：《宋书》卷二《武帝纪中》，第44页。

④ （南朝梁）沈约：《宋书》卷二《武帝纪中》，第44页。

⑤ （南朝宋）范晔：《后汉书》卷二《明帝纪》，第114、116页。

南方后，北方新恢复的土地再次沦陷，汴渠疏浚的利益就由北魏享受了。①东晋末年汴渠的疏通，沟通了洛水、黄河以及淮水，刘裕大军由此得以迅速返回军事重镇彭城。由此可知，即便在东晋与十六国对峙的割据动荡时期，只需开通或疏浚部分河段，由洛阳出发沿水路至江南的航线基本是畅通的。南北水路的畅通，对于南北朝对峙时期的中国而言，意义重大。

总之，北魏孝文帝之前，历代有关由洛阳出发沿水路直达江淮的思想及实践，取得了一定成绩，并对孝文帝的大运河理想及其实践具有启发借鉴意义。

二、"下船而战"：洛阳由水路直达淮水

北魏前期已经重视水运，但北魏河运事业的真正发展，是在迁都洛阳之后。②迁都洛阳后，孝文帝急切开通从洛阳出发的水运，以便南伐。这首先要解决个难题，就是如何让洛阳与各水系顺畅相连，而沟通洪池与洛水就是其重要前提。《魏书》卷五三《李冲传》载孝文帝"自邺还京，泛舟洪池"，乃从容谓李冲曰：

> 朕欲从此通渠于洛，南伐之日，何容不从此入洛，从洛入河，从河入汴，从汴入清，以至于淮？下船而战，犹出户而斗，此乃军国之大计。今沟渠若须二万人以下、六十日有成者，宜以渐修之。③

李冲时被"委以营造之任"，孝文帝命令李冲开通水渠，连接洪池与洛水。可注意者有：其一，洪池，即鸿池，两者常可互称。东汉曾设"鸿池丞"；"鸿池，池名，在洛阳东二十里"④。张衡《东京赋》："于东则洪池清蘌，渌

① 史念海：《中国的运河》，载《史念海全集》第一卷，第372页。
② 王利华：《魏晋南北朝时期华北内河航运与军事活动的关系》，《社会科学战线》2008年第9期。
③ （北齐）魏收：《魏书》卷五三《李冲传》，第1185页。
④ （南朝宋）范晔：《后汉书》卷一一六《百官志三》，第3595页。

水澹澹。"李善注："洪，池名也，在洛阳东三十里。"① 两者所载洪池距离洛阳城距离有异，分别以汉魏洛阳城和隋唐洛阳城为标准，与史实符合。又，曹丕《猛虎行》："梧桐攀凤翼，云雨散洪池。"②《水经注·谷水》："谷水又东注鸿池陂。"③ 后两材料也可证洪池即鸿池。

其二，孝文帝规划中的水运路线选择，从洛阳出发，顺水而下，直达淮水，直接影响了未来隋唐大运河（黄淮段）的基本走向。孝文帝认为，若洪池与洛水沟通，则今后北魏南伐之日，兵士与物资从洪池出发进入洛水，由洛水入黄河，由黄河入汴水，由汴水入清水，直至淮水。北魏迁都洛阳后，崔亮曾建议"汴蔡二渠，以通边运"④。隋唐大运河的开凿，即是沿用汴渠故道。

汴水流向及所经地域较为清晰，清水则需要考辨。东晋南北朝时期，至少有三条河流命名清水：一是发源于"河内修武县之北黑山"，东注入黄河。⑤ 有学者认为该清水即济水，也就是北济水过巨野泽后下游入海段。⑥ 二是流经巴蜀之地，东注入西汉水。⑦ 三是流经地域主要在今日徐州东南方，与泗水关系密切，即本书所论孝文帝所谓之清水。由图 7–1 可知，北魏太和二十一年（497）彭城郡东南流向的水系为泗水；由图 7–2 可知，萧梁中大同元年（546）彭城郡东南流向的水系为清水。由此可知，南北朝对徐州等边地展开激烈争夺，清水流域先后属于北魏和萧梁。清水或是泗水的支流，或泗水东南部河段之改名。⑧ 不管名称如何改变，孝文帝太和年间，由清水直达淮水，在技术上则是可以实现的。

---

① （梁）萧统编，（唐）李贤注：《文选》卷三《京都中》，中华书局 1977 年版，第 55 页。
② （明）梅鼎祚编：《古乐苑》卷一六《相和歌辞》，景印文渊阁《四库全书》（第 1395 册），第 172 页。
③ （北魏）郦道元著，陈桥驿校证：《水经注校证》卷一六《谷水》，第 403 页。
④ （北齐）魏收：《魏书》卷六六《崔亮传》，第 1477 页。
⑤ （北魏）郦道元著，陈桥驿校证：《水经注校证》卷九《清水》，第 223 页。
⑥ 王鑫义：《东晋南北朝时期的淮河流域漕运》，《安徽史学》1999 年第 1 期。
⑦ 谭其骧主编：《中国历史地图集》第四册，中国地图出版社 1982 年版，第 37 页。
⑧ 王鑫义先生认为，孝文帝此处所谓"清水"即"泗水"。参见氏著《东晋南北朝时期的淮河流域漕运》，《安徽史学》1999 年第 1 期。

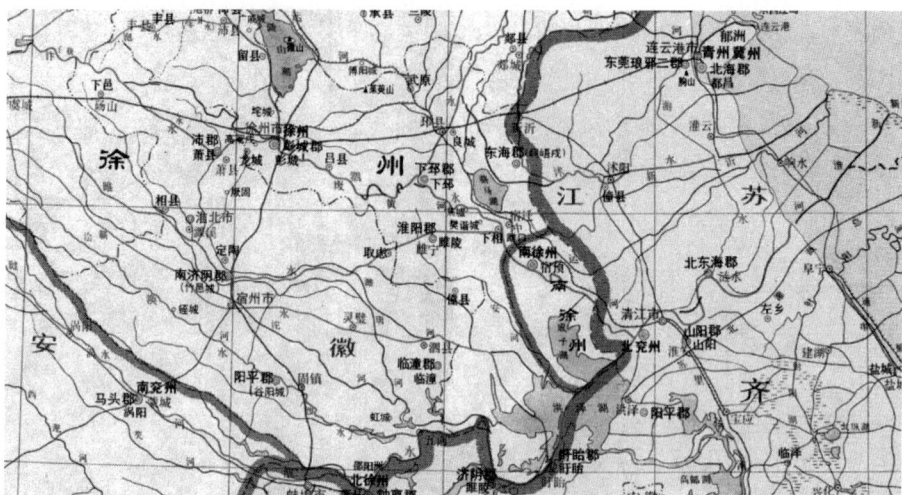

图 7-1 北魏汴水流向图

（据谭其骧主编《中国历史地图集》第四册北朝魏（497），第 48—49 页）

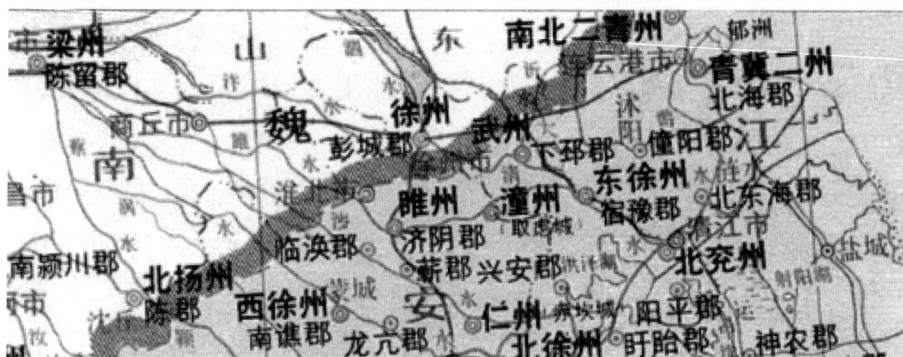

图 7-2 汴水、清水流向示意图

（据谭其骧主编《中国历史地图集》第四册南朝梁（546），第 42—43 页）

　　其三，孝文帝从军事征伐的战略高度，来看待洪池与洛水之间水渠的开凿。通过水运进行军事南伐，犹如出户而战，非常便利。李冲所答"若尔，便是士无远涉之劳，战有兼人之力"，也是从士兵与征战的角度来论述。① 当然，北魏早有重视水运投送兵力的传统，以便对外战争，如太武帝

① （北齐）魏收：《魏书》卷五三《李冲传》，第 1185 页。

神䴥三年（430），"帝闻刘义隆将寇边，乃诏冀、定、相三州造船三千艘，简幽州以南戍兵集于河上以备之"①。太武帝诏令黄河以北三州大造战船，征召幽州以南戍兵，汇集于黄河，以应对南朝刘宋的军事挑衅。

水运贯通，沿水运修建大型仓储，就成为客观的必然要求。《魏书》卷一一〇《食货志》载："自徐扬内附之后，仍世经略江淮，于是转运中州，以实边镇，百姓疲于道路。乃令番戍之兵，营起屯田，又收内郡兵资与民和籴，积为边备。有司又请于水运之次，随便置仓，乃于小平、石门、白马津、漳涯、黑水、济州、陈郡、大梁凡八所，各立邸阁，每军国有须，应机漕引。自此费役微省。"所谓"邸阁"，就是魏晋南北朝时期修建的仓储。王国维先生认为，"古代储蓄军粮之所，谓之邸阁，其名始见于汉魏之间"②。北魏获取南朝淮北之地后，继续用兵江淮，但转运中州粮草，民众力役繁重，解决办法有二：首先，实行屯田。其次，在水运方便之处设置大型仓储，囤积军需物资，一旦有事，就近漕运。有学者认为，迁都洛阳后，北魏在江淮间建立了一个包括八大漕仓的漕运系统，以供应京畿和南方边地州郡的军需和国用。③北魏沿水运修建仓储始于何时，史无明载。由"徐扬内附以后"可知，应在太武帝拓跋焘以后；由"仍世经略江淮"可知，北魏多位帝王有经略江淮意愿，当然也包括孝文帝。孝文帝迁都洛阳以后更大规模的南伐，客观上更需要粮草供应，加之孝文帝心存大运河理想，因此沿水运修建大型仓储以备漕运之行为，在孝文帝朝应是大规模实施了。沿运河设置大型粮仓，方便运输，这种做法被隋文帝父子所采用，成为隋王朝四处征伐的重要物质保障。

总之，孝文帝迁都洛阳后，急需谋划打通由洛阳出发直达淮河的水上交通线，军事物资和士兵在洪池集结，从洪池至洛水，"从洛入河，从河入汴，从汴入清，以至于淮"，借此实现北魏的政治目标与军事南伐。孝文帝打通洛阳与黄河、淮河的水运通道，从洛阳出发直达淮水的战略构想，充分

---

① （北齐）魏收：《魏书》卷四《世祖纪上》，第75页。

② 王国维：《王国维学术随笔》，载《东山杂记》卷一，社会科学文献出版社2000年版，第51页。

③ 张晓东：《汉唐漕运与军事》，上海世纪出版集团2010年版，第225页。

体现了孝文帝的大运河理想。

三、"通运四方"：解决黄河急峻难题

隋唐大运河的永济渠通过沁水与黄河相连①，通济渠与黄河相连，通过借用黄河部分河道，沟通众多水系，实现大运河在北方的贯通。但借用黄河天然河道，操作起来，困难重重。北魏时期黄河水流湍急，成为制约孝文帝大运河理想的重要难题。为了解决这一难题，孝文帝亲自巡幸东方，欲从水路逆流而上返回洛阳，敦促有司解决该问题。

《魏书》卷七九《成淹传》载迁都洛阳伊始，孝文帝巡幸徐州，敕成淹与闾龙驹等主舟楫，"将汎泗入河，泝流还洛"。军次碻磝，成淹"以黄河峻急，虑有倾危，乃上疏陈谏"，欲加劝阻，高祖则敕成淹说：

> 朕以恒代无运漕之路，故京邑民贫。今移都伊洛，欲通运四方，而黄河急峻，人皆难涉。我因有此行，必须乘流，所以开百姓之心。知卿至诚，而今者不得相纳。②

可注意者以下几点：其一，孝文帝巡幸徐州，欲由泗水北入黄河，再由黄河逆流而上，乘舟返回洛阳（"泝流还洛"）。按，北魏时期黄河经由齐州、冀州入渤海。皇帝由黄河逆流回洛，这在当时是一种大胆的设想，也是充满危险的规划。其二，孝文帝乘舟至黄河边的重要渡口碻磝时，因黄河峻急，成淹上疏请求不可继续前行。碻磝城，为黄河下游的军事重镇，战略地位重要，成为南北朝激烈争夺的要地。黄河由碻磝城继续东北流经"四渎津"，"临河有四渎祠，东对四渎口"，"自河入济，自济入淮，自淮达江，水径周通，故有四渎之名也"③。由此可见，黄河在碻磝城周围起到沟通"四渎"之

① （唐）魏徵等《隋书》卷三《炀帝纪》载："（大业）四年春正月乙巳，诏发河北诸郡男女百余万开永济渠，引沁水，南达于河，北通涿郡。"（第70页）
② （北齐）魏收：《魏书》卷七九《成淹传》，第1754页。
③ （北魏）郦道元著，陈桥驿校证：《水经注校证》卷五《河水》，第143页。

作用，由此可以通江达海，成为孝文帝构建黄河下游水运网的枢纽。其三，因成淹上疏劝止，孝文帝吐露心声，由此表达了其关于水运的重要思想：旧都平城因无漕运，故迁都洛阳；欲以洛阳为中心，构建四通八达的水运网络（"通运四方"）；百姓皆知黄河峻急，故朝廷要开通黄河水运，以便百姓，以收民心。孝文帝返回京城的水路选择，就是有意为之，以引起主管舟楫官员和都水使者的重视，尽快解决黄河水运难题。① 孝文帝所撰《祭河文》说："维太和十九年，皇帝告于河渎之灵……肇开水利，漕典载新，千舻桓桓，万艘斌斌。保我大仪，惟尔作神。"② 在孝文帝心目中，黄河水运的开通是保证北魏政权兴盛的关键之所在。③ 其四，成淹上疏至诚，但孝文帝不为危险所惧，坚持由水路返回洛阳。最终结果是否如孝文帝最初设想那样逆河而上返回洛阳，由于史料缺乏，我们暂且不得而知。不过可以肯定的是，为保障水路的畅通，北魏迁都洛阳后曾对以黄河为主的水运通道进行了疏通。

总之，孝文帝迁都洛阳不久，即努力构建以洛阳为中心的四通八达的水运交通网，以实现其大运河理想，而解决黄河峻急难题、疏通黄河水运便成为不可或缺的重要一环。其后，主管舟楫事宜的成淹及后继官员着手调查和研究，在一定程度上解决了黄河水运难题。

四、"以船代车"：水运征收租调

一般而言，与南朝河湖众多、水运发达相比，北朝发展水运则受到诸多自然条件限制，故其陆路和车运相对发达。不过，北魏孝文帝胸怀大运河理想，迁都洛阳后重视水运建设，并切实付诸行动，取得较大成效。北魏后期关于国家租调的运输方式，是采用陆路还是水路曾引起激烈讨论，结果是

① 北魏孝文帝太和年间，主管舟楫之官有蒋少游、成淹等。孝文帝心存大运河理想，曾诏令蒋少游为都水使者，监造各种行船器具，对于行船出行、水师作战均有影响。参见《魏书》卷九一《术艺传·蒋少游》："高祖修船乘，以其多有思力，除都水使者，迁前将军、兼将作大匠，仍领水池湖泛戏舟楫之具。"（第1971页）
② （唐）徐坚等：《初学记》卷六《河第三》，中华书局2004年版，第123页。
③ 薛瑞泽：《北魏的内河航运》，《山西师大学报》（社会科学版）2001年第3期。

"以船代车"论占据上风，由此可见，北魏水运建设的成就。①

北魏孝明帝时期，出现了赋税运输方式的激烈讨论，其焦点集中在通过车运（陆运）还是水运以及二者协调问题。②《魏书》卷一一〇《食货志》详细记载薛钦、朱元旭、崔休和元雍等人的主张。如三门都将薛钦认为，京西地区二州五郡向京城输送绢布，"雇车牛送京，道险人弊，费公损私"，而汾州、华州均有水路通过，民众可以就近上交给州郡租调之处，由官府通过水运，直达仓库。③尚书度支郎中朱元旭认为，薛钦所言"以船代车"的主张最有价值，但又提出新的问题，即由谁来造船，如何装船，谁来护送船只，运输过程中若有损失如何办，到京城后发现绢布出现问题如何解决等。因此，朱元旭请御史对由陆运转为水运全过程进行监察。④由此可见，北魏孝明帝时期，以京城洛阳为中心，关西之地业已建立重要州郡连接京城的水运网，能够与陆路共同承担起赋税运输重任。

除关西之地外，京城东路诸州的水运网络更为完善。尚书崔休非常重视通过河渠运输，不仅赞同上述薛钦和朱元旭所论，而且请求朝廷进一步扩大通过水运征赋的地域范围。《魏书》卷一一〇《食货志》载崔休言：

> 舟楫所通，远近必至，苟利公私，不宜止在前件。……昔忝东州，亲逐□验，斯损益不可同年而语。请诸通水运之处，皆宜率同此式。……其钦所列州郡，如请兴造。东路诸州皆先通水运，今年租调，悉用舟楫。……其先未通流，宜遣检行，闲月修治，使理有可通，必无壅滞。如此，则发召匪多，为益实广，一尔暂劳，久安永逸。⑤

① 运输物资是通过车牛还是舟船，北魏早已面临该问题。为寻求解决之道，早在太和七年（483），北魏孝文帝诏准薄骨律镇将刁雍在六镇河套地区发展造船业、通过水运转运军粮的建议，随后北魏在六镇建立了大型粮仓。参见（北齐）魏收《魏书》卷三八《刁雍传》，第868—869页。

② 由下文讨论者崔休任职尚书在孝明帝朝以及高阳王元雍讨论内容，可知关于"以船代车"的讨论发生在孝明帝朝。

③ （北齐）魏收：《魏书》卷一一〇《食货志》，第2858—2859页。

④ （北齐）魏收：《魏书》卷一一〇《食货志》，第2859页。

⑤ （北齐）魏收：《魏书》卷一一〇《食货志》，第2860页。

由此可知：其一，崔休非常赞同通过水运解决运输问题，已经开通水运之处，皆可依照关西之式而行（"率同此式"）。其二，所谓"东路诸州皆先通水运"，即京城洛阳以东州郡已通水运。东路诸州既已先通水运，今年租调应全部采用水运。北魏东路诸州有着良好的水运基础，历史上部分州郡曾开通水运。①北魏东路诸州先通水运，应在前朝基础上疏通旧有河道而成。其三，对于那些尚未开通水运州郡，应尽快利用农闲修治，疏通河道，尽早通行。在崔休看来，全国各地分批分步采用水运征收租调的方式，将收一劳永逸之效果，大大减轻民众的租调运输负担。经过孝文帝迁都洛阳后的长期建设，至孝明帝时，北魏东路诸州郡已开通水运，其他地域的水运建设也被纳入规划。

对于尚未开通水运的其他诸州，录尚书、高阳王雍，尚书仆射李崇等提出建议："运漕之利，今古攸同，舟车息耗，实相殊绝。……谨辄参量，备如前计，庶征召有减，劳止小康。若此请蒙遂，必须沟洫通流，即求开兴修筑。或先以开治，或古迹仍在，旧事可因，用功差易。此冬闲月，令疏通咸讫，比春水之时，使运漕无滞。"②元雍、李崇赞成漕运之利，对于尚未开通水运之地，建议朝廷利用今冬农闲季节，尽快开通水渠，或利用古迹遗存，或重新开挖。

争论之结果，"诏从之，而未能尽行也"③。北魏朝廷赞同薛钦等人议论，但未能完全实施。如果崔休、元雍等人建议被朝廷全部付诸实施，则北魏洛阳时代各州郡就可实现通过水运征收租调的设想。当然北魏后来陷入政治乱局，无法完成这一庞大工程。尽管"未能尽行"，但可以肯定的是，北魏后期又新开通了许多州郡的水运。这对于水运资源并不丰富的北魏而言，无疑是个巨大的成就。

---

① 如三国时期曹魏征东将军胡质曾开渠灌溉，发展航运，将各郡通过水路连接起来。参见《三国志》卷二七《魏志二十七·胡质传》："迁征东将军，假节都督青、徐诸军事。广农积谷，有兼年之储，置东征台，且佃且守。又通渠诸郡，利舟楫，严设备以待敌。"（第742—743页）

② （北齐）魏收：《魏书》卷一一〇《食货志》，第2860页。

③ （北齐）魏收：《魏书》卷一一〇《食货志》，第2860页。

总之，由北魏洛阳时代水运征收租调来看，在北魏孝文帝大运河理想引领下，经过孝文帝、宣武帝、孝明帝三朝开挖水渠、疏通河道等方面的建设，水运在北魏国家交通体系中的地位逐渐上升，水运与陆运相互配合，共同构成了以洛阳为中心的四通八达的交通运输网。

结　语

两汉和三国时期有关由洛阳出发沿水路直达江淮的思想及实践，对北魏孝文帝的水运思想具有启发借鉴意义。孝文帝迁都洛阳不久，即努力构建以洛阳为中心的四通八达的水运交通网，充分体现了孝文帝的大运河理想。通过沟通洪池至洛水，打通洛阳与黄河、淮河的水运通道，军事物资和士兵从洛阳出发，沿水路即可直达江淮。敦促有司解决黄河峻急难题、疏通黄河水运，使黄河下游成为贯通四渎的枢纽。在孝文帝心目中，黄河水运的畅通是其大运河理想不可或缺的重要一环。在孝文帝大运河理想指引下，北魏大规模开通河渠，通水运，连接江海，在5—6世纪的北中国建设了以都城洛阳为中心的纵横交错的水运交通网。这个由水运与陆运相互配合而构成的交通网络，共同支撑起北魏征收租调、转运漕粮、南征北战、实现天下一统的帝国雄心。

北魏孝文帝具有强烈的大一统观念，积极构建其大运河理想。孝文帝大运河理想与其大一统观念密切相关，大运河理想是实现大一统观念的战略支撑，而大一统观念是实现大运河理想的动力来源。北魏孝文帝的大运河理想，至隋唐大一统帝国时代得以实现。

隋唐大运河作为一个历史性的超级工程，绝非一朝一代在短期内所能完成。隋唐大运河通过开挖新的水运，疏通旧有河道，连接新旧河道，加以贯通而成。[①] 北魏孝文帝的大运河理想及其实践，在中国运河史上具有重要

---

① 何德章先生认为，魏晋南北朝时期，政治军事原因促使南北水路交通不断拓展，从今杭州通往今天津附近的水路交通隐隐形成，成为隋代大运河的历史基础。参见氏著《魏晋南北朝时期南北水路交通的拓展》，《武汉大学学报》（哲学社会科学版）2004年第2期。

地位，对隋唐大运河以洛阳为中心的路径选择产生了深远影响。隋炀帝营建东都洛阳，开凿以洛阳为中心的大运河，与北魏孝文帝的大运河理想以及北魏洛阳时代构建以洛阳为中心的水运交通网络有密切关系。

丙篇　洛阳出土富弼家族墓志研究

第八章　从富弼家族墓志看北宋
大族的迁徙与兴衰

富弼（1004—1083），字彦国，河南洛阳人，北宋著名政治家、外交家，官至宰相，具有重要的影响。富弼家族墓地于 2008 年在洛阳被发现，共有墓葬 12 座，考古发掘 11 座，其中 8 座墓葬出土有墓志，在当时学界引起轰动。洛阳市第二文物工作队在对富弼家族墓地进行科学发掘后，整理出 14 方墓志，包括《富弼墓志》《富弼妻晏氏墓志》《富鼎墓志》《富鼎妻侯氏墓志》《富弼子富绍京墓志》《富绍京妻张氏墓志》《富鼎子富绍宁墓志》《富鼎子富绍荣墓志》《富绍荣妻范柔墓志》《富绍修墓志》《富绍修妻李氏墓志》《富弼孙富直方墓志》《富直方妻范氏墓志》《富鼎孙富直英墓志》。相关墓志拓片，详见图 8–1—图 8–7。[①] 富弼家族墓志为研究北宋西京洛阳的政治、文化提供了一批重要实物资料，对于北宋历史的研究具有极高价值。

一、墓志所见富氏家族的迁徙

关于富氏家族的迁徙问题，先看下面几段材料。为便于说明问题，笔者对其进行了编号：

（1）《富绍荣墓志》："富氏在江浙为望族，韩国文忠公以盛德大业为时

---

① 富弼家族墓地十四方墓志的录文，参见笔者参与释读、洛阳市第二文物工作队编《富弼家族墓地》，中州古籍出版社 2009 年版，第 41—68 页。本章所引富弼家族墓志录文和墓志拓片，均据《富弼家族墓地》一书。

图 8-1 富弼墓志盖①

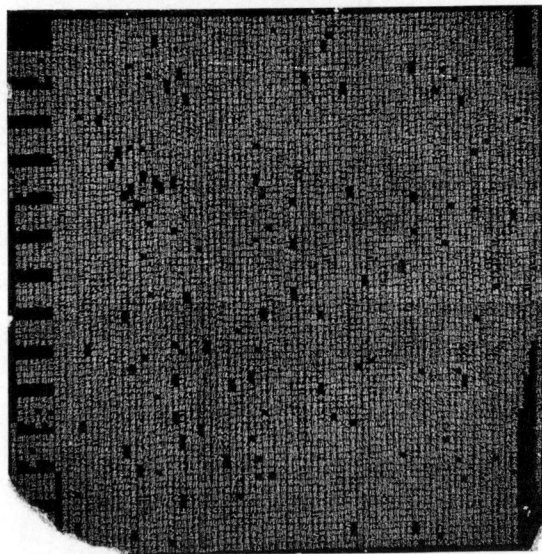

图 8-2 富弼墓志②

① 富弼墓志铭文为"宋开府仪同三司守司徒致仕韩国公赠太尉谥文忠富公墓铭",由司马光题写。

② 富弼墓志出于名家之手,由资政殿学士、通议大夫、提举西京、嵩山崇福宫、上柱国、南阳郡开国侯、食邑一千一百户、食实封七百户韩维撰文。富弼墓志纵 85 行,满行 84 字,共计 6595 字,总字数位居洛阳地区出土碑志之冠。

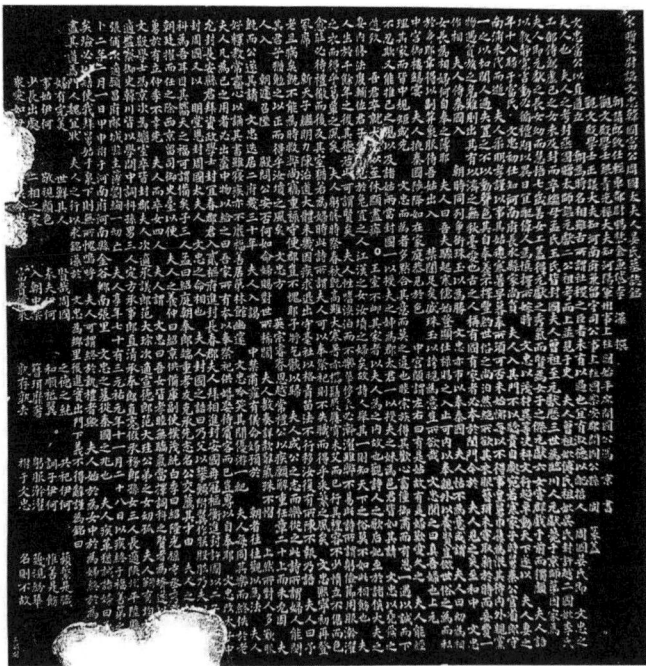

图 8–3 富弼妻晏氏墓志

名相，始居洛，今为河南人。自大夫辰以谏净显于周，嘉谟以文章名于唐，公之世相去寖邈，其胸中耿耿，言必尽诚，刻意好学，落笔成文，卓然有远祖之风焉。"

（2）《富秦公言墓志铭》："先君讳言，字应之，其先齐人，后唐京兆少尹璘生内黄令处谦，令生商州马步使令荀，即显考也。"[1]

（3）《富弼行状》："公讳弼，字彦国，其先出于周大夫富辰之后，至高祖讳璘，因五代之乱，自齐徙居于汴，仕唐至京兆少尹。至邓公始迁于洛，今为河南人。"[2]

---

[1] （宋）杜大珪编：《名臣碑传琬琰之集》卷三十九《富弼〈富秦公言墓志铭〉》，景印文渊阁《四库全书》（第 450 册），第 498 页。

[2] （宋）范纯仁：《范忠宣集》卷十七《故开府仪同三司守司徒检校太师武宁军节度徐州管内观察处置等使徐州大都督府长史致仕上柱国韩国公食邑一万二千七百户食实封四千九百户富公行状》，景印文渊阁《四库全书》（第 1104 册），第 715 页。为方便引用，本书正文简称《富弼行状》。

图 8-4　富鼎墓志

（4）《富鼎墓志》（图 8-4）："君讳鼎，字景颐。其姓见于周大夫富辰，稍显于唐，有嘉谟名时词臣。逮君之高祖璘，仕后唐为京兆少尹。至本朝而君之兄韩国公、赠太尉、谥文忠为宰相，族姓始大显于世。……少尹于五代时自齐徙居汴，而邓公自汴迁于洛，今为洛阳人也。"

（5）《富绍宁墓志》（图 8-6）："富氏之先见于姬周，显于李唐，逮我宋太师韩国公文忠公起家相三朝，居河南府洛阳县，凡是族属从焉。"

由材料（1）可知，富弼祖籍在江浙，且为当地望族，至富弼任北宋宰相后始迁居洛阳，方为河南人。北宋"江浙"，指两浙路与江南东路，其范围相当于今天江苏南部与浙江北部之区。富辰为周大夫，富嘉谟为唐及武周时期的文学家，二人只是史书有记载，其是否与富弼一支有直接关联，仍待稽考。[①] 但作为家族源远流长的历史叙述，富弼家族墓志将富辰视为富氏

---

① 洛阳市第二文物工作队编：《富弼家族墓地》，第 74 页。

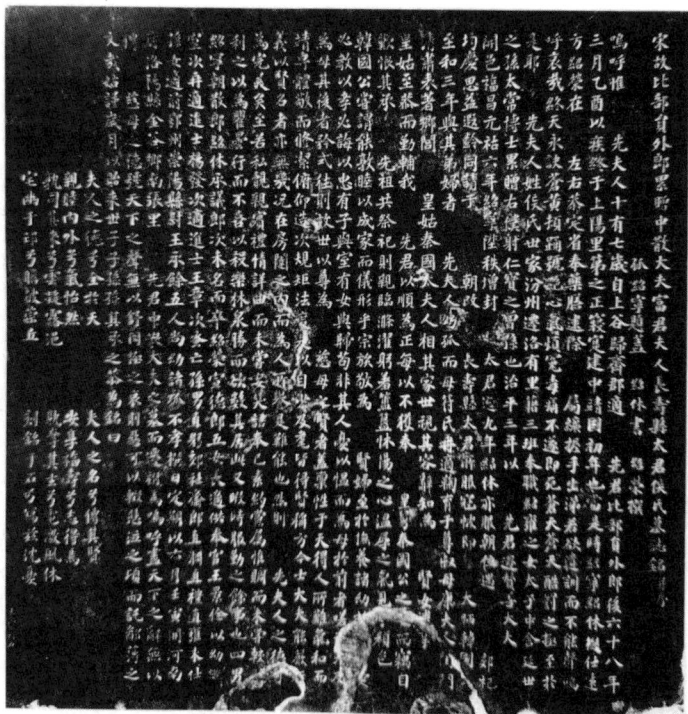

图 8-5　富鼎妻侯氏墓志

远祖。

　　由材料（2）可知，《富秦公言墓志铭》是富弼为其父亲所撰墓志铭。富弼之父富言，其先祖为"齐人"。既云"齐人"，则其籍贯为齐地，在今天的山东省境内。富氏世系为富璘（后唐京兆少尹）—富处谦（内黄令）—富令荀—富言。由材料（1）可知，富氏原籍在"江浙"，材料（2）则云富氏先祖为"齐人"。由此可见，富弼远祖富辰居于洛阳，富辰之后，辗转迁徙，"或江浙，或齐地"①。另据富弼祖裔《古齐世系图》，其始祖富韬，于唐末避五代之乱，由河南迁徙至浙江文成县南田泉谷，其墓地在今三源乡高村。② 据此，富弼先祖的一支富韬在唐末五代时期，伴随着中原大族向南迁

① 洛阳市第二文物工作队编：《富弼家族墓地》，第 78 页。
② 朱志玲主编：《富弼及其祖裔》（未刊稿），浙江省文成县文物管理委员会办公室，1991 年，第 8—9 页。

图 8-6　富绍宁墓志

徙的浪潮，由中原迁至江浙。

　　由材料（3）可知，富弼之高祖富璘于五代时期，由齐地迁徙至汴。富璘徙居汴之原因，表面上"因五代之乱"，即躲避战乱，但汴为五代时期的都城，在兵荒马乱之际，迁居京城并非真的能躲避战乱。富璘迁居汴京的真正原因，是因为要担任官职"京兆少尹"。由《富弼墓志》可知，"邓公"即富弼曾大父处谦。① 由此可知，富弼之曾大父富处谦始迁徙至洛阳，方为河南人。

　　由材料（4）可知，富鼎之高祖富璘曾仕后唐为京兆少尹，于五代时期由齐地迁徙定居于汴。富弼为富鼎之兄，所云邓公即富弼之曾大父富处谦。富处谦始携家由汴京迁至洛阳，方为河南人。此说与材料（3）所载互证，

---

① 《富弼墓志》："曾大父，内黄县令，讳处谦；大父，商州马步使，讳令荀；考，尚书都官员外郎，讳言，并以公贵，赠中书令、尚书令，封邓、韩、秦三国为公。"

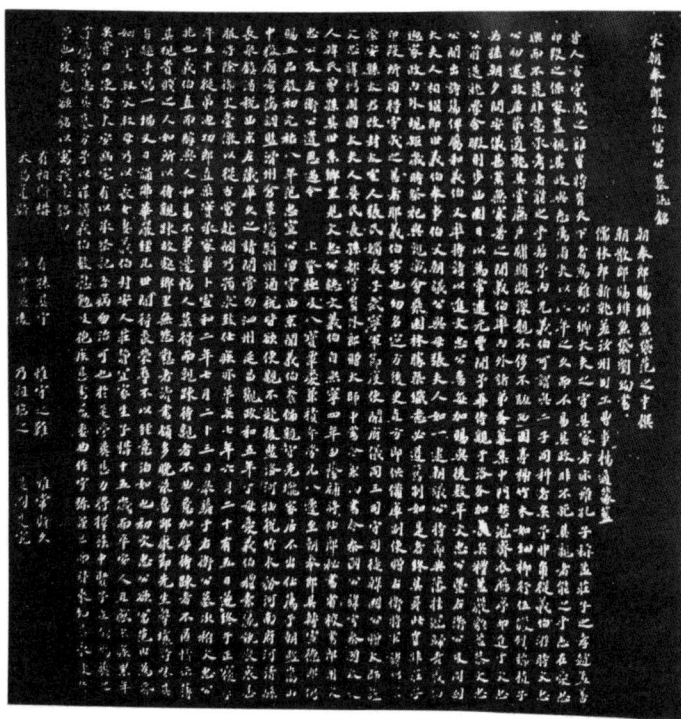

图 8-7 富直方墓志

颇为可信。

由材料（5）可知，富氏家族成员跟随富弼定居洛阳，河南洛阳遂为其籍贯。富弼家族的迁徙，总是在某位有威望、有能力的族长的带领下完成的。

上述材料为我们展示了富弼家族历史上的迁徙情况，但有关富氏家族由谁开始迁至洛阳的问题，诸材料的记载并非一致。材料（1）和材料（5）认为，富氏迁至洛阳由富弼肇其始，而材料（3）和材料（4）却认为，富弼曾大父处谦始迁至洛阳。笔者认为，富弼曾大父富处谦始迁至洛阳之说最为可信。理由有二：

其一，《富弼行状》文末标有撰写行状的目的及时间："某谨具公之家世，历官行事，次为行状，将以求立言者铭于墓，纪于碑，及请谥于考功，而书于国史。谨状。元丰六年七月具位范某状。"富弼行状为富弼死后不久，由范仲淹之子范纯仁所撰，其目的是为死者撰写墓志铭、写传记保存原始资料。范纯仁对富弼较为了解，所言当不误。上述材料（3）与材料（4）所载相符，较为可信。

其二，据《富秦公言墓志铭》："以（1031年）十一月十四日，卒哭奉护归洛，藁窆于上阳佛舍；又明年十一月十六日，葬于洛阳县北张村之夹马原，自归凡一年而葬。"富言卒于远离洛阳的万州官任上，但富弼却将父亲灵柩千里迢迢地运回洛阳，颇费周折地在洛阳安葬，这说明富氏早已视洛阳为叶落归根的家园和故乡。换言之，富氏早在富弼之前，早已完成了由汴京迁至洛阳的过程。

综合看来，富氏家族的迁徙路径为：富韬一支由中原迁至江浙（唐末五代），复由江浙迁至中原（北宋），再由中原回迁至江浙（南宋）。① 富璘一支由中原迁至齐，复由齐至汴，再由汴迁至洛阳。富氏家族的迁徙，其背景是由唐—五代—宋数百年治乱兴衰的历史变迁，既有唐末五代的动荡不安，又有北宋重文轻武所造就的士大夫的理想盛世。

富氏迁至洛阳由富处谦肇其始，至富弼时已有四代，洛阳早已成为富氏的籍贯所在地和精神家园。中国古代经济重心在唐代出现南移倾向，江浙地处江南之域，经济较为发达，文化较为繁荣。那么，富氏家族为何要由富庶的江浙前往北方呢？其中原因颇为复杂，值得研究。不过我们应该认识到，唐宋时期中国经济重心虽然南移，但政治中心仍在北方，士大夫为自身家族利益，需要入仕为官，在哪里为官就把家族迁徙至某地。士人入仕为官与其家族迁徙有着密不可分的内在关联。

二、墓志所见其他家族的迁徙

富氏家族墓志的出土，还透露了北宋时期其他家族的迁徙情况：

1. 富弼之妻晏氏

《富弼妻晏氏墓志》（图8-3）："曾祖至元献历三世，为临川人。元献薨于京师第，因家焉。夫人即元献之长女。"

---

① 富弼孙富直清携家南归浙江文成县南田泉谷。据朱志玲主编《富弼及其祖裔》（未刊稿），浙江省文成县文物管理委员会办公室，1991年，第8—9页。

元献公即晏殊，为北宋著名词人和政治家。富弼之妻晏氏，为晏殊之长女。晏殊原籍为抚州临川，后因其在京城为官，曾任职宰相，遂携家由外地迁徙至京城。晏殊死于京师宅第，晏氏遂以京师为家，其籍贯亦相应由临川改为京师所在的汴京。

2. 富鼎之妻侯氏

《富鼎妻侯氏墓志》（图 8-5）："先夫人十有七岁，自上谷归齐郡，适先君比部员外郎……先夫人姓侯氏，世家汾州，迁洛有里籍。三班奉职绍雍之女，太子中舍延世之孙，太常博士、累赠右仆射仁宝之曾孙也。"

所谓"里籍"，即籍贯。富鼎妻侯氏"世家汾州"，则其籍贯为汾州，但其家族迁往洛阳后，便有洛阳"里籍"，成为河南洛阳人。侯氏为何由汾州迁至洛阳，我们不得详考，但迁洛即可获得洛阳籍贯，反映了当时国家对于户籍的控制较为宽松，人口流动较为容易，而这与中古时期国家对户籍的严格控制形成了鲜明对比。

3. 富绍京之妻张氏

《富绍京妻张氏墓志》："夫人姓张氏，始为镇阳人，至叔祖丞相文节公徙邢州，其后官于洛，遂为河南人。曾祖鸾，赠中书令、郑国公。祖知，至太子中舍，赠太尉。父子思，刑部侍郎，赠兵部侍郎。"

富绍京夫人张氏，始为镇阳人，随其叔祖迁徙至邢州，其后叔祖在洛阳为官，其籍贯遂改为河南洛阳人。富绍京之妻张氏家族的迁徙路径为：镇阳—邢州—洛阳。

4. 富直方之妻范氏

《富直方妻范氏墓志》："夫人范氏，其先合肥人。曾祖元，供备库副使，累赠银青光禄大夫。祖钧，屯田员外郎，累赠朝散大夫。父大珪，奉议郎。母富氏，丞相文忠公之女。"

既云"其先合肥人"，则富直方之妻范氏当时已非合肥人。据《江南通志》卷一一九《选举志》载，范钧为两浙西路长洲人。范氏可能由合肥迁徙至两浙之地。

由此可见，与魏晋南北朝隋唐时期（中国中古时期）的户籍控制较为严格相比①，北宋户籍的变动较为容易。对于以科举入仕的官员而言，其籍贯一般是伴随着为官之地的变动而改变。宋代使职差遣制盛行，也有利于户籍的变动。户籍由中古时期的较为禁锢，转变为北宋时期的合理变动，彰显了中国历史政治、经济和文化深层次结构的巨大变化。户籍控制的相对松弛，促进了人口的合理流动，加速了各地经济和文化的交流和融合，对中国历史的发展产生了深远影响。

三、科举考试与家族兴衰

迁徙与家族兴衰有着密切的关系，富氏家族即为显著之例。《富鼎墓志》言："君讳鼎，字景颐。其姓见于周大夫富辰，稍显于唐，有嘉谟名时词臣。逮君之高祖璘，仕后唐为京兆少尹。至本朝而君之兄韩国公、赠太尉、谥文忠为宰相，族姓始大显于世。"富氏家族自富处谦迁至洛阳，虽经历几代经营，但因居官较小，家族并不显赫，直至北宋富弼为宰相后，富氏"始大显于世"。这说明，富氏家族在富弼当宰相后方才真正兴盛起来，其主要表现有：

其一，富氏家族盛极一时。《富绍京妻张氏墓志》云："国家历岁滋久，公卿将相之第棋布京洛，其阀阅光大、规摹宏丽者，河南文忠富丞相为之冠。"宋代大家族多为公卿将相，居于汴京和洛阳等城市，以富弼为代表的富氏家族兴盛至极，为当时家族之冠。

其二，富氏家族人才辈出。《富绍荣墓志》载："朝廷自是欲大用，以恩三迁至朝请大夫、持节梓路常平。赐对良款，上称其才，喜曰：'富氏家且不乏人也。'"富氏多人才，反映了其家学良好，以科举入仕者较多，竟引得

① 两晋南北朝时期，实行侨置州郡制，迁徙外地的民众仍保持原籍。此外，还有特殊的户籍，如黄籍和白籍，民众不得轻易更改户籍。唐代严格的户籍管理是租庸调制有效实行的基础和保障。《唐六典》卷三《尚书户部》："百户为里，五里为乡。两京及州县之郭内分为坊，郊外为村。里及村、坊皆有正，以司督察。四家为邻，五家为保。保有长，以相禁约。凡男、女始生为'黄'，四岁为'小'，十六岁为'中'，二十有一为'丁'，六十为'老'。每一岁一造计帐，三年一造户籍。县以籍成于州，州成于省，户部总而领焉。"参见（唐）李林甫等撰，陈仲夫点校《唐六典》卷三《尚书户部》，中华书局1992年版，第73—74页。

皇帝都大加赞扬。

其三，富氏划为高门之列。《富直英墓志》记："奉直，吾祖太师韩国文忠公之犹子也，属近材高门户所。"富奉直为富弼家族之从子，因富弼之故，富氏家族被划入高门之列。

不过在富氏家族兴盛光环的背后，却难掩富氏家族迅速衰落之实情。对于家族的迅速衰落，富氏子孙也深有感触。《富绍荣墓志》载富绍荣平时喟然叹曰：

> 自文忠公（富弼）弃世，吾家衰落不振久矣。官至从五品，可以遍及孤遗，今未及格。

富绍荣自认为，富氏家族自富弼后早已衰落不振，此可从富氏子弟居官五品的数量清晰看出。对此，《富直方墓志》有载：

> 昔人言守成之难，岂特有天下者为难，公卿大夫之守其家者亦难。孔子称孟庄子之孝①，赵孟善印段之保家②，盖视其政与志焉。尔夫以三年之久而不易其政，非不死其亲者能之乎？志在忧思乐而不荒，非意承考者能之乎？若予内兄义伯，可谓与二子同科者矣。

富直方系富弼长孙，深感家族衰落，感叹守家之难。富直方认为守家之条

---

① 《论语·子张》载曾子曰："吾闻诸夫子：孟庄子之孝也，其他可能也；其不改父之臣与父之政，是难能也。"孟庄子的孝，其他人也可以做到，但他不更换父亲的旧臣及其政治措施，这是别人难以做到的。参见程树德《论语集释》卷三八《子张》，中华书局 2014 年版，第 1711 页。富直方所引意在说明，孔子赞赏孟庄子保持父辈留下的忠臣，不轻易更改正确的措施，以保持政策的连续性。

② 《左传·襄公二十七年》载："印段赋《蟋蟀》。赵孟曰：'善哉，保家之主也！吾有望矣。'"杜注："《蟋蟀》，《诗经·唐风》。曰'无以大康，职思其居。好乐无荒，良士瞿瞿'，言瞿瞿然顾礼仪。"杜注："能戒惧不荒，所以保家。"参见杨伯峻编著《春秋左传注》，中华书局 2009 年版，第 1135 页。春秋时郑国大夫印段，字子石。郑伯宴请晋国赵孟，印段为他赋《蟋蟀》，赵孟很高兴，称他为"保家之士"。

件，在于"政"与"志"。其所云"志在忧思乐而不荒"，与范仲淹"先天下之忧而忧，后天下之乐而乐"的理想相同。北宋士大夫"先忧后乐"的忧乐观，对后世影响深远。

富氏为维持家族的长期兴盛，拯救家族的迅速衰落，曾进行多方面的努力：其一，富氏推荐自家子孙入仕为官。实际上，富弼早期即曾举荐自家子弟，以维持富氏家族的地位。《富绍宁墓志》载："皇祐初（1049），（富弼）以资政殿学士知蔡州，因干元节荐其弟之子绍宁，子和其字也。"富弼举荐其侄子绍宁担任官职。其二，以恩荫为由向朝廷求职。《富绍荣墓志》载富绍荣深感家族衰落，"因宣和（宋徽宗时）壬寅冬祀，乃抗章力叙家世，恩补从侄直夫入仕。上嘉其厚于亲族，特从所请，余人不得援例，中外莫不叹仰"。鉴于富氏家族衰落的情况，为重振家族声望，维持家族地位，富绍荣特向朝廷要官，请求富氏子弟恩荫入仕。皇帝对富绍荣为家族要官之举表示赞赏，但禁止其他家族类似请官之举，这说明富绍荣要官之举是属特例。其三，加强与其他大家族联姻。《富直方墓志》言："初文忠公欲富、范世为昏姻，予三叔父叔母，乃以长女妻义伯，封安人，庄静宜家。"文忠公，即富弼。富弼与范仲淹曾共同推行"庆历新政"，"师友僚类，殆三十年"，有大致相同的政治理念与社会理想，两家族关系密切。① 富弼家族与范仲淹家族世代联姻，以求两家族的共同兴盛。

富弼为北宋宰相后，富氏家族才真正开始兴盛起来，而富绍荣自云家族自富弼后即已衰落不振。因此可以这样认为，富氏家族仅在富弼一代真正兴盛过，然后就迅速走向衰落。洛阳新出富氏家族墓志虽然没有显示其他家族的兴衰情况，但可以根据上引"国家历岁滋久，公卿将相之第棋布京洛"，即北宋家族的居住格局进行推测，其他家族之地位亦当处于急剧的变动之中。②

---

① 张希清：《"师友僚类，殆三十年"——富弼与范仲淹》，载洛阳市第二文物工作队编《富弼家族墓志研究论文集》，中州古籍出版社 2011 年版，第 33 页。

② 马玉臣先生认为，北宋出现不少像河南富氏家族一样骤然隆兴而又忽然衰败的家族，其中既有宋代"不立田制""不抑兼并"共同的社会经济原因，也有科举取士政治制度方面的原因，还有家族内部的个性化因素。参见马玉臣《富直柔论略——兼论宋代河南富氏家族的骤兴忽败》，载洛阳市第二文物工作队编《富弼家族墓志研究论文集》，第 60 页。

富弼家族墓志的出土，向世人提供了一个北宋时期曾经位极人臣的富氏家族，"在科举取士的制度背景之下，如何逐步走向衰落的典型案例"①。

北宋士大夫家族的迅速兴衰值得深思。如果联系中国中古时期的世家大族②，他们掌握着朝廷的政治、经济和文化的主导权，世代显赫，屹立几百年而不倒，长期维持着家族的兴盛，就更感觉这是一个值得关注的学术问题。③为何至北宋时期，公卿大臣之家族不能长时期维持家族的兴盛和显赫地位而骤兴骤衰？造成这种现象的原因，笔者认为主要原因有二：

其一，科举考试促进了士大夫官僚阶层的兴起，其家族地位变动势所必然。北宋是中国科举制度发展的重要时期，科举考试的观念深入人心，许多人宁愿参加科举考试而不愿通过家族的提携。《富秦公言墓志铭》中就说："若夫姓系贯籍，世德族望，先君志于职方之墓矣。"而后富言参加科举考试，才正式入仕，后为"尚书都官员外郎"④。可见在当时，籍贯和家族势力并非保持家族兴盛的根本因素，科举考试对家族兴衰的影响日益凸显。《富绍荣墓志》亦载："公视文忠为伯父，平日爱重，异于诸侄，盖期公为远器也。两欲官之，皆力词不就，愿卒素业，以科名自致，期与古人有功名者偶。"富绍荣拒绝伯父富弼的大力举荐，不愿直接入仕，而是愿意以"科名自致"，即通过参加科举考试入仕，谋取功名。富弼也以科举入仕进而显贵，故而富绍荣以通过科举入仕为"素业"。

在科举制度日益完善的宋代，入仕为官需参加科举考试，朝廷没有义务保持某一大家族的持久兴盛，相反，世代为官的家族反倒会引起朝廷的猜

---

① 包伟民：《科举取士与家族兴衰——宋代富弼家族的例证》，载洛阳市第二文物工作队编《富弼家族墓志研究论文集》，第 82 页。

② 如中古时期的琅琊王氏和河东裴氏。《晋书》卷三五《裴宪传》："裴、王二族盛于魏晋之世，时人为以八裴方八王。"（第 1052 页）尤其是河东裴氏，"自秦汉以来，历六朝而盛，至隋唐而盛极，五代以后，余芳犹存"。参见周征松《魏晋隋唐间的河东裴氏》，山西教育出版社 2000 年版。

③ 魏晋南北朝时期，门阀大族长期维持家族的兴盛，主要原因有：国家按照门第高下选拔与任用官吏；地方大族居于乡村，控制大量土地，利用宗族组建私人武装；家学兴盛，控制儒学。此外，九品中正制对于世家大族控制选举也十分有利。隋唐时期，地方大族虽屡受打击，但仍保持着强大的宗族势力。

④ 《富弼墓志》："考，尚书都官员外郎，讳言。"

忌和打击。"宋代两浙地区官僚家族迁徙的流向和动因，表明受科举考试影响，地方精英更加中央化，官僚家族的地方性日益淡化"①。通过科举考试入仕，造成许多官员为官在任时家族兴盛，不在官位时家族衰落，其家族的迅速兴衰也势所必然。科举考试加速了官僚的合理流动，促进了士大夫官僚阶层的崛起，这一方面有利于官僚政治的合理运转；另一方面也加速了家族地位的兴衰沉浮。

其二，科举为官促使大家族由乡村迁徙至城市，失去了维持家族地位的根基。由上文富氏家族和其他家族的迁徙情况来看，其家族伴随着为官之地的变动而不断迁徙，而迁徙地均为城市。城市为皇权政治控制较强的地域，而乡村多为皇权控制较弱的地方。地方大族由乡村迁徙至城市，就丧失了大家族在乡村民众中的血缘关系和政治影响。这说明中国历史进入北宋后，地方大族的生存环境发生了重大变化，这种环境更适合皇权政治的巩固和强化，而不适合世家大族的生存和发展。有学者认为，"唐代中期到宋代国家体制和经济制度的巨大变化，是随着士族社会的瓦解而形成的。魏晋南北朝士族政治的坚强有力，根源于士族在乡而拥有巨大的社会势力及文化优势。唐朝国家取得文化主导权，以及城市作为政治、经济和文化中心而繁荣，促成士族纷纷向城市迁移，逐渐远离乡村，城乡呼应的士族政治形态瓦解，唐宋间发生了继封建制向郡县制转变之后最具深远意义的社会转型"②。北宋士人以科举入仕，其家族随居官而迁徙至城市，远离乡村，逐渐丧失了维持家族长期兴盛的根基。

总之，北宋家族迁徙与家族兴盛有着密切关系，这是北宋科举考试和经济体制变动的必然，是皇权政治强化的外在表现。透过对富氏家族的迁徙与迅速兴衰的考察，可以管窥中国中古世家大族政治的终结和宋代士大夫官僚政治的开启。

---

① 魏峰：《宋代迁徙官僚家族研究》，上海古籍出版社 2009 年版。
② 韩昇：《南北朝隋唐士族向城市的迁徙与社会变迁》，《历史研究》2003 年第 4 期。

第九章　富弼的政治思想

作为北宋著名的政治家与外交家，富弼（1004—1083）官至宰相，多次出使外国，具有丰富的政治思想。本章以洛阳新出《富弼墓志》为本，结合《富弼行状》《富郑公神道碑》和《宋史·富弼传》进行研究，以期对富弼政治思想有较为全面的了解。①

一、正统思想

北宋时期周边少数民族仿照中原王朝制度纷纷建立政权，如辽和西夏，他们与中原王朝的关系出现了历史上前所未有的变化：昔日的夷狄小国变成有重要影响的国家，与中原王朝的宋多次发生战争，在军事上对宋造成重大威胁，在政治上与宋争夺正统。大约从辽兴宗时代开始，辽朝开始以正统相标榜，正统之争是由辽太宗从后晋获取所谓秦传国玺引起的。② 辽兴宗重熙

---

① 有关富弼的综合研究，有余中星《富弼研究》，暨南大学 1999 年硕士学位论文；曹清华《富弼年谱》四川大学 2002 年硕士学位论文；金邦一《浙江千年望族：富弼与富氏家族》，团结出版社 2017 年版。

② 刘浦江：《德运之争与辽金王朝的正统性问题》，载《正统与华夷：中国传统政治文化研究》，中华书局 2017 年版，第 90 页。需要说明的是，后世所谓传国玺，实即汉传国玺，源自秦始皇玺。秦亡汉兴，汉高祖接受秦始皇出于传国万世理想而制作的始皇玺，经过西汉诸帝的政治传承与天命宣扬，逐渐将其改造为汉传国玺。与天子六玺较为"务实"有别，传国玺更注重"务虚"的天命宣传与正统展示。宋代以降，传国玺的神圣地位下降，正统地位逐渐发生动摇。

二十一年（1052）遣使来宋，"其国书始去国号，而称南、北朝"①。辽朝自称北朝，北宋为南朝，中国历史上再次出现南北朝对峙的局面。辽人的这种"北朝"认同，显然是与北宋争夺正统之举，其实质是对汉文化的认同。考虑到南北朝时期，北朝最终在政治与军事上战胜南朝②，一统天下，辽人自视为"北朝"，显得底气更足，心理优势更大，正统性更强。

富弼身为北宋大臣，面对这千百年未有之变局，在处理宋与周边少数民族的关系时，仍表现出了强烈的正统思想，即宋为天下正统。

《富弼墓志》云：

> 康定元年（1040），日食，公请罢燕与乐，以答天戒，戎使止就馆赐食，饮而不乐。不从。公曰："万一北虏行之，则中国可愧矣。"后使北者还，虏果罢燕。③

日食在中国古代是重大事变，被认为是上天在警告人间政事，历代正史五行志对此多有记载。④日食发生后，皇帝一般要采取补救措施，如罢除不必要的宴会与娱乐、罢免大臣等，"以答天戒"。在康定元年（1040）出现日食后，富弼即请求朝廷罢燕与乐，外国使者仅赐食而不奏乐，但宋仁宗没有采纳。富弼认为，昔日被中原王朝视为夷狄的契丹，如果在发生日食时罢燕与乐，而自视为中国正统的宋朝廷却对日食视而不见，照样宴会娱乐，则宋将自毁正统，在对外交往中将处于非常不利的地位。后来的事实证明，契丹果然罢燕，由此可见，辽朝争夺正统的努力。在汉人传统政治语境中，"以德配天"思想浓厚，"皇天无亲，惟德是辅"⑤、"勉修其德，能配天而行

---

① （宋）李焘：《续资治通鉴长编》卷一七二《仁宗》，皇祐四年四月丙戌条，中华书局2004年版，第4141页。

② 隋文帝开皇九年平陈一统天下后，南北朝对峙局面才告结束，故旧史将隋代列入北朝。

③ 洛阳市第二文物工作队编：《富弼家族墓地》，第43页。

④ 如《汉书·五行志》《后汉书·五行志》《晋书·五行志》《宋书·五行志》《魏书·天象志》《新唐书·五行志》等。

⑤ （汉）孔安国注，（唐）孔颖达疏：《尚书正义》卷一七《蔡仲之命》，载清阮元校刻《十三经注疏》，第484页。

之"① 等记载均为其反映，只有那些德行高尚、为天下苍生思虑者，才有可能获取天命的眷顾，成为真命天子。富弼以契丹日食罢燕来劝诫北宋皇帝，其目的是与契丹争正统，因为对上天敬畏乃中国传统之要义，对上天敬畏就表明该政权在遵循着儒家政治思想和传统伦理。换言之，哪个政权敬畏天戒，遵循"以德配天"的传统，哪个政权就是正统。

富弼这种正统思想，在后来其对宋神宗的上奏中仍有体现。《富弼墓志》载："是时（宋神宗朝），群臣请上尊号及听乐，上以久旱不许，而群臣犹固请听乐。"富弼又言：

> 故事，有灾变皆彻乐，恐陛下以同天节。契丹使与群臣当上寿，故未断其来请，臣以为，陛下始亲庶政，四海属耳目，尤宜日新盛德，以示夷狄，愿并上寿罢之，益见陛下严恭天戒之美。②

富弼认为，按照惯例，有灾异就当撤除乐器，以示忧戚，宋神宗登基不久，更应因天灾而罢乐，宣示盛德，安抚夷狄，取得包括夷狄在内的天下民众的归心，以取得天下正统的赞誉。富弼非常重视灾异面前自视为正统的北宋朝廷所作所为对"夷狄"的影响，是因为在中国传统的政治设计中，将夷夏、内外等关系上升至君臣关系的高度进行审视，夷狄被纳入臣子范畴，夷夏关系也被纳入"大一统"体系之中。在"大一统"理论构建中，夷夏君臣关系是不可或缺的重要内容。③ 朝廷采纳富弼建议，即日而雨。

富弼所持正统思想，还表现在对周边少数民族的态度上。《宋史》卷三一三《富弼传》载富弼遗奏：

> 去年（1082）永乐之役，兵民死亡者数十万。今久戍未解，百姓

---

① （汉）孔安国注，（唐）孔颖达疏：《尚书正义》卷八《太甲下》，载清阮元校刻《十三经注疏》，第 349 页。

② 洛阳市第二文物工作队编：《富弼家族墓地》，第 50 页。

③ 参见王东洋《"夷狄不足为君论"：两晋时期"夷夏"君臣观的政治宣扬及其影响》，《中州学刊》2021 年第 1 期。

困穷，岂讳过耻败不思救祸之时乎？天地至仁，宁与羌夷校曲直胜负？愿归其侵地，休兵息民，使关、陕之间，稍遂生理。兼陕西再团保甲，又葺教场，州县奉行，势侔星火，人情惶骇，难以复用，不若寝罢以绥怀之。①

富弼认为，北宋大规模兴兵与羌夷作战，强迫其屈服，有违圣人治政之道，因此请求归还羌夷之地，行怀柔之策，使得大宋边地和睦。作为中国正统王朝，宋不应与羌夷争蝇头之利益，夺一时之胜负，而应从长远来看，以德治天下，进而获取人心，实现天下大治。

历史上，周汉唐等中原王朝在处理与周边部族关系时，并不主张一味动武，而是主张以盛德感化，采用怀柔手段，将自己的文明和文化传播至四方，使蛮夷开化，实现天下大治的理想。形成于先秦时期的"夷夏之辨"强调华夏族和夷狄民族之不同，华夏族居于中国，具有较高的文化素养和行礼仪之道，而四夷居于周边，文化程度较低而处于野蛮未开化状态。当然，区别"诸夏"与"蛮夷"，除了种族的关系以外，还有地域的关系。②《春秋公羊传》言："春秋内其国而外诸夏，内诸夏而外夷狄。"③华夏居于中国，夷狄居于四边，强调居住地域之差异。《礼记·王制》曰："中国、戎夷五方之民，皆有性也，不可推移。……中国、夷、蛮、戎、狄，皆有安居，和味，宜服，利用，备器。"④《战国策·赵策》云："中国者，聪明睿智之所居也，万物财用之所聚也，贤圣之所教也，仁义之所施也，诗书礼乐之所用也，异敏技艺之所试也，远方之所观赴也，蛮夷之所义行也。"⑤由居住环境之不同，导致

---

① （元）脱脱等：《宋史》卷三一三《富弼传》，中华书局1974年版，第10257页。

② 顾颉刚：《秦汉的方士与儒生》，上海世纪出版集团2005年版，第125页。

③ 《春秋公羊传注疏》卷一八《成公十五年》："《春秋》内其国而外诸夏，内诸夏而外夷狄。王者欲一乎天下，曷为以外内之辞言之言自近者始也。"载清阮元校刻《十三经注疏》，第4988页。

④ （汉）郑玄注，（唐）孔颖达正义：《礼记正义》卷一二《王制》，载清阮元校刻《十三经注疏》，第2896—2897页。

⑤ （汉）刘向集录，范祥雍笺证：《战国策笺证》卷一九《赵策二》，上海古籍出版社2011年版，第1047页。

中国与夷狄聪明程度不同，财富聚集不同，教化程度不同，仁义礼仪也不同。孔子创立的儒家学派，全面总结了"夷夏之辨"思想，并把它提高到新的高度。中国人在"夷夏之辨"的基础上形成了特殊的"天下民族主义"①。它把文化道德看作这样一种怀柔政策的民族关系，体现的是汉民族的和平主义和天下主义的情怀，而"天下主义"同时意味着和平主义。由于"夷夏之辨"慢慢衍生出合理性因素，故中国人看重的是周边少数民族的文明教化，而不是用武力使其臣服，更不会侵占其领土，周边部族一旦归化，便将其视为中华大家庭的一员，不曾有歧视的情绪。富弼所言，继承了中原王朝对于周边少数民族政策的传统，体现了宋对周边少数民族的正统思想。

二、天灾关乎人事

在中国古代皇权政治的政治体制中，皇帝居于主导和核心地位，拥有极大的权力和威信。如何保障君权不出现大的失误，维持国家机构的合理运转，中国古代先贤提出了诸多主张。古代阴阳家和儒家学者，提出了阴阳五行和天人感应的学说，试图借助上天对君权有所约控，让君主对上天有所敬畏，从而对君主的行为进行规劝，以达到稳定政治的目的。② 天降灾异的学说，对中国古代帝王治国理政和封禅理论产生了深远影响。

面对内外严重危机，宋神宗熙宁年间朝廷内部出现了关于天灾与人事关系的争论。《富弼墓志》载：

（熙宁三年）未陞见会，有以灾异皆常数不系人事得失，言于上前者。公上章曰："《春秋书》灾异所以警悟人君，使恐惧修省。《洪范

① 单纯：《论中国人的"天下民族主义"》，《世界民族》2001年第2期。
② （汉）司马迁《史记》卷二七《天官书》将天上星官与人间职官建立了对应关系，且天官的变动会影响到人间的祸福，发生了某种程度的天人感应。苏舆撰，钟哲点校《春秋繁露义证》卷八《必仁且智》载："凡灾异之本，尽生于国家之失。国家之失乃始萌芽，而天出灾异以谴告之；谴告之而不知变，乃见怪异以惊骇之，惊骇之尚不知畏恐，其殃咎乃至。"（中华书局1992年版，第259页）董仲舒关于天人感应的学说，其要旨在国君治理有方，民众愉悦，则天降祥瑞，反之则天降灾异。

　　　　庶证》亦以五事而致，未闻归之天数也。陛下万一过听寅畏消复之意，

　　　　有时而怠，则亏损圣德，无甚于此。"①

　　富弼引用《春秋》和《洪范》，用以说明天异无关天数，而与人事密切相
关。② 所引"言于上前者"所指何人？"侯溥称灾异皆天数，又用王安石《洪
范说》……众皆恶其阿谀而黜之"③。据此"言于上前者"是指侯溥，由他提
出天异皆由天数所致、不关乎人事得失之说，但探究其源，"灾异皆天数"
之论系王安石首先提出并作理论阐述。

　　《御定孝经衍义》卷四四《天子之孝》言："《书》言，惠迪吉，从逆
凶。《易》言视履考祥，其旋元吉。而王安石乃以为灾异皆天数，非关人事
得失，此吕公著、富弼所以斥之为佞为奸，而上书急救者也。"④ 王安石曾对
《洪范》作过研究和诠释，借注《尚书·洪范》来阐发自己哲学思想，故名
之曰《洪范传》。⑤《洪范传》的初稿完成于治平年间，定稿完成于熙宁三年
（1070），并于熙宁三年呈献给宋神宗览阅。⑥ 侯溥深受王安石的影响，王安
石关于天灾与人事的政治思想即通过侯溥之口传达出来。王安石为推动变
法，曾言"天变不足畏，祖宗不足法，人言不足恤"⑦。因此，王安石等人所
言"灾异皆天数，非关人事得失"，有着特殊的历史背景，目的是得出"祖
宗不足法"的结论，为其变法改革制造舆论。

　　对于王安石等人提出的"天异皆天数、不关人事得失"之说，富弼明
确表示反对。《宋史》卷三一三《富弼传》载：

---

① 洛阳市第二文物工作队编：《富弼家族墓地》，第 62 页。

② （南朝宋）范晔《汉书》卷二七上《五行志》曰："禹治洪水，赐《洛书》，法而陈之，《洪
范》是也。"（第 1315 页）该书认为龟筮可以决疑，政情可使天象变化，后成为汉代"天
人感应"思想的理论基础。

③ （宋）李焘：《续资治通鉴长编》卷二一五《神宗》，第 5246 页。

④ （清）叶芳蔼等：《御定孝经衍义》卷四四《天子之孝》，景印文渊阁《四库全书》（第 718
册），第 502 页。

⑤ （元）脱脱等：《宋史》卷二〇二《艺文志一》，第 5042 页。

⑥ 寿涌：《略析王安石有关〈洪范传〉的文章系年——以〈续资治通鉴长编〉为据》，《开封
大学学报》2007 年第 3 期。

⑦ （元）脱脱等：《宋史》卷三二七《王安石传》，第 10550 页。

时有为帝言灾异皆天数，非关人事得失所致者。弼闻而叹曰："人君所畏惟天，若不畏天，何事不可为者！此必奸人欲进邪说，以摇上心，使辅拂谏争之臣，无所施其力。是治乱之机，不可以不速救。"即上书数千言，力论之。①

富弼高度重视与警惕王安石等人提出天灾无关人事得失的言论，认为这是邪说，事关国家治乱兴衰，因此很快上奏朝廷，表达政见。《富郑公神道碑》亦载"有于上前言灾异皆天数，非人事得失所致者"之说后，富弼叹曰："人君所畏惟天，若不畏天，何事不可为者。去乱亡无几矣。此必奸臣欲进邪说，故先导上以无所畏，使辅拂谏诤之臣，无所复施其力。此治乱之机也，吾不可以不速救。"②《富弼行状》记载稍详："有人于上前言灾异皆是时数，不由人事者"，富弼遂上章曰：

《春秋》书灾异所以警悟人君，使恐惧修省；董仲舒所谓天人相与之际，甚可畏也。又孟子对梁惠王涂有饿莩而不知发人死，则曰："非我也，岁也，王无罪，岁斯天下之民至焉。"是皆不闻以灾凶归之于时数也。在人之一身，则曰作善降之百祥，作不善降之百殃；在一家，则曰积善之家必有余庆，积不善之家必有余殃。一身一家至小也，余庆余殃尚因人之善恶而致，宁有国家、天下之灾祥而反归之于天数，而无事而致亦未闻推之于天也。陛下万一或时而信，则救灾恤患答谢天谴之意，有时而怠，亏损陛下之德，不为生灵之福，无甚于此。③

富弼认为，中国古代有关天异之记载，均不将天灾归之于天数，而归结于人事上。董仲舒"天人感应"学说认为，上天以灾异警示人间皇帝，用以规劝

---

① （元）脱脱等：《宋史》卷三一三《富弼传》，第 10255 页。
② （宋）苏轼撰，孔凡礼点校：《苏轼文集》卷一八《富郑公神道碑》，中华书局 1986 年版，第 534 页。
③ （宋）范纯仁：《范忠宣集》卷十七《富弼行状》，景印文渊阁《四库全书》（第 1104 册），第 726—727 页。

皇帝的行为。富弼还用"一身一家"作比照，认为灾异祥瑞皆由人事所致，国家和天下的灾异皆由皇帝所为而致，更是关乎人事和人为，而与天数无关。最后富弼谏言宋神宗，要重视天异，做好修德赈恤工作，而不应将灾异归于天数。富弼认为，若皇帝不畏惧上天，则会导致皇帝无所顾忌，无事不敢为，听不进朝臣意见和谏言，而这正是奸臣之愿，不利于皇权政治和国家机构的良性运转。

富弼继承并发挥了董仲舒的天人感应学说，论述了天灾关乎人事，皇帝应该敬畏上天。皇帝只有有所畏惧，才不敢胡作非为。姑且不论富弼所言正确与否，是唯心还是唯物，但其提出天异关乎人事，君主敬畏上天的思想，对于北宋皇权政治的稳定和良性发展起到了重要作用。

三、广通言路

中国古代中央集权和君主专制的制度设计，客观需要言官和谏官的规劝，但劝谏的效果却因时而异。《富弼墓志》载："先是执政者恶上闻其过失，因贬谏者，遂膀朝堂，禁臣僚越职言事。"富弼因日食上疏曰：

> 修省之道，莫若通言路，使人人各得陈上过失，择善而行，则万务皆举。愿降诏求直言，尽除越职之禁，则可以尽人情，答天意。①

结果是，"寻诏许，臣僚皆得言事"。《富弼行状》也载富弼因日食上疏曰："惧灾修省之道，无若开通言路，纳谏无讳，使人人皆得尽言陈上得失，择善而行，则万务皆修，不独可答天谴，亦将遂致太平。矧庶政之多，岂一二台谏之臣所能毕举必资，众贤多士之助，愿降诏求言，尽除越职之禁，俾狂夫瞽叟皆得献议，则可以下尽人情，上答天戒。"②当时执政擅权，唯恐皇帝

① 洛阳市第二文物工作队编：《富弼家族墓地》，第43页。
② （宋）范纯仁：《范忠宣集》卷十七《故开府仪同三司守司徒检校太师武宁军节度徐州管内观察处置等使徐州大都督府长史致仕上柱国韩国公食邑一万二千七百户食实封四千九百户富公行状》，景印文渊阁《四库全书》（第1104册），第717页。

闻听其过失，因此禁止大臣"越职言事"，从而堵塞了大臣的上疏言路。富弼认为，国家事务众多，非专职谏臣所能全部了解，其上谏并不能解决全部问题，因此建议"通言路"，让众多大臣均可以表达自己的意愿。富弼还进一步指出了"通言路"的实施办法，就是朝廷选择侍臣，用以专职审阅上奏文书，择善而施行。"通言路"后，朝廷要有辨析的能力，"择善而行"，将正确的意见付诸实施。只有广开言路，朝廷才能兼听则明，便于择善而行。因此富弼强烈建议朝廷解除"越职言事"的禁锢，让人情上达，以答上天。

即使告老还乡，富弼仍向朝廷上言，请求广开言路，"弼虽家居，朝廷有大利害，知无不言"，"星文有变，乞开广言路"①。这种广开言路的思想，贯穿于富弼一生的政治活动中。

广开言路的实施范围除各级官吏外，富弼认为还应包括普通民众。《富郑公神道碑》载：

> 延州民二十人诣阙告急，上召问，具得诸将败亡状。执政恶之，命边郡禁民擅赴阙者。公言："此非陛下意，宰相恶上知四方有败耳，民有急，不得诉之朝，则西走元昊，北走契丹矣。"②

延州民众进京向朝廷反映边将败亡的实情，但当时宰相不乐意朝廷闻之此事，暗地严令地方政府禁止民众此类行为。富弼认为，四方民众诣阙向朝廷反映情况，将民众对地方官的评价和意见传达圣听，对于民众和朝廷均有裨益。③ 就朝廷而言，民众的上诉是朝廷了解地方官政绩的重要途径，有利于朝廷掌握边地的治理实情。就民众而言，诣阙言状将地方官的弊政传至朝廷，有利于解决地方官府与民众的矛盾和对立。民众的意见与大臣的上奏相

---

① （元）脱脱等：《宋史》卷三一三《富弼传》，第 10256 页。
② （宋）苏轼撰，孔凡礼点校：《苏轼文集》卷一八《富郑公神道碑》，第 529 页。
③ 中国古代有着民众诣阙言状的传统，民众诣阙言状是朝廷了解地方官治理状况的重要信息来源。民众在当地的言行，表现为一定的地域性，而诣阙言状则是民众突破地域限制，主动将地方官政绩和德行达于朝廷。民众诣阙言状，既可以颂扬地方官的政绩和品行，也可以表达对地方官的批评。参见王东洋《魏晋南北朝时期民众对地方官的评价及其影响》，《历史教学问题》2007 年第 1 期。

互补充，有利于广开言路。

四、太平治世思想

中国古代早有天下太平的理想。[①]《礼记·礼运》描绘了儒家"大同"的社会理想。[②]《礼记·大学》有关"修身""齐家""治国""平天下"的倡导，彰显了历代志士仁人的理想抱负。[③]北宋虽被认为积贫积弱，内外交困，但有关太平治世的思想在当时较为浓厚，不但君主期望实现太平盛世，而且大臣也以实现太平盛世为己任。

宋仁宗欲开创太平之治。《富郑公神道碑》云："公既以社稷自任，而仁宗责成于公与仲淹，望太平于期月之间，数以手诏督公等条具其事。又开天章阁召公等坐，且给笔札使书其所欲为者。遣中使二人，更往督之且命仲淹主西事，公主北事。公遂与仲淹各上当世之务十余条，又自上河北安边十三策。"《宋史》卷三一三《富弼传》亦有类似记载，"帝锐以太平责成宰辅"。宋仁宗庆历年间，多次责成宰辅上言献策，希望改革弊政，急盼开创太平盛世，此由"望太平于期月之间"和"锐以太平责成宰辅"可以看出。

富弼的太平治世思想。《富弼墓志》中记载：

> 时晏元献公为宰相，范文正公参知政事，杜祁公居枢密，公与之

---

① 《白虎通·封禅》云："王者易姓而起，必升封泰山何？报告之义也。始受命之日，改制应天，天下太平功成，封禅以告太平也。"《风俗通·正失》言："盖王者受命易姓，改制应天，天下太平，功成封禅，以告平也。"分别参见（清）陈立撰，吴则虞点校《白虎通疏证》，中华书局1994年版，第278页；（汉）应劭撰，王利器校注《风俗通义校注》，中华书局1981年版，第68页。秦汉时期的思想家们明确提出先受命、致太平、再封禅的思想，可以说"受命"与"天下太平"是封禅的前提。

② 《礼记·礼运》曰："大道之行也，天下为公。选贤与能，讲信修睦。……是故谋闭而不兴，盗窃乱贼而不作，故外户而不闭。是谓大同。"参见（汉）郑玄注，（唐）孔颖达正义《礼记正义》卷二一《礼运》，载清阮元校刻《十三经注疏》，第3062页。

③ （汉）郑玄注，（唐）孔颖达正义：《礼记正义》卷六〇《大学》，载清阮元校刻《十三经注疏》，第3631页。

同心合力，期致太平。①

宋仁宗庆历年间，以晏殊为宰相，范仲淹为参知政事，杜祁为枢密使，富弼"以社稷自任"，与众大臣齐心协力，期盼实现太平，此为庆历新政的一大亮点。据《宋史》卷三一三《富弼传》载，"（庆历年间）弼为相，守典故，行故事，而傅以公议，无容心于其间。当是时，百官任职，天下无事"②，在富弼等众多大臣努力下，北宋实现了短暂的太平局面。

庆历新政后，富弼仍以实现太平治世为己任，并将这种思想影响至朝廷。《富弼墓志》载宋神宗熙宁年间，富弼又言：

> 陛下答谢天戒不为不至，上天报应不为不速，愿陛下不以今日得雨为喜，更以累年灾变为惧，远离奸佞，亲近忠良，恭畏上天，则太平可致。③

宋神宗亲书答诏曰："义忠言亲，理正文直，苟非意在爱君，志存王室，何以臻此？敢不置之枕席，铭诸肺腑，终老是戒？更愿公不替今日之志，则天灾不难弭，太平可立俟也。"富弼向北宋皇帝提出了实现太平的途径和方法：上答大戒，敬畏上天；远离小人，亲近忠良。富弼所提太平之路集中反映了其太平治世的思想。宋仁宗高度褒奖了富弼的太平思想，认为群臣只要像富弼那般忠君、报效朝廷，则太平治世定可实现。

结　语

作为北宋著名的政治家，富弼所体现的政治思想，如正统思想、灾异与政治密切相关、广通言路和天下太平等，与中国古代传统的政治思想具有

---

① 洛阳市第二文物工作队编：《富弼家族墓地》，第 48 页。
② （元）脱脱等：《宋史》卷三一三《富弼传》，第 10254 页。
③ 洛阳市第二文物工作队编：《富弼家族墓地》，第 50 页。

明显的继承性。富弼为北宋科举出身的士大夫，具有忧国忧民的良好品行和创造万世太平的雄心抱负。北宋是我国科举取士制度的黄金时代，涌现出大批"先忧后乐"的新型士大夫官员，他们的政治思想和社会理想对当时及以后的中国知识分子产生了重要影响。

第十章　富弼的军事思想

富弼虽非亲临一线领兵作战的军事统帅和将军，但也具有丰富的军事思想。富弼军事思想主要表现为：统筹整体军事布局，统筹国防建设、经济发展和社会治安，居安思危和加强备战，反对宦官监军，理顺军事管理体制，师出有名和反对行刺等。本章对富弼军事思想进行探讨，以期深化对富弼的综合研究。

一、统筹西北与东南防务

《富弼墓志》载：

> （宝元）二年，召为开封府推官，赐五品服，擢知谏院。时朝廷悉兵备西北，东南九道颇乏守备。公请于每道要郡各募兵数千，立帅训练，以备他虞。①

宋仁宗宝元年间，西夏元昊反叛后，北宋对西北用兵，宋夏战争多年不断，打乱了北宋的整体军事布局，造成东南军备松弛。如何协调西北、东南用兵，成为北宋朝廷面临的紧迫问题。针对于此，富弼请求朝廷在东南各道要郡招募士兵，设置将帅，加强训练，以备危机。

宋仁宗康定元年（1040）十月，富弼正式上疏《乞东南诸郡募兵以防

---

① 洛阳市第二文物工作队编：《富弼家族墓地》，第 43 页。

寇盗》，请求朝廷在东南诸郡招募士兵，用以防备盗寇。① 在西北大敌当前的情况下，富弼提出加强东南防务，统筹全国整体军事布局，实属难得。富弼奏疏虽不被采纳，但反映了其通盘考虑整体防务、统筹国防布局的军事战略思想，具有重要价值。

二、统筹国防建设、经济发展与社会治安

在对辽夏和约后，北宋赢得了相对安定的外交环境，但伴随而来的是军备废弛，国内盗贼盛行。《富弼行状》载"时天下久安，四方弛武备，因东南岁凶，民多失职，或散为盗贼"，富弼因上章言四事：

> 一曰阅将，谓宜立武学，设科目，教养选求将帅之才，及不当禁孙、吴之书。二曰聚兵，谓诏凶荒之郡，置营募兵，收其壮健，不止免为盗贼，兼可训练以为四方之备。三曰救农，谓以流民弃地，召饥者，贷以种食，而耕为屯田，上可以资仓储，下可以赈穷乏。四曰弭寇，谓宜增邑尉、弓手之数，明其赏罚，以捕小盗，省巡检之冗员，明其兵力，以防大寇。②

针对武备废弛和盗贼盛行的情况，富弼提出了具体对策，从中可以看出富弼统筹国防建设、经济发展和社会治安的思想。

其一，阅将。设立武学，解禁孙子、吴起等兵书，开设军事教学，培养国家急需的军事人才；设立武举科目，通过考试选拔军事人才。先秦仕进制度已出现以武艺取士的记载，武举制度的正式创立始于武则天长安二年

---

① （宋）富弼《上仁宗乞东南诸郡募兵以防寇盗》具体内容，参见（宋）赵汝愚编《宋名臣奏议》卷一二二《兵门·州郡兵》，景印文渊阁《四库全书》（第432册），第527—529页。

② （宋）范纯仁：《范忠宣集》卷十七《故开府仪同三司守司徒检校太师武宁军节度徐州管内观察处置等使徐州大都督府长史致仕上柱国韩国公食邑一万二千七百户食实封四千九百户富公行状》，景印文渊阁《四库全书》（第1104册），第716页。

（702）。① 武举制度创立后，其实施过程却并不顺利，唐宋时期一直存在着武举"存废"的争议，唐末五代王朝更迭频繁，武举废除，直到宋仁宗天圣七年（1029）重设武举。② 此后武举有所废弃，故富弼有此上奏。北宋初期通过杯酒释兵权的方式，逐步收回节度使和将军的兵权，集军权于中央。三衙将领由资历较浅、容易驾驭的人来担任。实行"更戍法"，造成"兵无常帅，帅无常师"，防止将领与兵士相勾结。这些均造成了北宋军队战斗力较弱，在北宋与辽、西夏的军事战争中处于劣势。富弼所提恢复武举来选拔军事人才的办法，显然是针对北宋军事体制存在的弊端。

其二，聚兵。在凶荒之地，招募强健之人当兵，既可免为盗贼，稳定社会秩序，也可增强军事力量。这样，富弼就将士兵的招募与加强社会治安结合起来。

其三，救农。在荒弃之地实行屯田，招募流民耕种，国家向其借贷种子，以发展生产，既可增加国家物资储备，又可起到赈灾效果。这样，富弼就将军事物资的储备与开垦荒地、实行屯田、安顿流民紧密结合。

其四，弭寇。增加地方的邑尉和弓箭手数量，减少巡检冗员，以防盗贼，稳定社会治安。地方社会治安良好，盗贼减少，尽量减少内耗，有利于增强国家的整体军事实力。

由此可见，富弼能够以政治家的眼光，统筹国防建设、经济发展和加强社会治安，所提建议有着重要借鉴价值。富弼将国防建设视为一个系统工程，其中包括将帅的培养和选拔、兵士的招募和训练、物资储备、救济灾民及增强地方社会治安等多个环节，且各环节相互影响和制约。

三、居安思危，积极备战

富弼居安思危、积极备战的思想，集中体现于其拒绝接受封赏的言论中。《富弼墓志》载宋仁宗庆历二年（1042），富弼出使契丹归来，寻迁翰林

① （宋）欧阳修等《新唐书》卷四四《选举志上》载："又有武举，盖其起于武后之时。长安二年，始置武举。"（第 1167 页）

② 许友根：《武举制度史略》，苏州大学出版社 1997 年版，第 21—26 页。

学士，富弼辞曰：

> 朝廷方事西略，河北无备，臣奉使所以不敢死争者，实虑兴戎，以败国事，功于何有而遽受赏哉？愿陛下增修武备，俟衅而动，以洗国耻。①

富弼主张对辽夏采取暂时防御政策，以争取相对的和平环境，大修武备，增强军事力量，等待时机，以雪国耻。

庆历三年（1043）三月，"遂命公为枢密副使"，富弼再次上章曰："臣今受赏，彼一旦渝盟，臣不唯受朝廷斧钺之诛，天下公论，其谓臣何？臣畏公论甚于斧钺，愿收新命，则中外之人必曰，使臣不受赏，是事未可知，则守备不敢懈弛，非臣饰小廉，恐误国事也。"对此，《富郑公神道碑》亦载富弼言："北既通好，议者便谓无事，边备渐弛，虏万一败盟，臣死且有罪。非独臣不敢受，亦愿陛下思夷狄轻侮中原之耻，卧薪尝胆，不忘修政。"②富弼最终没有接受封赏。富弼认为，此次出使辽朝虽然取得了一定的外交成绩，但敌方亡我之心不死，必然会伺机而动。富弼坚拒封赏，目的是促使国人保持清醒头脑，边患始终存在，危机尚未解除，一时外交之胜利，并不能换取永久之和平，必须居安思危、加强战备，以备不虞。

富弼坚决不接受朝廷任命的枢密副使一职，撰写奏疏《辞枢密副使》，以明心意："臣今所以不敢受赏者，犹望人信臣忧惧之说，必为戒备，或有变动，不至失事，亦臣之劝也。……伏望陛下思边境轻慢中原之耻，常怀仇雪之意，坐薪尝胆，不忘戒备。内则修政令，明赏罚，辨别邪正，节省财用；外则选将帅，练士卒，安葺疲废，崇建威武，使二边闻风自戢，不敢内向，纵有侵犯，疆塞不为深患，此乃是宗社无穷之庆，天下太平之基也。"③富弼规谏宋仁宗卧薪尝胆，内修政令，赏罚分明，发展生产；外选将帅，训练士兵，加强战备，则辽、夏两国自然不敢轻易侵犯。由富弼坚决拒绝枢密使之

---

① 洛阳市第二文物工作队编：《富弼家族墓地》，第 47 页。
② （宋）苏轼撰，孔凡礼点校：《苏轼文集》卷一八《富郑公神道碑》，第 530 页。
③ （宋）吕祖谦编：《宋文鉴》卷四五《奏疏》，景印文渊阁《四库全书》（第 1350 册），第 469 页。

职，警示国人边患依然严重，切忌麻痹大意思想，可以看出富弼一贯的居安思危、加强备战的思想。

四、反对宦官监军

《富弼墓志》载宋仁宗康定元年（1040），针对王守忠除授陕西兵马都钤辖一事，富弼上言曰：

> 有唐之衰，始疑将帅，遂以内臣监军，取败非一。今命守忠为都钤辖，乃监军之任也。臣恐兵权遂移边将，自此无功矣。①

富弼以唐代衰亡为例，强烈反对以内臣监军。富弼认为，唐代衰亡与怀疑将帅、以宦官监军、最终导致宦官专权密切相关。②钤辖之职，为宋武官名，掌管一州、一路或两路军旅屯戍、营防、守御政令，通常以朝官及诸司使以上充任，官高资深者称都钤辖，官卑资浅者称钤辖。富弼认为，任命王守忠为都钤辖，是在行使监军职责，严重影响到边关将领的军事指挥权。因富弼坚决反对，朝廷只好作罢，不遣王守忠。

富弼反对宦官监军之思想，还见于其上奏文书。富弼《上仁宗论武举武学》中有言：

> 用兵之道，主于威而辅以权变，若不得专，则威挫而权变滞矣。且君不可制，况令阉寺之贱监督之，使举动不舒，羁于俯仰，而望成其功，虽甚愚者亦知其难矣。③

----

① 洛阳市第二文物工作队编：《富弼家族墓地》，第43—44页。

② 清代史家赵翼认为："东汉及前明官宦专权烈矣，然犹切主权以肆虐天下，至唐则官宦之权反在主之上，立君，弑君，废君，有同儿戏，实古来未有之变也。推源祸始，总由于使之掌禁兵，管枢密。"参见（清）赵翼著，王树民校证《廿二史札记》卷二○"唐代宦官之祸"，中华书局1984年版，第424页。

③ （宋）赵汝愚编：《宋名臣奏议》卷八二《儒学门·武举》，景印文渊阁《四库全书》（第432册），第28页。

所谓"阉寺之贱监督"就是以宦官监军。富弼认为，前线将帅应该有临机决断的权力，如此方能在战场上抓住战机，如果令阉寺之人行使监军，易造成将帅与监军之间相互掣肘，反而造成国君与将帅缺乏信任，贻误战机，难以取得军事胜利。

五、理顺军事管理体制：宰相兼任枢密使

有关北宋"宰相之职"，《宋史》卷一六一《职官志一》言："佐天子，总百官，平庶政，事无不统。宋承唐制，以同平章事为真相之任，无常员；有二人，则分日知印。以丞、郎以上至三师为之。"① 宋初，沿用唐制，以"同中书门下平章事"（同平章事）为宰相，参知政事为副相。② 枢密院为宋代军政管理机构，"掌军国机务、兵防、边备、戎马之政令，出纳密命，以佐邦治。凡侍卫诸班直、内外禁兵招募、阅试、迁补、屯戍、赏罚之事，皆掌之"③。北宋前期枢密院与中书门下，元丰改制后与三省对掌文、武大权，合称"二府"④。

北宋宰相机构与枢密院分掌文武大权，二者如何协调，成为边患危急时必须认真解决的问题。《富弼行状》："公又言西陲用兵，臣僚奏封事甚多，乞选侍臣置局，详择可采，悉施行之。"《富郑公神道碑》："自用兵以来，吏民上书者甚众，初不省用。"富弼上言："知制诰，本中书属官，可选二人置局，中书考其所言，可用用之。"宰相以付学士，富弼言："此宰相偷安，欲以天下是非尽付他人。"⑤ 富弼认为兵兴以来，吏民有关军事上书较多，中书门下应选派专人审阅吏民上书并择有益者付诸实施。皇帝于是诏中书别置厅与枢密院商议边境军事。这就涉及北宋宰执机构参与边关军事的大问题。

---

① （元）脱脱等：《宋史》卷一六一《职官志一》，第 3773 页。

② 宋神宗元丰改制后，以尚书左仆射兼门下侍郎、尚书右仆射兼中书侍郎为正宰相，以门下侍郎、中书侍郎、尚书左右丞为副宰相。

③ （元）脱脱等：《宋史》卷一六二《职官志二》，第 3797 页。

④ 需要说明的是，枢密使一职，始置于唐代宗年间，由宦官担任。五代时期改用士人。北宋时，枢密院成为专掌军事的机构。

⑤ （宋）苏轼撰，孔凡礼点校：《苏轼文集》卷一八《富郑公神道碑》，第 529 页。

《富弼墓志》载宋仁宗康定元年（1040），富弼上言：

> 边事系国安危，不当专委枢密院，而宰相不与，乞如国初，令宰
> 相兼枢密使。①

据富弼《上仁宗乞令宰相兼枢密使》载："臣伏见自来兵机公事，全委密院。今边鄙多故，不同往时，若无更张，必有败阙。况事干治乱，执政岂可不知？文武二途，自古一致。臣窃观周史宰相魏仁浦兼枢密使，国初范质、王溥亦以宰相参知枢密院事。臣今欲乞依故事，亦令宰相兼枢密使，所贵同心协力，各无猜嫌，共议安边，必能集事。"②《富郑公神道碑》载宋仁宗诏令中书同议枢密院事，且书其检。富弼认为边关战事关乎国家安危，主张恢复北宋初期办法，令宰相兼任枢密使，以协调二者之关系，而反对由枢密院单独掌管边关军事。富弼之议为宋仁宗所采纳，诏令中书（宰相）同议枢密院事。庆历二年（1042）七月，宋仁宗采纳富弼先前所奏，诏准以宰相兼任枢密使。

　　北宋前期，中书门下、枢密院与三司分管民、军、财政，三者鼎立，彼此不相知；仁宗时，因对西夏用兵，宰相始兼枢密使；南宋时成为定制。③宋仁宗以宰相兼任枢密使，当与富弼奏言有直接的关系。

六、师出有名，反对行刺

　　《富弼行状》载宋仁宗庆历四年（1044）七月，契丹举兵讨元昊，北宋君臣认为应加强河东防御，以备契丹突袭，而富弼认为"契丹必不入寇，其事有九"，其中第一条即是"出兵无名"，第二条是"自称王师，不肯窃发"④。事

---

① 洛阳市第二文物工作队编：《富弼家族墓地》，第 44 页。
② （宋）赵汝愚编：《宋名臣奏议》卷四六《百官门·宰执上》，景印文渊阁《四库全书》（第431 册），第 551 页。
③ 白钢主编：《中国政治制度史》，天津人民出版社 2002 年版，第 523 页。
④ （宋）范纯仁：《范忠宣集》卷十七《故开府仪同三司守司徒检校太师武宁军节度徐州管内观察处置等使徐州大都督府长史致仕上柱国韩国公食邑一万二千七百户食实封四千九百户富公行状》，景印文渊阁《四库全书》（第 1104 册），第 724 页。

态发展确如富弼所料，契丹果然不入寇。富弼认为，辽朝自称正统，王者之师，应师出有名，出兵无名将不利于战事。

西夏反叛，宋仁宗曾想招募勇者行刺元昊。《宋史》卷四八五《外国传一·夏国上》载元昊反叛，宋仁宗"诏削夺官爵、互市，揭榜于边，募人能擒元昊若斩首献者，即为定难军节度使"①。富弼则明确反对采取行刺方式。《富弼墓志》载："宝元元年，赵元昊反，僭大号。朝廷仓卒，措事用人，或失其当。公上疏陈八事。"其中第五条"不宜以节旄王爵，购募首恶，恐非示武明罚之道"②。《富弼行状》则云："不宜以节旄王爵，购募首恶，殆非示武明罚之道，徒可取轻夷狄。"③富弼反对采用刺客击杀西夏首领的做法，认为那样明显有违示武明罚之道，只能被夷狄更加轻视。

富弼反对行刺元昊之理由，在其《上仁宗论西夏八事》中表达得更明确："元昊大据全夏，拥众不伏，非一夫跳走不知所从也。臣以此观之，甚非用募赏之时，且以我大邦，坐视小丑，况我直彼曲，奚所惮焉？正朝廷之大刑，副天下之公议，举不失体，动则有辞。欲征则征之，足以示猛；欲守则守之，姑以示宽。表以大御小之权，行禁暴安民之道，号令天下，岂不伟哉！何乃偷募苟求，潜谋窃取，似同盗法，不敢公行？"④针对宋君臣欲行刺元昊之事，富弼正式奏疏，明确表示反对。对于元昊反叛，作为正统王朝的北宋可以斥之以理，讨之以兵，宽猛相济。若采取招募刺客暗杀之法，其作为如同强盗，不符合北宋正统王朝对待边疆民族之身份。

当然，师出有名与反对行刺是密切相关的，是一个问题的两个方面。王者之师，有征无战，应师出有名，替天行道，禁暴安民，光明正大地号令天下，最大限度地争取天下民心，而不应采取暗杀行刺的方式。

---

① （元）脱脱等：《宋史》卷四八五《外国传一·夏国传上》，第 13996 页。
② 洛阳市第二文物工作队编：《富弼家族墓地》，中州古籍出版社 2009 年版，第 43 页。
③ （宋）范纯仁：《范忠宣集》卷十七《故开府仪同三司守司徒检校太师武宁军节度徐州管内观察处置等使徐州大都督府长史致仕上柱国韩国公食邑一万二千七百户食实封四千九百户富公行状》，景印文渊阁《四库全书》（第 1104 册），第 716 页。
④ （宋）赵汝愚编：《宋名臣奏议》卷一三一《边防门·辽夏三》，景印文渊阁《四库全书》（第 432 册），第 641 页。

结　语

综上所述，富弼军事思想主要表现为：统筹整体军事布局；统筹国防建设、经济发展与社会治安；居安思危，积极备战；反对宦官监军；理顺军事管理体制；师出有名和反对行刺等。可以看出，富弼非常重视从整体上、全局上看待军事问题，统筹军事与政治、经济、外交等各方面关系，将国防建设视为系统工程。富弼的这些军事思想，具有较高的理论和实践价值。富弼不愧为北宋杰出的政治家和军事战略家。

需要说明的是，富弼虽具有丰富的军事思想，对军事有着清醒的认识，但不轻言战事。宋神宗践祚后询问边事，富弼对曰："陛下临御未久，当布德行惠，愿二十年口不言兵。"① 富弼充分认识到军事与国力的关系，劝诫皇帝不轻言战事，而要注重发展经济，增强国力。富弼不轻言战事的思想既是根据北宋国力的实际情况而提出的，也与中国古代对用兵的看法一脉相承。②

---

① （元）脱脱等：《宋史》卷三一三《富弼传》，第 10255 页。
② 古人认为，兵者凶器也，圣人不得已而用之。中国古代典籍有关此类记载甚多，如《老子》第三十一章："兵者，不祥之器。"《国语·越语》亦载"越王勾践即位三年而欲伐吴"，范蠡进谏曰："夫勇者，逆德也；兵者，凶器也；争者，事之末也。"参见徐元诰《国语集解》卷二一《越语下》，中华书局 2002 年版，第 576 页。《汉书》卷六四《主父偃传》载主父偃上谏汉武帝："《司马法》曰：'国虽大，好战必亡，天下虽平，忘战必危。'天下既平，天子大恺，春搜秋狝，诸侯春振旅，秋治兵，所以不忘战也。且怒者逆德也，兵者凶器也，争者末节也。"（第 2799 页）

第十一章　富弼的外交思想

富弼是北宋著名的外交家，多次出使辽朝，坚决维护北宋国家利益。富弼的外交思想主要表现为因应中原王朝与周边民族外交关系的变化，如何定位宋、辽和宋、夏关系，以及如何利用宋、辽、夏三国的内在关联而开展外交行动。本章以洛阳新出《富弼墓志》为本，结合《富弼行状》和《富郑公神道碑》及《宋史·富弼传》，以期对富弼的外交思想有较为全面的了解。

一、宋辽为兄弟之国，地位应平等

（一）割让土地的斗争

宋仁宗庆历二年（1042），富弼出使辽，辽朝君臣坚持要宋割让关南十县，富弼据理力争。《富弼墓志》载富弼曰：

> 北朝若欲割地，此必志在败盟，假此为名，南朝决不从，有横戈相待耳。
>
> ……
>
> 南朝皇帝曾言，朕为人子孙，岂敢妄以祖宗土地与人？……譬如家人，兄顺其弟，弟亦顺兄，则睦矣。兄既顺弟，而弟不顺兄，则必致争阅。若北朝必欲得地，是志在背盟弃好，朕独得避用兵乎？且澶渊之盟，天地神祇，实共临之。今北朝先发兵端，朕不愧于心，亦不

愧天地神祇矣。①

从"北朝""南朝""败盟"和"兄弟"之词看出，富弼认为宋辽曾签署澶渊盟约，两国约为兄弟，地位应该平等。②辽国坚持要宋割让土地，就是在破坏宋辽盟约，辽要为此承担败盟的责任。富弼一方面对辽主（辽兴宗）重申宋辽为平等的兄弟之国；另一方面将败盟的责任推向辽方，以争取外交上的主动。

《富弼墓志》载辽主曰："朕欲得者，祖宗故地耳。"富弼曰："晋高祖以卢龙一道赂契丹，周世宗复取关南，皆异代事。宋兴已九十年，岂得复理前代所取之地乎？必欲各理旧疆，恐非北朝之利也。"辽主坚持认为，关南十县系由后唐石敬瑭贿赂契丹而得，为祖宗故地。但富弼认为，后周世宗后来再次收复关南，这些均为历史上事实，宋辽关系不应纠缠于历史旧账，而应用历史发展的眼光来看待双边关系，否则对辽国有害而无利。

辽主坚持要宋割地，富弼坚决不允，并表达了著名的荣辱之论。《富弼墓志》载富弼曰：

> 南朝皇帝遣臣闻于陛下："北朝欲得祖宗故地，南朝亦岂肯失祖宗故地邪！且北朝既以得地为荣，则南朝以失地为辱矣，兄弟之国，岂可使一荣一辱！朕非忘燕蓟旧封，亦安可复理哉！"此事正应彼此自谕耳。③

富弼转达"南朝皇帝"（宋仁宗）此番荣辱之论，震撼北朝（辽朝）君臣。宋辽互称南北朝，作为兄弟之国，地位平等，宋不应也不可能再无故割让关

---

① 洛阳市第二文物工作队编：《富弼家族墓地》，第45—46页。
② 南朝与北朝的称呼，源于中国历史上的南北朝时期，当时南北对峙，双方使者频繁，互相承认对方政权，后来史家遂称宋、齐、梁和陈为南朝，而北魏、东魏、西魏、北齐和北周为北朝。宋辽既以南朝与北朝互称，则双方已互相承认对方政权，平等的外交关系已经确立。另请参见李凭《南朝北朝与南北朝——兼论中国古代史学科术语的时空界定问题》，载《北朝论稿》，北京师范大学出版社2018年版，第117—132页。
③ 洛阳市第二文物工作队编：《富弼家族墓地》，第46页。

南十县的土地。

(二)"献""纳"二字的较量

宋辽为兄弟之国,外交地位平等,富弼这种外交思想,还表现在其对外交文书中"献""纳"二字的较量上。《富弼墓志》载:

> 虏主曰:"寡人熟思卿前言,诚不如金帛便,然受之无名,须于书中加一'献'字乃可。"公曰:"献字乃下奉上之辞,非可施于敌国,况南朝为兄,岂有兄献于弟乎?"虏主曰:"南朝以厚币遗我,是惧我也,献字何可惜?"公曰:"南朝皇帝守祖宗之土宇,继先皇之盟好,以善意相承,故致币帛以代干戈,盖生灵是恤,岂惧北朝哉?今陛下忽发此言,正欲绝弃旧好,以必不可冀相要耳,则南朝亦何暇顾生灵哉!"虏主曰:"改为'纳'字如何?"公曰:"亦不可。"①

在富弼的外交努力下,辽主不再强求割地而同意北宋增加岁币,但要求在国书中加一"献"字。此论遭富弼拒绝后,乃改求用"纳"字。富弼认为,"献""纳"字乃下级供奉上级之词,不可用于地位平等的宋辽之间。富弼不惧辽主军事威胁,坚拒辽主的不平等要求。其后辽主追溯历史,认为历史上曾有先例:

> 虏主曰:"南朝既以厚币与我,'纳'字何惜?况自古有之。"公曰:"自古唯唐高祖臣事突厥而借兵焉,当时赂遗,或称'献''纳',则不可知。其后颉利为太宗所擒,岂复更有此理?"

富弼认为,唐高祖为当时政治形势所迫,虽曾向突厥借兵,贿赂财物,但"献""纳"二字并没有明载,况且其后颉利可汗被唐太宗擒获,更没有"献""纳"之理。

富弼之所以坚决拒绝国书中写入"献""纳",是因为富弼认为

---

① 洛阳市第二文物工作队编:《富弼家族墓地》,第47页。

"献""纳"二字关乎国体。《富弼行状》载辽使刘六符曰:"南朝岁增金帛二十万,尚何爱于一字?"富弼曰:

> 金帛自前世固尝有之,至于"献""纳"二字,实系国体。金帛南朝所轻,国体南朝所重,何可比也?①

富弼认为,宋向辽赠送金帛系前代之例,体现了北宋追求两国和平、遵循盟约的诚意,而"献""纳"二字则有违大宋国体。作为北宋士大夫的代表,富弼具有强烈的正统观念,非常重视外交礼仪的尊严。富弼将"献""纳"二字上升到关乎国体和国家尊严的高度,坚决拒绝在外交文书中出现此二字。

面对辽朝君臣的军事威胁,富弼则用历史发展的眼光予以回敬。《富弼行状》载富弼又尝谓敌宰相及刘六符等曰:"北朝皇帝谓南朝惧北朝,此是以五代之际待南朝也。自祖宗削平诸国,东至南海,西暨蜀汉,提封万余里,精甲满天下,何邻国之惧乎?"南朝与北朝相对应,南朝指当时的中原王朝,即五代及北宋。富弼认为,南朝与北朝国力均经历了变动的过程。五代时期,南朝较为弱小,屡受北朝侵犯,但北宋建立后,消除各地的分裂割据势力,疆域得以扩展,军事实力大为增强,此时之南朝已非五代之南朝。较之五代,大宋国力增强,不惧怕强邻。富弼用发展的眼光看待周边局势的变化,并贯彻于外交活动中。

(三)事先通报问题的争论

宋辽理应平等的外交定位,还表现在是否应事先通报的争论上。《富弼墓志》载辽主曰:"元昊称藩尚主,南朝加兵,独不先告我,何也?"公曰:"北朝向伐高丽、黑水,岂尝报南朝乎?"②富弼认为,宋辽为兄弟之国,辽国外伐高丽,事先没有向宋通报军事行动,宋伐西夏,亦没有事先向辽国通

---

① (宋)范纯仁:《范忠宣集》卷十七《故开府仪同三司守司徒检校太师武宁军节度徐州管内观察处置等使徐州大都督府长史致仕上柱国韩国公食邑一万二千七百户食实封四千九百户富公行状》,景印文渊阁《四库全书》(第1104册),第722页。

② 洛阳市第二文物工作队编:《富弼家族墓地》,第45页。

报军事行动的义务。

综上，富弼长期与辽国打交道，一直负责对辽的外交工作。宋仁宗庆历年间，富弼负责北边事宜，而范仲淹负责西边事宜，至宋神宗熙宁七年（1074）冬十月，"诏韩琦、富弼、文彦博、曾公亮条代北事宜以闻"①。此时富弼已经归乡养老，但仍然关注着北边事宜。富弼注重运用历史发展的眼光看待宋辽关系的变化，准确把握了宋辽关系中的症结和问题，积累了丰富的对辽外交经验。富弼认为宋辽为平等的兄弟之国，外交地位上亦应平等。宋辽平等的外交定位，贯穿于富弼对辽朝外交的全过程。

二、西夏为宋之臣属，应尽臣节

宋辽为平等的兄弟之国，而宋夏则为君臣关系。《富弼墓志》载："宝元元年（1038），赵元昊反，僭大号。朝廷仓卒，措事用人，或失其当。"元昊举兵用事，宋称"反"和"僭大号"，则西夏本臣属于宋。西夏为宋之臣属，须尽臣节，这种外交思想和外交定位，决定了富弼对西夏的外交政策。

《富弼墓志》载元昊谋反，富弼上疏陈八事，其中第一事曰"宜先斩其使，以示国威，折奸谋"；第五事曰"不宜以节旄王爵，购募首恶，恐非示武明罚之道"②。从第一事可知，富弼认为应先斩西夏使者，宣扬国威，明示正统，从气势上压制对方。斩杀对方使节是重大的外交事件，一般会受到道义的严厉谴责，造成外交上的被动。但富弼却建议先斩西夏来使，意味着西夏本属臣子，而今叛逆谋反，已属乱臣贼子，等待朝廷剿灭，西夏根本不具备与宋谈判的资格和条件。从第五事可知，富弼认为西夏元昊虽属反叛，但宋不应采用雇用刺客行使暗杀的办法，因为暗杀非王师之所为，有违奖善惩恶之道，只能被夷狄更加轻视，不利于宣扬王化和安抚人心。在富弼看来，西夏是宋之臣属，应尽臣节；宋对西夏之叛逆，应发王者之师，正义讨伐，宣扬王化，而不可采用行刺之拙劣办法。

---

① （元）脱脱等：《宋史》卷一五《神宗纪二》，第286页。
② 洛阳市第二文物工作队编：《富弼家族墓地》，第43页。

宋仁宗庆历三年（1043），西夏元昊遣使至宋，又出现了称谓的外交问题。《富弼墓志》载：

> 元昊遣使奉书，称男兀卒曩霄上父皇帝，而不臣。富弼又言："事在慎始，向闻西路待其使过厚，又听其称伪官入见，赐与亦加多，此适足长其较慢之心耳，且曩霄尚臣属契丹，奈何后中国乎？"由是朝廷却其使，卒令称臣。[①]

作为一国之主，向另一国君称父而不称臣，西夏元昊向宋仁宗上书之称谓颇有考量。"兀卒"，是元昊在西夏国内的自称，"今贵称乌珠（兀卒），以避中朝，取汉唐故事，如单于、可汗之类"[②]。另外，"兀卒"之称号有侮辱宋廷的意味，"兀卒，即吾祖也，如可汗号。议者以为改吾祖为兀卒，特以侮玩朝廷，不可许"[③]。曩霄是西夏国主元昊的名字。西夏元昊向宋仁宗称父，遵父子之礼，是显其孝，而称臣，遵君臣之节，则显其忠。对于北宋而言，元昊身为夏主，其忠的重要性要远远大于孝。对于不太注重伦理辈分的古代少数民族首领而言，元昊向宋帝称父，对其影响并不大，反而能得到巨大物质赏赐；而若向宋帝称臣，就必须谨遵臣节，履行臣子义务，倒成为侵扰宋朝的束缚和绊脚石。富弼认为，北宋先期对西夏待遇过厚，赐予尤多，增长了其骄慢叛逆之心，但西夏原为大宋之臣属，须尽臣节。富弼还认识到，夏已经臣属于辽，而不臣属宋，则会造成重大的外交隐患。对此，《富弼行状》记载稍详：

> 公上言曰："处事必当在初，向闻西路待其使过厚，通判就驿置酒，及入见，赐与亦多，又听称其伪官，此适足长其骄慢无厌之心也。今若许以不臣，则契丹尚臣属之，必曰：'彼既与南朝为敌国，则

① 洛阳市第二文物工作队编：《富弼家族墓地》，第48页。
② （宋）范仲淹：《范文正集》卷九《答安抚王内翰书》，景印文渊阁《四库全书》（第1089册），第654页。
③ （元）脱脱等：《宋史》卷四八五《外国传一·夏国上》，第13998页。

天下独我之尊。'因此妄有邀求如何，可拒。"由是朝廷却其使，卒令称臣。①

《宋史》卷三一三《富弼传》亦载：

> 元昊遣使以书来，称男不称臣。弼言："契丹臣元昊而我不臣，则契丹为无敌于天下，不可许。"乃却其使，卒臣之。②

富弼认为，西夏元昊既已向辽称臣，若不向北宋称臣，则会极大增强辽的外交优势和贪欲之心，辽国君臣会唯我独尊，自认为天下第一，无敌于天下。那样极不利于宋辽关系的发展，将使宋的外交陷入被动，更不利于宋正统地位的确立。由此可知，西夏是否称臣于宋，已关系到宋、辽和夏三国关系的大局，具有重大的外交影响。

三、利用宋、辽、夏三角关系，争取外交主动

宋、辽、夏时为三个主要政权，三国关系的纵横交错在一定程度上构成了战略三角关系。其中任何双边关系的变化，均会对整个外交局势产生影响。宋、辽、夏三者关系如下：

> 宋辽兄弟之国，立有盟约
> 宋夏君臣之国，行使册封
> 辽夏同盟之国，世代婚姻

宋辽为兄弟之国和宋夏为君臣之国，前文已论。辽、夏通过世代婚姻建立了

---

① （宋）范纯仁：《范忠宣集》卷十七《故开府仪同三司守司徒检校太师武宁军节度徐州管内观察处置等使徐州大都督府长史致仕上柱国韩国公食邑一万二千七百户食实封四千九百户富公行状》，景印文渊阁《四库全书》（第 1104 册），第 723 页。
② （元）脱脱等：《宋史》卷三一三《富弼传》，第 10253 页。

同盟关系。《富弼行状》载辽使刘六符密谓公之介曰："六符燕人，与南朝之臣本是一家，今所事者乃是北朝，则于公敢不尽情。彼方盛强，且与西夏世婚相党，南朝慎勿与之失欢也。"辽使刘六符认为，辽国正处于强盛时期，且与西夏世代婚姻。刘六符本为宋人，所言当不虚假。由此可见，辽夏通过婚姻构建了同盟关系，以共同围攻宋。宋、辽、夏三国关系非常复杂，互有影响。如何在这种复杂的外交环境中，争取到本国最大利益，是各国外交的重点。

《富弼墓志》载："时西陲困于用兵，庆历二年正月，北虏乘我间，聚其众境上，遣使萧英、刘六符来有求。"《富郑公神道碑》亦载："及赵元昊叛，西方转战连年，兵久不决。契丹之臣有贪而喜功者，以我为怯，且厌兵，遂教其主设词以动我，欲得晋高祖所与关南十县。"① 辽朝认为宋胆怯且苦于用兵，遂乘宋夏战争之机，举兵宋辽边境，遣使索取钱财和土地。辽利用宋夏冲突而坐收渔翁之利，正是洞察了宋、辽、夏三者的互动关系。

富弼外交思想的出发点，也是其外交的重点，就是分化瓦解辽夏的同盟。《富弼墓志》载庆历二年（1042），富弼因出使辽有功而授官，但富弼皆请辞，上章及面启曰："朝廷方事西略，河北无备，臣奉使所以不敢死争者，实虑兴戎，以败国事，功于何有而遽受赏哉？愿陛下增修武备，俟衅而动，以洗国耻。"② 富弼认为，庆历二年宋夏仍处于战争状态，其出使辽朝时有所顾忌，对辽所提要求不敢死争，以免受到辽夏的双重夹击。富弼出使辽，必须争取辽的中立，以换取宋辽的暂时和平，以便集中军事力量讨伐西夏。富弼较好地把握了宋、辽、夏三者的内在关系。

在富弼外交努力下，辽夏关系出现有利于宋的变动。《富弼行状》载宋仁宗庆历四年（1044）七月，辽举兵讨西夏，北宋君臣认为应加强河东防御，以备辽朝突袭，富弼却认为"契丹必不入寇，其事有九"，其中第七条云"契丹始与元昊约同困中国，今契丹背约受中国益币，元昊屡出怨言，契丹压元昊境筑威塞州以备之，而呆族屡杀威塞役兵，契丹疑元昊使之，遂发

① （宋）苏轼撰，孔凡礼点校：《苏轼文集》卷一八《富郑公神道碑》，第 525 页。
② 洛阳市第二文物工作队编：《富弼家族墓地》，第 47 页。

兵西伐，必无会合入寇之理"①。由此可知，辽夏关系的变动过程如下：其一，辽夏先期通过世代婚姻建立同盟，约定共同对付宋；其二，辽违背辽夏之约，独自接受宋之岁币，引起辽夏两国出现积怨和猜忌，进而出现边境的军事摩擦；其三，辽举兵讨伐西夏，辽夏关系出现大规模战争。富弼就是要利用辽夏矛盾，分化瓦解辽夏的结盟，这种策略起到一定效果，辽与西夏关系出现恶化，而这对宋非常有利。富弼所奏准确地把握了辽夏关系的变动，并据此而确定宋的对策。

其后，富弼认为宋应该利用辽夏战争，积极展开外交行动，进一步瓦解辽夏同盟。《富弼墓志》载：

> 四年（1044）七月，契丹来告，举兵讨元昊。十二月，朝廷册元昊为夏国主，使将行，复止，以俟虏使。公又言："虏使未至而行，则是事由我出，使至而后行，则恩归契丹矣。"遂遣使行。②

宋经过外交分化瓦解，辽夏关系由同盟走向敌对。辽夏同盟关系破裂后，西夏被迫转向宋称臣。其后宋正式对元昊进行册封，宋夏关系回归至君臣状态。册封使者即将出发，北宋君臣却出现动摇，欲等辽使者至，再行册封。富弼却认为，宋册封元昊为君臣天经地义之行为，不需看辽国态度，若等待辽国使者至后再对夏行册封之礼，则元昊将对辽国感恩，有利于恢复辽夏关系，而不利于宋对辽夏的分化瓦解战略。富弼上言的主旨，就是要将宋夏关系纳入君臣之礼中，进而阻止辽夏关系的恢复甚至再次走向同盟。

富弼利用宋、辽、夏三国的复杂关系，取得了外交上的重大成就，为北宋赢取了较为稳定的环境。《富郑公神道碑》云："增币二十万，而契丹平。北方无事，盖又四十八年矣。契丹君臣至今诵其语，守其约不忍败者，以其心晓然，知通好用兵利害之所在也。故臣尝窃论之，百余年间，兵不大用

---

① （宋）范纯仁：《范忠宣集》卷十七《故开府仪同三司守司徒检校太师武宁军节度徐州管内观察处置等使徐州大都督府长史致仕上柱国韩国公食邑一万二千七百户食实封四千九百户富公行状》，景印文渊阁《四库全书》（第1104册），第724页。

② 洛阳市第二文物工作队编：《富弼家族墓地》，第478页。

者，真宗、仁宗之德，而寇准与公之功也。"① 即便如此，富弼仍认为，要利用相对和平环境，积极发展生产，增强国力，加强战备，而不应挑起军事行动，以免造成外交被动。如宋神宗践祚，询问边事，富弼对曰："陛下临御未久，当布德行惠，愿二十年口不言兵。"② 这又体现了富弼居安思危、积极备战的思想。

结　　语

作为北宋著名的外交家，富弼较好地把握了北宋的外交定位，即宋辽为兄弟关系，地位理应平等，宋夏为君臣关系，夏须尽臣节。富弼根据这种外交定位，确定对辽和夏采取不同的外交政策。富弼在复杂的外交环境中，利用宋、辽、夏三国战略关系，瓦解辽夏同盟，争取外交主动，取得了重大外交成就，为北宋赢得相对稳定的外部环境作出了重大贡献。

① （宋）苏轼撰，孔凡礼点校：《苏轼文集》卷一八《富郑公神道碑》，第 527—528 页。
② （元）脱脱等：《宋史》卷三一三《富弼传》，第 10255 页。

第十二章　富弼的赈灾思想及其实践

富弼为北宋著名政治家、外交家，学界对富弼的政治及外交活动进行了较多研究，笔者也曾就其政治思想和外交思想撰有专文。[①] 不过，富弼在赈灾方面亦有较大成就，却鲜有人做专门的研究。本章仅就富弼的赈灾思想及其实践，略陈管见。

一、青州赈灾实践

《富弼墓志》载宋仁宗皇祐年间，

> 河北大水，民流入京东者不可胜数。公择所部丰稔者五州，劝民出粟，随所在贮之，以助振给。行于乡村城郭，得庐舍可以寓人者十余万所。官吏自前资待阙寄居者各给以俸，即民所赘聚，选其老幼病瘠者籍名授券，分主而均禀之。下至器用薪刍，微细之物，处之皆有法。不幸死者，即为收瘗，公自为文祭之。其明年夏，麦既登，仍为计其道里远近，裹囊遣归业。所全活者五十万人，募而为兵者又万余人。天子闻之，遣使劳公，即拜礼部侍郎。[②]

《富弼行状》记载稍详："时河北大水，民流移入京东，至公部中者六十七万

---

① 参见拙文《富弼政治思想探讨》《富弼外交思想探讨》，载洛阳市第二文物工作队编《富弼家族墓地》。

② 洛阳市第二文物工作队编：《富弼家族墓地》，第 48—49 页。

人。公择属郡之丰稔者五州，劝民输粟，多者二石，少者五斗，得十五余万斛。随其处而储之，仍佐以官廪，复于乡村城郭辟庐舍十余万区。择官吏至于前资、待阙、寓居者，皆给俸而遣各即流民之所，选其羸病老幼不能自营食者，籍名授历而分领之。均占居处，给粮假器，使便樵苏之利，而无远赴待给之劳。至明年，二麦既登，计其乡里远近，给以裹粮，俾归土著。活者五十万人，及募其强壮黥为军者万余。得不为盗且用衣粮，活其妻子父母兄弟。及弛其公私山林池泽之禁，恣其所取，以自活者，复不可胜计。其偶不幸者，即为葬埋，公自为文以祭之，谓其冢曰'丛冢'。朝廷闻之，遣使奖劳，拜公礼部侍郎。公以赈郏乃安抚之职，恳辞不拜。"①

综观以上两史料，富弼赈灾之法有：

其一，解决食物问题。赈灾之首，在于给灾民提供基本的食物。"劝民输粟"，"佐以官廪"，富弼采取劝民输出粮食之法，就地存储，以补充官府储粮之不足。让无灾之地的民众积极输粮，协助官府解决粮食问题。这样就调动了官府与民间两方面的力量，便于筹集赈灾所急需的粮食。

其二，解决住宿问题。大灾之时，灾民困乏，急需暂时避难之所。从"行于乡村城郭"来看，富弼当借用民众庐舍，或临时搭建庐舍，为灾民提供暂时居住之地。在受灾之时，由政府暂时征用民间房屋，用来安顿灾民，这是较快解决灾民住宿问题的重要方法。

其三，理顺灾区官员待遇。在大灾面前，政府的角色不可或缺，各级官员的所作所为对于赈灾非常重要。对于前资、待阙、寄居的灾区官员，富弼均给予俸禄，并派遣其去民众中开展安抚工作。"官吏皆书其劳约为奏请，使他日得以次受赏于朝。率五日，辄遣人以酒肉糗饭劳之，出于至诚，人人为尽力。"② 对于灾区不同层级官员的待遇安排，有利于调动当地官员的积极性。

其四，制定籍名授券，依此发放赈灾物品。对于羸病老幼不能自营食

① （宋）范纯仁：《范忠宣集》卷十七《故开府仪同三司守司徒检校太师武宁军节度徐州管内观察处置等使徐州大都督府长史致仕上柱国韩国公食邑一万二千七百户食实封四千九百户富公行状》，景印文渊阁《四库全书》（第1104册），第724—725页。

② （宋）苏轼撰，孔凡礼点校：《苏轼文集》卷一八《富郑公神道碑》，第532页。

之人，由官府进行登记造册，分发物券，按照名籍物券分发物品，以做到相对公平。

其五，疏散灾民，派人分发粮食和物品，防止病疫流传。《富郑公神道碑》载其"散处其人，以便薪水"①。富弼疏散灾民的做法值得称道，对于防控病疫的传播起到重要作用。

其六，及时遣返归乡。待来年丰收，分发裹粮，遣返灾民回归故土，重建家园。大灾之时，政府提供救灾物品是临时之举，是暂时渡过难关，赈灾的根本之策是及时恢复生产，增强灾民的自我救济能力。

其七，募兵。大灾之时，灾民在饥饿的旗帜下往往会揭竿而起，造成社会的动荡。富弼从灾民中招募强壮者以充士兵，便于稳定灾民情绪，利于社会稳定，也有利于增强国家对地方社会的控制。

其八，解禁山林川泽。解除山林池泽之禁，允许灾民自由开发，以增强自救能力。《富郑公神道碑》载："山林河泊之利，有可取以为生者，听流民取之，其主不得禁。"在大灾之时，政府要开拓多种途径，采取多种缓和社会矛盾的措施，增强灾民的自我赈灾能力。

其九，安葬死者，避免疾疫流行。富弼亲自为死者撰写祭文，告慰死者，稳定生者情绪。

上述富弼青州赈灾之法，方便实用，不久被朝廷予以推广。《富郑公神道碑》中写道："前此救灾者，皆聚民城郭中，煮粥食之，饥民聚为疾疫，及相蹈藉死，或待次数日不食，得粥皆僵仆，名为救之而实杀之。自公立法，简便周至，天下传以为法，至于今，不知所活者几千万人矣。"②与富弼赈灾不同，前期其他官员在实施救灾时，将灾民集中于城郭之中，造成食物短缺，瘟疫流行，伤亡惨重。富弼赈灾之法方便实用，很快被各地效法，成为"法式"。

---

① （宋）苏轼撰，孔凡礼点校：《苏轼文集》卷一八《富郑公神道碑》，第532页。
② （宋）苏轼撰，孔凡礼点校：《苏轼文集》卷一八《富郑公神道碑》，第532页。

二、从《救荒活民书》看富弼赈灾之思想

《救荒活民书》为宋人董煟所撰，对宋以前历代赈灾救民之法做了梳理，特别是对历代赈灾之法做了深入研究，为我国古代一部重要的赈灾文献。[①] 从是书"原序"可知，董煟有感于水旱霜蝗之灾历朝皆有，但本朝富弼河朔赈灾有方，拯救五十余万灾民，因此促使董煟收集整理历代赈灾之法与本朝名臣之奏议，撰写《救荒活民书》。[②]《救荒活民书》对富弼在青州赈灾之法大加赞誉，从中我们可以看出富弼的赈灾思想。

1. 不应盲目将灾民迁徙边地

《救荒活民书》卷上云："元封四年，关东流民二百万口，无名数者四十万。公卿议欲徙流民于边，丞相石庆上书乞骸骨，上诏报切责之。"相对于汉武帝元封四年关东流民数百万而公卿大臣没有应对良策、欲一概迁徙于边的无奈，富弼青州赈灾之法有条不紊，富有成效。于是董煟评论曰："流民移徙，诚当安集劳来，乃欲徙之于边，固非良策，顾乃切责宰相，武皇救荒之术疏矣。本朝富弼青州赈救流民规划，过于汉家远甚。"[③]董煟将富弼于当地安顿灾民之法与汉武帝朝公卿盲目迁徙灾民于边地之议作了对比，充分肯定了富弼的做法。由此可以看出，富弼的赈灾思想是，应该于当地妥善安顿灾民，制定切实可行的赈灾措施，而不应该将其盲目地一概迁徙边地。

2. 发放赈灾粮食应遍及乡村

《救荒活民书》卷中"常平"条下称：

> 常平赈粜，其弊在于不能遍及乡村。今委隅官里正监视，类多文

---

① 郭文佳认为，董煟《救荒活民书》是我国古代历史上第一部有关荒政的著作，为中国古代荒政的滥觞之作。参见氏著《董煟〈救荒活民书〉的价值与历史地位评议》，《商丘师范学院学报》2005 年第 4 期。

② （宋）董煟：《救荒活民书》，中国书店出版社 2018 年版，第 5 页。

③ （宋）董煟：《救荒活民书》，第 30—31 页。

具无实惠及民，宜仿富弼青州监散米豆之法，变通而行之。但水脚之费，般运之折，无所从出，故县不敢请于州，村不敢请于县。不知饥荒之年，人患无米，不患无钱，每升增于官中所定之价一文，以充上件廪费，则自无折阅之虑矣，何患赈粜之米不能遍及村落哉！但当逐保给，历零卖，以防近上户人频买兴贩之弊。①

董煟认为常平之法的弊端是不能遍及广大的乡村，因此他建议效仿富弼青州发放赈灾粮食至村落之法。董煟进一步建议将官府赈灾之粮每升增加一文，来抵销由此产生的运费和损耗费。富弼青州"监散米豆之法"成为后世救助灾民的借鉴方法。

3. 流民所过州县应多方存恤

《救荒活民书》卷中"存恤流民"："臣谓今未流者，固宜赈救；已流者，莫若令所过州县多方存恤，推行富弼之法以济之。然富弼之法，人罕得其详，臣今编录于末卷。"②董煟认为民众安土重迁，多属不得已而迁徙。对于未迁徙者，妥善安排救助。对于已经因灾成为流民者，要推行富弼青州赈灾之法，令所过州县应该多方存恤，实施救济。董煟将富弼赈灾之法收录于《救荒活民书》卷末，以供学习推广。

4. 解除山海之禁，兴建政府工程

《救荒活民书》拾遗"杂记条画"载董煟评曰："流民至，当为法以处之。富弼令樵采打鱼之数，地主不得为主，是也。但一时未免侵扰，莫若修堤、浚河、兴水利，公私两便。不然官司出钱，租赁民间芦场或柴菝山，近县郭市，各去处，纵流民樵采，官复置场买之，非惟流民得自食其力，雪寒平价出卖，亦可济应细民。"③富弼赈灾之法，解除山海之禁，允许流民开采，暂时维持生计，多余产品由政府购买。接着，官府组织流民兴建大型工程，如修筑堤坝、疏浚河道、兴修水利等，既解决了劳动力问题，又安顿了大量流民，有利于社会治安，对于官府与流民都有好处。

---

① （宋）董煟：《救荒活民书》，第84—85页。

② （宋）董煟：《救荒活民书》，第135页。

③ （宋）董煟：《救荒活民书》，第285页。

5. 让灾民逐熟丰稔之地，便于筹集粮食。

《救荒活民书》卷下"富弼青州赈济行道"载："此河北流移之民，逐熟青淄五州，非如本界分灾伤而行赈济也。盖丰稔而出米济流民，则其势易，荒歉而出米济饥民，则其势难，此凡为政者所当知也，要识前辈处事规模，不苟如此。"①富弼青州赈灾时，让灾民渐次流向丰稔之地，而不是徒然增加原本受灾之地民众的负担，这样便于筹集粮食，安顿灾民。

结　语

富弼将赈灾视为综合性系统工程，较好地处理了灾民的粮食供给、房屋居住、疾疫防治、遣返归乡、重建家园、稳定灾民情绪、保障社会稳定、保障灾区官员的待遇等棘手问题，使得赈灾有序进行。富弼将赈灾与开发相结合，不仅着眼于临时救济，而且还从长远着眼提高灾民的自救能力，鼓励开发山林川泽，待丰收后遣返故土，可谓开发式赈灾。

富弼及时总结青州赈灾经验，将青州赈灾之法撰写成文，以便保存和推广该经验。《富郑公神道碑》载富弼所撰著作，有"《青州振济策》三卷"②。《宋史》卷二〇三《艺文志三》记有："富弼《救济流民经画事件》一卷。"③在青州赈灾实践的基础上，富弼对赈灾之法进行了理论总结，形成了系统的赈灾思想体系。

---

①　（宋）董煟：《救荒活民书》，第192页。

②　（宋）苏轼撰，孔凡礼点校：《苏轼文集》卷一八《富郑公神道碑》，第536页。

③　（元）脱脱等：《宋史》卷二〇三《艺文志三》，第5105页。

丁篇　忠孝文化与民间信仰

第十三章　关羽评价的历史学考察——
以正史记载为中心

　　洛阳关林（图 13–1）矗立在河洛大地，至今有近一千八百年的历史。汉献帝建安二十四年（219），关羽大意失荆州，败走麦城，其首级被孙吴传送给曹操。曹操识破孙吴阴谋，以王侯之礼厚葬关羽首级于洛南，并建庙祭祀，这就是后来的关林。千百年来，关公被视为忠义化身和道德榜样，受到海内外中国人的普遍敬仰。一年一度的洛阳关林朝圣大典（图 13–2），已成为沟通海内外华侨华人、港澳台胞的平台与纽带。

　　关羽为中国历史上家喻户晓的人物，有关评价历代不乏。不过有关历史人物的关羽和小说与戏曲中的关羽，后世评价有较大差距。关羽评价是个重要的研究课题，限于本人学识和能力，本章仅以正史记载为中心，对关羽评价作历史学的考察。

图 13–1　洛阳关林

图 13–2　洛阳关林朝圣大典

一、汉献帝建安年间：关羽生前同时代人的评价

关羽生活于东汉末年，汉献帝建安年间是关羽记载较多的时期，也是关羽充分展示其才干的时期。[①] 同时代评价者，既有曹魏集团之士人，亦有孙吴集团之将帅。由于时距较近，同时代人对关羽的评价，比较真实可信。通过这些评价，我们能大体勾勒出历史上真实的关羽形象。

(一) 曹操集团之士人的评价

1. 程昱

《三国志》卷一四《程昱传》载曹操征荆州，刘备奔吴，论者以为孙权必杀刘备，程昱料之曰："孙权新在位，未为海内所惮。曹公无敌于天下，初举荆州，威震江表，权虽有谋，不能独当也。刘备有英名，关羽、张飞皆万人敌也，权必资之以御我。难解势分，备资以成，又不可得而杀也。"[②] 程昱为曹操谋臣，多有建议，他认为关羽为"万人敌"之勇将，并预测孙权不仅不会杀害刘备，而且有可能与刘备结成联盟，联合抗曹。后来的事实，证明了程昱判断的准确性。

2. 郭嘉

郭嘉曾言于曹操曰："(刘) 备有雄才而甚得众心。张飞、关羽者，皆万人之敌也，为之死用。嘉观之，备终不为人下，其谋未可测也。"[③] 郭嘉为汝颍之士的代表、曹操的重要谋士，也认为关羽为"万人敌"之勇将。程昱和郭嘉均预料，刘备有关张之猛将，终将不愿屈人之下。

3. 刘晔

曹操平定汉中后，但认为汉中为"妖妄之国"，加之军粮匮乏，准备撤回，刘晔却劝曹操趁机攻蜀，以免遗留后患，他说："刘备，人杰也，有度而迟，得蜀日浅，蜀人未恃也。今破汉中，蜀人震恐，其势自倾。以公之神明，因其倾而压之，无不克也。若小缓之，诸葛亮明于治而为相，关羽、

---

①　汉献帝建安年间（196—220），尚未进入三国时期。

②　（晋）陈寿：《三国志》卷一四《魏书·程昱传》，第 429 页。

③　（晋）陈寿：《三国志》卷一四《魏书·郭嘉传》注引《傅子》，第 431 页。

张飞勇冠三军而为将，蜀民既定，据险守要，则不可犯矣。今不取，必为后忧。"①刘晔认识到刘备集团的政治形势和人才优势，其中关羽为勇冠三军的勇猛之将，因而劝曹操早日入蜀，否则必有后忧，但该建议不被曹操所采纳。

4. 温恢

温恢曾谓兖州刺史裴潜曰："此间虽有贼，不足忧，而畏征南方有变。今水生而子孝县军，无有远备。关羽骁锐，乘利而进，必将为患。"②温恢认为雄踞于荆州的关羽，"骁锐"勇猛，才是真正值得关注的势力。

5. 傅幹

刘备入蜀前，丞相掾赵戩认为他"拙于用兵，每战则败，奔亡不暇"，不能成就大业，但徵士傅幹认为："刘备宽仁有度，能得人死力。诸葛亮达治知变，正而有谋，而为之相；张飞、关羽勇而有义，皆万人之敌，而为之将：此三人者，皆人杰也。以备之略，三杰佐之，何为不济也？"③傅幹为傅玄之父、曹操之谋臣。傅幹认为诸葛亮、关羽和张飞为蜀之三杰，其中关羽有勇有义，为"万人之敌"的勇将，由此三杰辅佐，刘备定成大业。

（二）孙权集团之将帅的评价

1. 周瑜

《三国志》卷五四《周瑜传》载刘备诣京见孙权，周瑜上疏曰："刘备以枭雄之姿，而有关羽、张飞熊虎之将，必非久屈为人用者。愚谓大计宜徙备置吴，盛为筑宫室，多其美女玩好，以娱其耳目，分此二人，各置一方，使如瑜者得挟与攻战，大事可定也。今猥割土地以资业之，聚此三人，俱在疆场，恐蛟龙得云雨，终非池中物也。"④周瑜认为关羽和张飞为"熊虎之将"，刘备必不会久屈人下，因此建议孙权将刘备安置于吴，以娱其志，将关羽和张飞二人分置，不使关、张相互配合。周瑜如此建议，是充分认识到关、张二人与刘备的关系，以及关羽勇猛之将的实力。

---

① （晋）陈寿：《三国志》卷一四《魏书·刘晔传》，第 445 页。
② （晋）陈寿：《三国志》卷一五《魏书·温恢传》，第 479 页。
③ （晋）陈寿：《三国志》卷三二《蜀书·先主传》注引《傅子》，第 883 页。
④ （晋）陈寿：《三国志》卷五四《吴书·周瑜传》，第 1264 页。

2. 吕蒙

《三国志》卷五四《吕蒙传》载鲁肃造访吕蒙，饮酒正酣，吕蒙问鲁肃曰："君受重任，与关羽为邻，将何计略，以备不虞?"鲁肃造次应曰："临时施宜。"吕蒙曰："今东西虽为一家，而关羽实熊虎也，计安可不豫定?"① 随后吕蒙为鲁肃谋划五策，鲁肃认为吕蒙学识英博，非复吴下阿蒙。同传注引《江表传》载吕蒙曰："兄今代公瑾，既难为继，且与关羽为邻。斯人长而好学，读《左传》略皆上口，梗亮有雄气，然性颇自负，好陵人。今与为对，当有单复以乡待之。"密为肃陈三策，肃敬受之，秘而不宣。② 作为战场上的对手，吕蒙对关羽洞察深刻。吕蒙认为关羽为"熊虎"之将，熟读《左氏春秋传》，有文有武，耿直且有英勇气概，但也有性格上的缺陷，也就是很自负，傲于士人。吕蒙所论，有褒有贬，客观公正地评价了关羽军事上的勇猛和性格上的缺陷，准确地把握了关羽的内心世界。这也是后来吕蒙奇袭关羽成功的重要认识基础。

3. 陆逊

《三国志》卷五八《陆逊传》载陆逊谓吕蒙曰："羽矜其骁气，陵轹于人。始有大功，意骄志逸，但务北进，未嫌于我，有相闻病，必益无备。今出其不意，自可禽制。下见至尊，宜好为计。"③ 陆逊认为，关羽恃其勇猛，轻视凌辱他人，稍有军功，就自大骄横，疏忽防备。陆逊据此认为应该利用关羽"意骄志逸"、疏于防备的心理，出其不意，攻其不备。其后果然有吕蒙偷袭关羽夺取荆州之事。

周瑜、鲁肃、吕蒙、陆逊被南宋史家洪迈赞为"孙吴四英将"，"真所谓社稷心膂，与国为存亡之臣也。……四人相继，居西边三四十年，为威名将，曹操、刘备、关羽皆为所挫，虽更相汲引，而孙权委心听之，吴之所以为吴，非偶然也。"④ 作为关羽战场上的对手，周瑜、鲁肃、吕蒙和陆逊孙吴四将帅对关羽的评价，一方面认为关羽为勇猛之将；另一方面也指出了关羽

---

① （晋）陈寿：《三国志》卷五四《吴书·吕蒙传》，第 1274 页。
② （晋）陈寿：《三国志》卷五四《吴书·吕蒙传》注引《江表传》，第 1274—1275 页。
③ （晋）陈寿：《三国志》卷五八《吴书·陆逊传》，第 1344 页。
④ （宋）洪迈：《容斋随笔》卷一三《孙吴四英将》，上海古籍出版社 1996 年版，第 170 页。

性格上的弱点，并充分利用了这个弱点。

总之，建安年间为关羽建功立业的时期，与关羽同时代人对关羽评价之语较多，尤其是来自曹魏和孙吴集团的评价，为后世全面认识关羽提供了丰富的史料。身为勇猛之将，关羽、张飞多并称，且将二人与刘备个人感情相联系。

二、三国西晋时期：关羽死后不久的评价

曹丕代汉建魏，历史进入三国时期。三国西晋时期，关羽已死，但尚未久远。下面我们来看看那时人们对关羽的评价。

1. 廖立（蜀）

《三国志》卷四〇《廖立传》载："昔先帝不取汉中，走与吴人争南三郡，卒以三郡与吴人，徒劳役吏士，无益而还。既亡汉中，使夏侯渊、张郃深入于巴，几丧一州。后至汉中，使关侯身死无孑遗，上庸覆败，徒失一方。是羽怙恃勇名，作军无法，直以意突耳，故前后数丧师众也。"① 廖立为蜀汉之臣，历任太守、侍中，后来为长水校尉。在廖立看来，关羽是"怙恃勇名"，治军无法，意气用事，导致多次军事失利。尽管廖立感觉不得志，"常怀怏怏"，因流露出对职位不满，以致后来批评刘备一再失策、导致荆州覆灭、关羽身死、夷陵之败损兵折将等，最后被流放汶山郡，但廖立对关羽的评价是有一定道理的。

2. 杨戏（蜀）

杨戏《季汉辅臣赞》"赞关云长、张益德"云："关、张赳赳，出身匡世，扶翼携上，雄壮虎烈。藩屏左右，翻飞电发，济于艰难，赞主洪业，侔迹韩、耿，齐声双德。交待无礼，并致奸慝，悼惟轻虑，陨身匡国。"②《季汉辅臣赞》由杨戏于后主刘禅时所作，对于蜀汉人物多有评价。杨戏认为，关羽、张飞为"雄壮虎烈"之将，为刘备开创宏业作出了重大贡献，但关、

---

① （晋）陈寿：《三国志》卷四〇《蜀书·廖立传》，第997页。
② （晋）陈寿：《三国志》卷四五《蜀书·杨戏传》，第1080页。

张二人均有性格缺陷，对于刘备的劝诫无动于衷，最终酿成悲剧。杨戏对关羽和张飞褒贬得当，既对关羽、张飞之勇猛表示赞赏，又对其性格缺陷导致"陨身匡国"提出了批评。

3. 王肃（魏）

《三国志》卷一三《王肃传》载魏镇东将军毌丘俭、扬州刺史文钦谋反，司马师询问安国宁主之策，王肃曰"昔关羽率荆州之众，降于禁于汉滨，遂有北向争天下之志。后孙权袭取其将士家属，羽士众一旦瓦解。今淮南将士父母妻子皆在内州，但急往御卫，使不得前，必有关羽土崩之势矣。"① 时值曹魏司马氏专权时，关羽之事被作为反面教材来看待。王肃将魏国叛乱之人同关羽相比较，认为关羽土崩瓦解势所必然，显示出对关羽的轻视。

4. 陈寿（西晋）

陈寿认为，"关羽、张飞皆称万人之敌，为世虎臣。羽报效曹公，飞义释严颜，并有国士之风。然羽刚而自矜，飞暴而无恩，以短取败，理数之常也""羽善待卒伍而骄于士大夫，飞爱敬君子而不恤小人"②。陈寿之父曾为蜀臣，魏灭蜀司马氏代魏建晋后，陈寿自然成为西晋臣民。陈寿撰《三国志》，对三国人物多有评价。陈寿认为，关羽为世之猛将，报效曹操，有仁有意，但刚愎自矜，骄傲自大，最终自取其亡。陈寿所谓关羽"骄于士大夫"之例较多，如关羽不屑与黄忠同列，刘备与诸葛亮情好日密、关羽不悦等。③ 陈寿对于关羽的评价，可谓公允。

5. 普通民众

西晋末年，关羽被视为勇猛之将的象征。据史载："刘遐……性果毅，便弓马，开豁勇壮。值天下大乱，遐为坞主，每击贼，率壮士陷坚摧锋，冀方比之张飞、关羽。"④ 晋末永嘉之乱，少数民族纷纷内迁，民族矛盾空前尖

---

① （晋）陈寿：《三国志》卷一三《魏书·王肃传》，第 419 页

② （晋）陈寿：《三国志》卷三六《蜀书·关羽传》，第 951、944 页。

③ （晋）陈寿《三国志》卷三五《蜀书·诸葛亮传》载："（刘备）于是与亮情好日密。关羽、张飞等不悦，先主解之曰：'孤之有孔明，犹鱼之有水也。愿诸君勿复言。'羽、飞乃止。"（第 913 页）

④ （唐）房玄龄等：《晋书》卷八一《刘遐传》，第 2130 页。

锐，民族战争此起彼伏。身为坞主的刘遐因身先士卒，作战勇猛，被家乡人比喻为关羽、张飞。

总之，蜀国廖立和杨戏从总结蜀国兴衰成败和经验教训的角度来评价关羽，魏国王肃从负面效应来看待关羽，西晋陈寿对关羽评价较为全面公允。西晋"永嘉之乱"后，中原成为内迁少数民族的舞台，留守北方的坞主率众坚守抵抗，关羽遂成为勇猛之将的象征。

三、十六国北朝对关羽的评价

十六国北朝时期，是我国北方少数民族政权林立，民族矛盾尖锐，也是民族交融的重要时期。少数民族政权对汉人关羽如何评价？下面将据史申论。

1. 秃发傉檀（南凉）

《晋书》卷一二六《秃发傉檀载记》云：

> 初，乞伏乾归之在晋兴也，以世子炽磐为质。后炽磐逃归，为追骑所执，利鹿孤命杀之。傉檀曰："臣子逃归君父，振古通义，故魏武善关羽之奔，秦昭恕顷襄之逝。炽磐虽逃叛，孝心可嘉，宜垂全宥以弘海岳之量。"乃赦之。至是，炽磐又奔允街，傉檀归其妻子。①

秃发傉檀为十六国南凉国君（402—414 年在位），秃发傉檀针对炽磐逃归之事所论涉及忠与孝的关系问题。关羽不仕曹操而回归刘备，被秃发傉檀视为忠孝的榜样和实例，大加赞赏，据此秃发傉檀建议放行炽磐。由此可知，关羽弃曹操归刘备这一忠义举动，在魏晋以降产生了较大影响，也得到少数民族首领的认同。关羽忠孝问题由胡族首领提出，颇具深意，它显示出忠孝问题已突破狭隘的民族界限，成为当时胡汉各族一致的文化认同。

① （唐）房玄龄等：《晋书》卷一二六《秃发傉檀载记》，第 3148 页。

2. 赵思（南燕）

《晋书》卷一二七《慕容德载记》载：

> 初，（慕容）宝遣（赵）思之后，知德摄位，惧而北奔。护至无所见，执思而还。德以思闲习典故，将任之。思曰："昔关羽见重曹公，犹不忘先主之恩。思虽刑余贱隶，荷国宠灵，犬马有心，而况人乎！乞还就上，以明微节。"①

南燕建立者慕容德赏识赵思才干，拟任命赵思为官，但遭拒绝。赵思以关羽不忘先主之恩毅然离开曹操为例，说明人不应该忘记旧主，这是对关羽回归刘备的高度赞赏。赵思所论，也涉及忠与孝的关系问题。②

3. 元宏（北魏孝文帝）

北魏孝文帝于南齐建武四年（497），遗曹虎书：

> ……且汉北江边，密尔干县，故先动凤驾，整我神邑。卿进无陈平归汉之智，退阙关羽殉节之忠，婴闭穷城，忧顿长沔，机勇两缺，何其嗟哉！③

北魏孝文帝意欲招降南齐曹虎，正值曹虎据樊城骑虎难下之时。樊城是当年关羽围攻曹操守军之地，后遭孙吴背后偷袭，最终酿成大意失荆州的悲剧。时过境迁，北魏孝文帝以陈平、关羽为例，招降据守樊城的南朝将领曹虎。北魏孝文帝认为关羽有"殉节之忠"，实在难能可贵，这是对关羽的极大赞赏。

4. 长孙彦（北魏）

《魏书》卷二五《长孙道生传》载："出帝与齐献武王构隙，加子彦中军大都督、行台仆射，镇弘农，以为心膂。后从帝入关。子彦少尝坠马折臂，

---

① （唐）房玄龄等：《晋书》卷一二七《慕容德载记》，第3164—3165页。
② 参见唐长孺《魏晋南朝的君父先后论》，载《魏晋南北朝史论拾遗》，中华书局2011年版。
③ （梁）萧子显：《南齐书》卷三〇《曹虎传》，第563页。

肘上骨起寸余，乃命开肉锯骨，流血数升，言戏自若。时以为逾于关羽。"①长孙彦曾经坠马伤臂，急需治疗，医者施以手术，状如关羽刮骨疗毒。时人将长孙彦与关羽对比，将关羽视为勇者无惧、大义凛然的榜样。

总之，十六国北朝时期对关羽的评价，赞赏多，批评少，且涉及忠与孝的关系问题，对关羽忠于故主大加赞赏。十六国北朝政权多为内迁少数民族所建，其对汉人关羽的评价，值得深思。

四、南朝对关羽的评价

1. 裴松之

《三国志》卷五二《诸葛瑾传》裴松之评论曰："关羽扬兵沔、汉，志陵上国，虽匡主定霸，功未可必，要为威声远震，有其经略。"②就三方整体而言，曹操实力最强，孙权次之，刘备最弱。属于刘备集团的关羽，其个人命运是与刘备集团实力密切相连的。裴松之认为魏、蜀、吴三方政治地理形势，实力相差悬殊，关羽虽一时"匡主定霸"，但最终难逃失败的命运。

2. 宋文帝（刘义隆）

《宋书》卷六一《江夏文献王义恭传》载宋文帝刘义隆致书劝诫江夏文献王义恭之骄奢不节时说："礼贤下士，圣人垂训；骄侈矜尚，先哲所去。豁达大度，汉祖之德；猜忌褊急，魏武之累。……西门、安于，矫性齐美；关羽、张飞，任偏同弊。行己举事，深宜鉴此。"③江夏文献王义恭时任荆州刺史，宋文帝刘义隆这番话正是对关羽善待下人、骄于士大夫的性格的批评，从荆州之得失提醒荆州刺史刘义恭吸取教训。

3. 乐曲中的评价

《宋书》卷二三《乐志四》载："关背德者，言蜀将关羽背弃吴德，心怀不轨。大皇帝引师浮江而禽之也。"④《关背德曲》作于何时，已难详考，但

---

① （北齐）魏收：《魏书》卷二五《长孙道生传》，第649页。

② （晋）陈寿：《三国志》卷五二《诸葛瑾传》，第1233页。

③ （梁）沈约：《宋书》卷六一《江夏文献王义恭传》，第1641页。

④ （梁）沈约：《宋书》卷二三《乐志四》之《关背德曲》，第658页。

大体可以断定在孙吴、东晋和刘宋之时，流传地域为立足江南的南方政权境内。《关背德曲》斥责关羽背弃吴德，图谋不轨，被孙吴擒拿斩首，应引以为戒。由此可见，《关背德曲》以孙吴为正统，刻意贬低关羽。

4. 南朝民众对关羽的看法

略举三例：刘宋时，"薛彤、进之并道济腹心，有勇力，时以比张飞、关羽"；"（鲁）爽累世枭猛，生习战陈，咸云万人敌，安都单骑直入，斩之而反，时人皆云关羽之斩颜良，不是过也"①。南朝齐武帝时，文惠太子"文武士多所招集"，"而武人略阳垣历生、襄阳蔡道贵，拳勇秀出，当时以比关羽、张飞"②。由所引三例"时以比""时人""当时"等词语可知，南朝宋齐时将勇猛之将比拟于关羽、张飞，这种现象为普通民众所接受并得以远播。三国以降，关羽、张飞的勇猛将军形象，已深入人心，并作为一种文化符号在民间传播。

相较于北朝，南朝对关羽的评价，侧重于关羽性格中的弱点，重在总结教训，如上举宋文帝之例；但民众仍赞赏关羽的英勇，将其视为勇猛之将的化身。

五、唐宋及其以降对关羽的评价

（一）唐宋时期对关羽的评价

1. 唐代史家李延寿

《南史》卷二五《王懿传》载史臣论曰："王仲德受任二世，能以功名始终。入关之役，檀、王咸出其下。元嘉北讨，则受督于人，有蔺生之志，而无关公之愤，长者哉。"③《南史》为唐李延寿所撰，史臣之论反映了唐朝史臣的看法。李延寿赞赏王懿功勋卓著，志向高远，有蔺相如之志，但也能屈人之下，不像关羽那样自负和愤恨。这里李延寿表达了对关羽的看法，"关

---

① 参见（南朝梁）《宋书》卷四三《檀道济传》，第1344页；《宋书》卷八八《薛安都传》，第2217页。

② （唐）李延寿：《南史》卷四四《文惠皇太子传》，第1099页。

③ （唐）李延寿：《南史》卷二五《王懿传》，第694页。

公之愤"之用语是对关羽性格的间接批评。

2. 唐代史馆官员

唐德宗建中三年（782），礼仪使颜真卿奏："治武成庙，请如月令春、秋释奠。其追封以王，宜用诸侯之数，乐奏轩县。""诏史馆考定可配享者，列古今名将凡六十四人图形焉"，而"蜀前将军汉寿亭侯关羽"位列其中。①武成庙，即武成王庙。唐高宗上元元年（674）追封周代齐国始祖姜尚（吕望）为武成王。唐玄宗李隆基开元十九年（731）令两京及天下诸州各置太公尚父（姜尚）庙。②唐人优选古今六十四位功勋卓著的将军，而关羽为其一，有资格配享武成王庙，这是对关羽的较高评价。

3. 宋代礼部官员

宋徽宗宣和五年（1123），礼部官员上奏配享武成王庙，挑选七十二将，其中有关羽。③宋代武成王庙配享图刻中国历史上七十二将，关羽为其一。换言之，宋代礼部官员认为，关羽有资格配享武成王庙，这也是对关羽的较高评价。

4. 宋代有司官员

宋太祖赵匡胤在位时，曾下诏"前代功臣、烈士，详其勋业优劣以闻"。有司言："齐孙膑晏婴……蜀昭烈帝关羽张飞诸葛亮、唐房玄龄长孙无忌魏徵李靖李绩尉迟恭浑瑊段秀实等，皆勋德高迈，为当时之冠……"④宋代皇帝下诏甄选历代功臣和烈士，有司将蜀汉关羽列为第一等，其选择标准就反映了宋代对关羽的评价，足见关羽等人在宋人心中的地位。

5. 南宋史家洪迈

洪迈曾有《名将晚谬》之感慨："自古威名之将，立盖世之勋，而晚谬不克终者，多失于恃功矜能而轻敌也。关羽手杀袁绍二将颜良文丑于万众之中，及攻曹仁于樊，于禁等七军皆没，羽威震华夏，曹操议徙许都以避其锐，其功名盛矣，而不悟吕蒙、陆逊之诈，竟堕孙权计中，父子成禽，以败

① （宋）欧阳修等：《新唐书》卷一五《礼乐志五》，第377页。
② 据此可知，中国最早的武圣是姜尚。姜尚在明朝被废祀，民间又以岳飞为武神代表。到了清朝，又特别崇尚关羽，加上《三国演义》故事的广泛影响，关羽遂成武圣。
③ （元）脱脱等：《宋史》卷一〇五《礼志八·武成王庙》，第2557页。
④ （元）脱脱等：《宋史》卷一〇五《礼志八·先代陵庙》，第2559页。

大事。"① 洪迈认为关羽晚年有谬误，根源在于"恃功矜能而轻敌"，最终酿成严重后果。洪迈对关羽晚年谬误的批评，与本书前引对孙吴四英将（周瑜、鲁肃、吕蒙和陆逊）的赞赏形成了鲜明对比。

（二）唐宋以降对关羽的评价

1. 元朝史家

《宋史》卷三六五《岳飞传》载史家论曰："西汉而下，若韩、彭、绛、灌之为将，代不乏人，求其文武全器、仁智并施如宋岳飞者，一代岂多见哉。史称关云长通《春秋左氏》学，然未尝见其文章。飞北伐，军至汴梁之朱仙镇，有诏班师，飞自为表答诏，忠义之言，流出肺腑，真有诸葛孔明之风。"②《宋史》为元朝脱脱等人撰写，其评论将岳飞与关羽相比较，认为岳飞文武双全，而关羽虽史载其通左氏春秋之学，但未留下任何文章。通过关羽来衬托岳飞的"文武全器"，指出关羽在文采上逊色岳飞。

2. 清代史家赵翼

赵翼在《关张之勇》中云："汉以后称勇者必推关张。……可见二公之名，不惟同时之人望而畏之，身后数百年，亦无人不震而惊之。威声所垂，至今不朽，天生神勇，固不虚也！"③ 赵翼对关羽之勇猛进行了深入分析，认为汉以后称雄勇猛者，首推关羽与张飞。关羽勇猛形象已经深入人心，已然成为中国历代勇猛之将的象征。

结　语

历史上对关羽之评价，就评论者身份而言，大致可分为以下几类：其一，武将，尤其是建安年间关羽同时代的对手（如周瑜、吕蒙、陆逊）；其二，谋士或文士（如程昱、郭嘉）；其三，历代史家（如裴松之、李延寿、洪迈和赵翼）；其四，古代君王（如北魏孝文帝）；其五，普通民众（"时人"）。评价者身份不同，对关羽的关注点有异，评价标准亦有别。历史上不

---

① （宋）洪迈：《容斋随笔·续笔》卷一一《名将晚谬》，第 348 页。
② （元）脱脱等：《宋史》卷三六五《岳飞传》，第 11396 页。
③ （清）赵翼著，王树民校证：《廿二史札记校证》卷七《关张之勇》，第 137—138 页。

同身份的评价者，对关羽评价有何异同、有何影响，值得进一步研究。

就历史时期而论，大致可以这样认为：其一，建安年间为关羽建功立业的时期，来自曹操集团和孙权集团的评价较多。生前的关羽作为勇猛之将，其身上有义有勇，但也有一些性格缺点，如自负、骄于士大夫等，作为一个历史人物，关羽并非完人。其二，三国西晋时期，蜀国人士多从总结经验教训的角度来评价关羽，寻找国家兴亡之原因。其三，十六国北朝时期对关羽的评价，涉及忠与孝的关系问题，对关羽赞赏多，批评少，对关羽忠于故主大加赞赏。其四，南朝对关羽的评价，侧重于其性格中的弱点，重在总结教训。其五，唐宋时期，表现为将关羽作为配享武成王庙众多将军之一，享有较高地位。唐宋以降对关羽的评价，就正史资料而言，记载较少，我们认为这种现象与关羽被神化有密切关联。

第十四章 孝道与治国——以《孝经》所论为考察点

建设社会主义现代化国家，离不开对中国传统典籍的发掘和整理，离不开优秀传统思想文化的教育和弘扬。《孝经》是一部重要的儒家经典，对孝道与治国做了深入论述，其提出的"以孝治天下"和"家国一理"的主张，对后世治国理政产生了重要而深远的影响。即使在经历了深刻社会变革后的今天，《孝经》所倡导的孝道与治国的基本思想仍在潜移默化地发挥着影响。因此，有必要对《孝经》所论孝道与治国之关系作深入研究，从中发掘出有价值的思想，以期对今日中国的治国方略和建设社会主义政治文明提供借鉴。①

一、从《孝经》看"孝"与"忠"

孝与忠的关系问题，是理解孝道与治国关系的基石。欲明了孝道与治国的关系，必须先理解孝与忠的关系。我们先看看《孝经》是如何论述二者关系的。

其一，对君之忠即是孝。《孝经·开宗明义章第一》云："夫孝，始于事亲，中于事君，终于立身。"对于个人而言，人生的不同阶段有不同的孝道内容：青年时期体现为侍奉亲人，中年时期体现为服务于国君，晚年体现为致力于成为典范表率的实践。还可看出，"孝"本身包含着"忠"，对君之忠

---

① 本书所引《孝经》，均采用胡平生《孝经译注》，中华书局 2009 年版。

即是孝。忠孝道著，才能扬名后世。

其二，对君之孝即是忠。《孝经·士章第五》载："以孝事君则忠，以敬事长则顺。"士之孝道体现为两方面，对内需要奉养亲人，对外要效力君主。由"以孝事君则忠"可看出，孝与忠密不可分，对君之孝即是忠。

其三，忠、孝的融合。《孝经·圣治章第九》言："圣人因严以教敬，因亲以教爱。……父子之道，天性也，君臣之义也。"父子之道，君臣之义，均应符合孝道，从而将父子与君臣均纳入孝道的规范体系中。《孝经·纪孝行章第十》中有："孝子之事亲也，居则致其敬，养则致其乐，病则致其忧，丧则致其哀，祭则致其严。五者备矣，然后能事亲。事亲者，居上不骄，为下不乱，在丑不争。居上而骄则亡，为下而乱则刑，在丑而争则兵。三者不除，虽日用三牲之养，尤为不孝也。"孝子除了事亲之五品德外，在社会生活中还要"居上不骄，为下不乱，在丑不争"，否则祸患临头，这样对父母供养得再好，也是不孝。"居上不骄，为下不乱，在丑不争"，也是国家对臣子的要求，是臣子应遵循的礼法规定。这样，《孝经》所论孝道之表现，是与广阔的社会生活相联系的，在家事亲与在外表现融为一体，共同构成个人完整的孝道。这就打通了在家事亲与在外事君，将孝与忠巧妙地结合在一起。

其四，"家国一理"。《孝经》进而提出"家国一理"理念，进一步阐释了亲孝与忠君的关系。《孝经·广扬名章第十四》云："君子之事亲孝，故忠可移于君。事兄悌，故顺可移于长。居家理，故治可移于官。是以行成于内，而名立于后世矣。"由此可以看出，由孝到忠的转变过程：由于能事亲孝，所以能忠君；由于能尊敬兄长，所以能顺从官长；由于治家有方，所以可以入仕为官，治国理政。君子在家门之内奉行孝、悌、理三德，所以能够树立自己的形象并且扬名于后世。由孝亲到忠君、由治家到为官的转变，实际上就是将原本家庭内部之孝道扩大到整个社会领域，用以规范社会各阶层（包括君臣）之关系。

《孝经》还论述了孝与礼法的关系。礼、法是中国古代治国理政的重要手段和方式，由孝与礼法之关系，亦能反观孝与忠之关系。有关孝与礼法之关系，在卿大夫之孝内容中表现较为明显。《孝经·卿大夫章第四》载："非

先王之法服不敢服，非先王之法言不敢道，非先王之德行不敢行。是故非
法不言，非道不行；口无择言，身无择行；言满天下无口过，行满天下无怨
恶。三者备矣，然后能守其宗庙，盖卿大夫之孝也。"所谓"三者"，指服、
言、行。唐玄宗御注《孝经》云，先王制五服，各有等差，意思是卿大夫遵
守礼法，不敢僭上逼下。所谓"法言"，即礼法之言。所谓"德行"，即道德
之行。若言不遵循礼法，行不遵循道德，则亏孝道。显然，《孝经》认为孝
道与礼法密不可分，遵循孝道就是遵循礼法，遵循礼法就是在践行孝道。由
此，亦可看出孝与忠密不可分。

对于"孝"与"忠"的关系，《忠经》也有论述。① 如《忠经·保孝行章
第十》中"夫惟孝者，必贵本于忠。忠苟不行，所率犹非其道。……故君子
行其孝，必先以忠，竭其忠，则福禄至矣。故得尽爱敬之心，则养其亲，施
及于人，此之谓保孝行也。"《忠经》认为，行孝与尽忠密不可分，不尽忠也
无所谓行孝，行孝必先尽忠，尽忠是行孝的保障。

二、从《孝经》看"孝道"与"治国"

明乎孝与忠之关系，下面我们再看看孝道与治国的关系问题。《孝经》
包含丰富的孝道与治国思想，以下为其要者。

（一）孝道是治国安民之术

《孝经·广要道章第十二》："教民亲爱，莫善于孝；教民礼顺，莫善于
悌；移风易俗，莫善于乐；安上治民，莫善于礼。礼者，敬而已矣。"由此可
知，《孝经》认为治国安民之术有四：孝、悌、乐、礼。孝悌与礼乐均是治
国安民中的重要方式，在治国安民过程中发挥着重要作用。将孝道视为治国
安民的重要方式和手段，必然要求在治国过程中重视孝道之影响，发挥孝道
之作用。

---

① 《忠经》共分十八章，是一部完全仿照《孝经》体例而作的儒家经典。《忠经》对忠的含
义、标准、目的作了全方位的阐释，并分章对古代社会各主要阶层应履行的忠道——进
行了阐述，力劝人们严格遵守忠道。参见（汉）马融著，冯慧娟译《忠经》，吉林出版集
团 2016 年版。

（二）"以孝治天下"

《孝经》明确提出了"以孝治天下"主张。《孝经·孝治章第八》："昔者明王之以孝治天下也。……夫然，故生则亲安之，祭则鬼享之。是以天下和平，灾害不生，祸乱不作。故明王之以孝治天下也如此。"《孝经》认为以孝治天下，能得万国之欢心，并总结以孝治天下的其他好处：天下和平、灾害不生、祸乱不作等。当然，将遵循孝道与灾害不生相联系，有点牵强附会。不过由此可知，《孝经》是极力倡导"以孝治天下"的。

《孝经》还在其他章节中，论述了以孝治国的好处。《孝经·三才章第七》："夫孝，天之经也，地之义也，民之行也。天地之经，而民是则之。则天之明，因地之利，以顺天下，是以其教不肃而成，其政不严而治。"所谓"三才"，指天、地、人。孝是自然规律的体现，也是人的行为准则。君主若遵循孝道，则顺应天地，其教化和政治就能很好地推行。《三才章第七》："先王见教之可以化民也……先之以敬让，而民不争；导之以礼乐，而民和睦；示之以好恶，而民知禁。"先王以孝道教育民众，使其知敬让和礼乐，才能很好地进行管理和统治。

《孝经》还论述了以孝治天下与政治得失之关系。《孝经·圣治章第九》："圣人因严以教敬，因亲以教爱。圣人之教不肃而成，其政不严而治，其所因者本也。父子之道，天性也，君臣之义也。……是以其民畏而爱之，则而象之，故能成其德教，而行其政令。"所引"所因者本也"之"本"，就是孝道。圣人用孝的尊亲之义教导天下人敬爱其君，民众对其充满敬畏，将孝道作为法则而纷纷仿效，因而其政成，其国治。如果不以爱亲敬亲之孝道教导民众，就会出现悖德悖礼之行为，民众就会失去准则，这样就会出现天下大乱。

（三）向君主尽孝道之方法

《孝经·事君章第十七》："君子之事上也，进思尽忠，退思补过，将顺其美，匡救其恶，故上下能相亲也。"君子事君要时刻想着国君，进见时想着如何办好国事，奉献自己全部的真诚；退还后，要考虑如何弥补君上的过失。对待君上，君子应顺从和执行他的善政，而纠正力谏他的恶行，这样才是君子事君之孝道。

同时，君子要以身作则，向君主尽臣子孝道。《孝经·广至德章第十三》："君子之教以孝也，非家至而日见之也。教以孝，所以敬天下之为人父者也。教以悌，所以敬天下之为人兄者也。教以臣，所以敬天下之为人君者也。"君子以孝道教人，并非挨家挨户和每日不断地直接向民众宣讲，而是以身作则，践行孝道，引导民众行孝。对于君臣之孝，君子以敬人君的行为教人为臣之道。

（四）对不孝之人的法律惩罚

《孝经·五刑章第十一》："五刑之属三千，而罪莫大于不孝。要君者无上，非圣人者无法，非孝者无亲。此大乱之道也。"否定孝道，不遵循孝道，实际上已经触犯了国家法律，要治其罪。要挟君主，否定圣人，否定孝道都是大乱之源，因此要严加惩治。

《孝经》把道德规范与法律（刑律）联系起来，提出要借用国家法律的权威，维护其宗法等级关系和道德秩序。国家动用政权力量强力保障孝道的实施，是因为孝道关乎父子之道，关乎君臣之义，关乎整个国家教化与制度秩序的构建。对于不孝者的惩罚，恰能说明孝道与治国的互动关系。

三、后世对"以孝治天下"思想的践行

《孝经》"以孝治天下"的主张具有重要的意义。秦汉以后的历代王朝都非常重视孝道的作用，在治国理政过程中自觉不自觉地践行着"以孝治天下"的精神。① 笔者梳理史料，认为后世"以孝治天下"有以下几个表现，它们都体现了"以孝治天下"的精神。

（一）以孝入仕

以孝入仕是"以孝治天下"的突出反映，这在两汉较为典型。《汉书》卷六《武帝纪》载：

---

① 《孝经》的成书时间不晚于战国，属于先秦典籍。参见张涛《〈孝经〉作者与成书年代考》，《中国史研究》1996 年第 1 期。

元光元年冬十一月，初令郡国举孝廉各一人。①

元光元年，即公元前 134 年。汉武帝是年下诏令郡国各举"孝""廉"各一人，"孝"是察举入仕的重要途径。②劳幹先生认为，汉武帝元光元年，"是中国学术史和中国政治史的最可纪念的一年"，汉武帝此举"开中国选举制度千年坚固的基础"③。两汉实行察举制度，实行乡举间选，士人入仕时其品行即为地方乡里所评判，尤其是孝廉、至孝、敦厚等科目，即士人是否遵循孝道，更是其是否具有良好品行的表现。如西汉杜钦主张"观本行于乡党，考功能于官职"④，即乡党的品行评定与官职的政绩考核要互相配合。入仕后的官员，其品行由监察机构来保障，对于不善、不敬、不正者官员的处理，"一般不是通过常规考课，而是通过纠举违法逾禁行为以至法律程序进行的"⑤。由此可知，孝道对于两汉官员影响甚巨：入仕前，察举科目有"孝廉""至孝"等，不奉行孝道者难以被察举，无法进入仕途；入仕后，不孝官员将被监察机构纠弹，甚至被严惩。

汉代以后，察举的科目虽然很多，而且屡有变化，但是"举孝廉"一直是察举的主要内容之一。如北魏孝文帝太和七年（483），春正月诏曰："朕每思知百姓之所疾苦，以增修宽政，而明不烛远，实有缺焉。故具问守宰苛虐之状于州郡使者、秀孝、计掾，而对多不实，甚乖朕虚求之意。"⑥皇帝亲自询问州郡使者、秀孝、计掾，有关地方官的治绩和德行，是朝廷了解地方官的重要途径。"孝秀"是州郡长官向朝廷荐举的秀才、孝廉，需经过考试才能入仕为官。除了隋唐时期曾一度废止外，孝廉制度一直为后世所承袭沿用，清代改称"孝廉方正"，仍然是入仕的重要途径。

---

① （汉）班固：《汉书》卷六《武帝纪》，第 160 页。
② 关于汉代察举科目，参见阎步克《察举制度变迁史稿》，北京师范大学出版社 2021 年版。
③ 劳幹：《汉代察举制度考》，"中央研究院"历史语言研究所集刊》第 17 本，1948 年。
④ （汉）班固：《汉书》卷六〇《杜钦传》，第 2674 页。
⑤ 邓小南：《西汉官吏考课制度初探》，《北京大学学报》（哲学社会科学版）1987 年第 2 期。
⑥ （北齐）魏收：《魏书》卷七上《高祖纪》，第 152 页。

（二）孝道成为考课官员的重要内容和标准

士人入仕为官后，需要定期接受考课，并根据考课结果决定其升降赏罚。欲对官员进行考课，必须有一定的标准。中国古代考课官员的标准中，品行与政绩同等重要，密不可分。品行标准是从道德角度对于官员的考核，主要体现为儒家的思想主张。中国古代官员的考课标准时不断变化的，由最初单纯的政绩标准，逐渐加入品行标准，而品行标准包含了孝道因素。换言之，孝道逐渐成为考核官员的重要内容和标准。

据《后汉书·百官志》注引胡广曰："秋冬岁尽，各计县户口垦田，钱谷入出，盗贼多少，上其集簿。丞尉以下，岁诣郡，课校其功。功多尤为最者，于廷慰劳勉之，以劝其后。负多尤为殿者，于后曹别责，以纠怠慢也。"[①]另据高恒先生考证，上计《集簿》的内容多于胡广说的几项，按其内容可分为四类：一是地区面积和行政机构；二是农业经济；三是财政，即钱谷出入情况；四是民政，包括户口、赈济贫困、矜老幼、尊高年、置三老孝悌力田以导民。[②]第四类中的"矜老幼、尊高年、置三老孝悌力田以导民"，是考核地方官是否能遵循孝道，并将孝道在本辖区予以推广。孝是考核官员的重要内容，因此也是重要的考课标准。

两汉魏晋南北朝时期，孝行由乡间评定，与政绩并重。《三国志》卷九《夏侯玄传》载：齐王芳正始年间，太傅司马宣王问以时事，夏侯玄议以为：

> 夫官才用人，国之柄也，故铨衡专于台阁，上之分也，孝行存乎闾巷，优劣任之乡人，下之叙也。……自州郡中正品度官才之来，有年载矣，缅缅纷纷，未闻整齐，岂非分叙参错，各失其要之所由哉！[③]

夏侯玄认为，尚书台和乡间分掌铨衡和评价孝行，上下本来不相干涉，但九品中正制度实施后，中正却上夺台阁铨衡之权，所谓"中正品度官才"也。由此亦可反证，中央吏部所考官员之政绩与乡党所评官员之品行，同为考核

① （南朝宋）范晔：《后汉书》志第二八《百官志五》，第3623页。

② 高恒：《汉代上计制度论考》，《东南文化》1999年第1期。

③ （晋）陈寿：《三国志》卷九《夏侯玄传》，第295页。

官员的重要标准，政绩与品行应该相互配合和补充。

孝道是考课标准，因孝得以升迁者史不乏例。晋惠帝时，刘弘上表曰："被中诏，敕臣随资品选，补诸缺吏。……（仇）勃孝笃著于临危，（郭）贞忠厉于强暴，虽各四品，皆可以训奖臣子，长益风教。臣辄以勃为归乡令，贞为信陵令。皆功行相参，循名校实，条列行状，公文具上。"① 刘弘提及的仇勃，乃因"孝笃"才被予以升职的。所论二人中正品第均为四品，而归乡、信陵可能是三品县，刘弘奏请以四品人补，乃是用以奖励的特恩②，当然也暗含着二人的中正品第伴随着官职的升迁而有所上升。

唐代考课法明确规定孝道是考核官员的基本标准，适用于所有官员。《新唐书》卷四六《百官志一》载官员考核标准，"流内之官，叙以四善：一曰德义有闻，二曰清慎明著，三曰公平可称，四曰恪勤匪懈"③。台湾学者黄清连先生认为，唐代"四善较为偏重于个人的道德，二十七最较为注意个人的行政能力"④。由四善之"德义有闻"可知，其中必然包含了孝道。若一个人不奉行孝道，必然为当时所不齿，不可能获取好的名声。唐以后的历代王朝，均将孝道作为考课官员的基本标准，并由相应的法律来保障。

（三）对于不孝者的法律惩罚

因孝得以入仕与职务升迁，相反，不孝则要受到惩罚。《孝经·五刑章第十一》主张用刑律强力保障孝道的实施。后世对于不孝者的法律惩罚，就是该精神的践行和弘扬。

魏晋南北朝时期实行九品中正制，中正行使职权，对违犯清议者要降品，而降品即意味着降职。魏晋南北朝时期，清议的权限极大，对于官员的职务升降起到重要作用⑤。东晋南朝时期，中正清议的范围扩大，诸如居丧婚嫁、居丧仕宦、对父母不孝等。而一旦遭清议，轻则降品，重则免官，甚

---

① （唐）房玄龄等：《晋书》卷六六《刘弘传》，第 1764 页。

② 唐长孺：《九品中正制度试释》，生活·读书·新知三联书店 1955 年版，第 113 页。

③ （宋）欧阳修等：《新唐书》卷四六《百官志一》，第 1187 页。

④ 黄清连：《唐代的文官考课制度》，《"中央研究院"历史语言研究所集刊》第 55 本，第 154 页。

⑤ 参见拙著《魏晋南北朝考课制度研究》第七章"九品中正制度与考课制度"，社会科学文献出版社 2009 年版。

至是终身禁锢，"付之乡论""付之清议"是中正处罚触犯清议官吏的代名词。① 可以看出，不遵循孝道是被清议的重要内容，而一旦被清议，就会受到相应的职务惩罚。

对于不孝之人的惩罚，中国古代有相应的法律规定，著名的"十恶"就是其突出表现。十恶原来称"重罪十条"，到隋唐时，定型为"十恶"。《隋书·刑法志》载隋开皇律：

> 又置十恶之条，多采后齐之制，而颇有损益。一曰谋反，二曰谋大逆，三曰谋叛，四曰恶逆，五曰不道，六曰大不敬，七曰不孝，八曰不睦，九曰不义，十曰内乱。犯十恶及故杀人狱成者，虽会赦，犹除名。②

所谓"不孝"，是指告言、诅詈祖父母父母，及祖父母父母在，别籍、异财若供养有阙；居父母丧，身自嫁娶若作乐、释服从吉；闻祖父母、父母丧，匿不举哀；诈称祖父母、父母死。③ 由"不孝"内容与表现可知，违犯孝道成为"十恶"的重要内容，要受到法律的严惩。隋唐以后的各个王朝，均在法典中将违犯孝道作为"十恶"的重要方面。

余　论

由《孝经》所论孝道可知，在家事亲与在外尽忠密不可分。由孝亲到忠君、由治家到为官的转变，实际上就是将原本家庭内部之孝道扩大到整个社会领域，用以规范社会各阶层（包括君臣）之关系。这就打通了在家事亲与在外事君的界限，将孝与忠巧妙地结合在一起。

---

① 张旭华：《九品中正制略论稿》，第187页。
② （唐）魏徵等：《隋书》卷二五《刑法志》，第711页。
③ 岳纯之点校：《唐律疏议》，上海古籍出版社2013年版，第12页。

《孝经》明确提出了"以孝治天下"和"家国一理"的主张，认为孝是治国安民之术，用孝规范政治生活，协调上下关系，并主张用法律来保障孝道的实施。《孝经》对孝道与治国关系作了深入论述，作了一系列规定，对后世治国理政产生了重要而深远的影响。以孝入仕、孝道成为考课官员的重要标准、对不孝者的法律惩罚，均是后世对《孝经》所论孝道与治国精神的践行。

需要注意的是，孝道与治国的关系，实际上也反映了儒家与法家的关系问题。从某种意义上说，"以孝治天下"就是以儒家的伦理道德、思想主张治理天下，这在法律上的表现就是"法律的儒家化"，其方式是"引礼入法"。陈寅恪先生认为，"古代礼律关系密切，而司马氏以东汉末年之儒学大族创建晋室，统制中国，其所制定之刑律尤为儒家化"①。瞿同祖先生认为，"中国法律之儒家化可以说是始于魏、晋，成于北魏、北齐，隋、唐采用后便成为中国法律的正统"②。祝总斌先生也认为，"大概从西汉后期、东汉初年开始，立法与司法中儒家思想之渗透日益加剧"，儒家思想进一步渗入法律。③ 刑律儒家化的途径是"引礼入律"，将儒家经典中的"礼"的精神和规范贯彻于律令中，其中也包含《孝经》所论孝道与治国的精神。

最后要说明的是，孝道是中国儒家伦理的重要内容，在中国几千年的历史上产生重大影响，对于当今构建和谐社会、建设社会主义国家仍有重要的现代价值。中国现在面临着老龄化社会的困扰，呈现出"未富先老"的特征。中国老龄化速度快于全国总人口增长速度，快于世界老龄化速度，经济发达地区率先进入老龄化阶段。如何养老，如何赡养庞大的老龄人群，已成为一个亟须解决的问题。另外，随着社会主义市场经济的发展，家庭结构发生了重大变化，传统孝道伦理逐渐淡化，在新形势下如何尊老爱幼、如何行孝也是建设和谐家庭，构建和谐社会必须交出的答卷。弘扬孝道能够促进社会和谐：由自身而及家庭，由家庭而及社会，在家

---

① 陈寅恪：《隋唐制度渊源略论稿》，生活·读书·新知三联书店 2001 年版，第 111 页。
② 瞿同祖：《中国法律与中国社会》，中华书局 2003 年版，第 373 页。
③ 祝总斌：《略论晋律之"儒家化"》，《中国史研究》1985 年第 2 期。

庭和谐的基础上达到社会和谐。相反，家庭不和谐又往往是社会矛盾、社会暴力和犯罪的根源。作为宝贵的历史文化遗产，中华孝道必然会在新的历史条件下，在构建社会主义和谐社会、建设社会主义现代化国家的历史进程中发挥其独特的作用。

第十五章　河洛地区民间信仰探微

——以洛阳民俗博物馆新获老子木雕造像为例

洛阳民俗博物馆近年来陆续征集了上千件木雕人物造像，这批木雕造像大部分征集于山西省的南部地区（晋南），少数征集于河南西部地区（豫西），时代主要为明清两代，少数也有元代和民国时期的，属于典型的民间人物造像。① 通过这些来自晋南、豫西乡村民间的木雕造像，能够在一定程度上管窥河洛地区的民间信仰。② 笔者曾多次观瞻这些造像，发现其中有较多关于老子者。本章试对老子形象进行分析，通过老子形象的变化来考察河洛地区民间的老子信仰问题。

一、老子民间信仰的社会基础

老子信仰遍及全国各地，各地均有纪念老子的道观庙宇。民间有关老子的信仰，有着深刻的社会思想根基和广泛的群众基础。

---

① 梁淑群：《馆藏木雕人物造像综述》，载王支援等主编《洛阳民俗博物馆馆藏木雕造像》，中州古籍出版社 2013 年版，第 14 页。

② 关于河洛地区的范围，朱绍侯认为"以洛阳、巩义为中心，西抵潼关，东至开封，南达汝颍，北越黄河，直到太行山"，凡在河洛区域内古今人所创造的文化，统称之为河洛文化。薛瑞泽认为"以洛阳为中心，东至郑州、中牟一线，西抵潼关、华阴，南以汝河、颍河上游的伏牛山脉为界，北跨黄河以汾河以南的晋南，河南的济源、焦作、沁阳一线为界"。二者之说大同小异，后者更为精确。分别参见朱绍侯《河洛文化的性质及研究的意义》，《黄河科技大学学报》2008 年第 6 期；薛瑞泽等《河洛文化研究》，民族出版社 2007 年版，第 64 页。

（一）老子信仰与黄老之学有关

黄老之学始于战国盛于西汉，假托黄帝和老子的思想，实为道家和法家思想结合，并兼采阴阳、儒、墨等诸家观点而成。在社会政治领域，黄老之学强调"道生法"，主张"是非有分，以法断之，虚静谨听，以法为符"①，不仅回答了法律本身的合法性问题，而且为道家治国开辟了道路。黄老之学认为君主应"无为而治"，"省苛事，薄赋敛，毋夺民时"。汉初崇尚黄老之术，老子地位高于孔子，汉初的儒家学者受到黄老之学一定的影响。汉初儒家学者并不排斥老子，甚至将老子的学说融入自己的思想体系中。② 黄老之术在汉初产生了重要影响，有利于经济与社会的恢复，并出现了"文景之治"的盛世局面。东汉儒学大盛，但黄老仍受喜爱，到画像发达的东汉桓灵时期，老子的地位变得更高。③ 东汉时黄老之学与谶纬迷信相结合，演变为自然长生之道，对原始道教的形成产生了一定影响。

（二）老子信仰与道教有关

老子创立道家学派，并留下《道德经》五千文。老子既然是道家学派的创始人，道教在理论上紧紧依附道家，因此在利用道家的过程中也很自然地利用了老子，把他奉为本教教主和尊神。于是神话老子、奉习《老子》书，便成为早期道教产生的重要标志。④ 东汉时期道教兴起时，老子被奉为教主，接受道教徒的崇拜。老子由哲人走上神坛，走向基层民众，民间信众众多，老子的形象在魏晋时期发生了较大变化。老子变化说是东汉以来道教信徒为神话老子而编纂的一系列故事。道教信徒将《老子》表述的理想作为世界本源，将老子改造成有人格的至上神，并将有关老子的历史记载，如老子为周柱下史、老子西出函谷关、老子为关令尹喜授《道德经》等相牵连，使"大道"与"老君"复合为一体。再取史籍道典中的某些传说，无论其可

① 裘锡圭主编：《长沙马王堆汉墓简帛集成》（肆），中华书局 2014 年版，第 127、147 页。
② 金春峰：《汉代思想史》（修订增补第四版），中国社会科学出版社 2018 年版，第 42—65 页。
③ 邢义田：《画外之意：汉代孔子见老子画像研究》，生活·读书·新知三联书店 2020 年版。
④ 任继愈主编：《中国道教史》，上海人民出版社 1990 年版，第 14 页。

信与否，都附加于老子。[1] 老子被道教奉为教主，极大地扩展了作为道家思想家老子的影响范围，由社会上层而至基层的普通民众。

二、老子木雕造像的"佛教化"造型

洛阳民俗博物馆所获民间老子木雕像，虽年代久远，表面多有磨损，但大体可观老子形象呈现出明显的佛教化造型特征，具体表现如下。

（一）老子头戴五佛宝冠

几尊老子头戴五佛宝冠的造像（图 15–1），令人印象深刻。五佛宝冠，又称"五智宝冠"，象征五方如来和五种智慧的宝冠，宝冠中央有五化佛，用以表示五智圆满之德。老子被后世道教视为教主，但在民间信仰的世界里却戴上佛教之宝冠，到底蕴含着普通信仰者怎样的期待？

这当然要从佛教的中国化说起。佛教传入中国后，因其教义理念与中国传统伦理产生了激烈冲突，加之"沙门不敬王者"，寺院经济发达，严重影响了中国皇权的稳定，因此中国历史上曾出现了以"三武一宗"为代表的打击佛教事件。[2] 荷兰学者许理和研究了佛教在中国中古时期的传播与适应问题，并提出了在西方学术界影响深远的"佛教征服中国"的论点。[3] 当然，中国学界对此并不认同，如葛兆光认为，"从五至七世纪的思想史进程来看，似乎并不是佛教征服了中国，而是中国使佛教思想发生了转化"，"到了七世纪的中国，其实佛教已经相当融入中国思想世界，其思想也相当地汉化了"[4]。经过数百年的冲突融合，佛教最终屈服于中国皇权，改造教义，改造仪式，以适应皇权的需要，争取皇权的认可，从而实现了佛教的中国化，

---

① 任继愈主编：《中国道教史》，第 240 页。

② 所谓"三武一宗"，指中国历史上禁佛的四位君主，分别是北魏太武帝拓跋焘、北周武帝宇文邕、唐武宗李炎和后周世宗柴荣。"三武一宗"灭佛事件，加速了佛教的中国化，并使佛教最终屈服于皇权。

③ ［荷］许理和著：《佛教征服中国：佛教在中国中古时期的传播与适应》，李四龙等译，江苏人民出版社 2005 年版。

④ 葛兆光：《中国思想史》第一卷《七世纪前中国的知识、思想与信仰世界》，复旦大学出版社 2001 年版，第 450 页。

形成别具中国特色宗教派别，而禅宗是其中最有名的一支。由民间征集而来的老子木雕造像来看，道教教主老子头戴五佛宝冠，蕴含着道教与儒教由冲突走向融合。

图 15–1　老子像

（近代，高 28 厘米，宽 12 厘米，第 352 页）①

（二）老子呈现菩萨形象

洛阳民俗博物馆收藏的几尊老子木雕像，面部圆润，眉目清秀，可以看出老子呈现为美丽的女性形象，进一步说是菩萨形象（图 15–2、15–3）。老子由男性转变为清秀的女性形象，这里面也蕴含着很多的民众期待。

民间信仰中，神灵的性别变化反映了普通信众的心理需求。在宗教传播过程中，神灵性别由男性转变为女性，最有代表性的莫过于佛教中的观音菩萨。在印度佛教教义中，观音菩萨是男性，甚至留着胡子，但在中国流传

---

① 本章所用图片，均采自王支援等主编《洛阳民俗博物馆馆藏木雕造像》，中州古籍出版社 2013 年版。括号内页码，表示该图在该书中的页码。下同。

过程中却演变成美丽的女性形象。由观音菩萨从男性转变为女性，我们能够感受宗教信仰在各地传播的"本土化"问题。

在中国民间信仰体系中，老子由男性演变为美丽的女性形象，尤其是菩萨形象，能说明什么问题呢？佛教中的菩萨形象是非常具有慈悲心肠的，对民众充满了大爱，信众无论何时何地遭遇困境，她都会及时现身出手相救。那么，老子形象由男性变为女性，是不是普通民众希望老子能够随时帮助自己，关键时刻能够像观音菩萨那样拯救自己呢？此外，老子女性形象的转变，还与宋明理学兴起有关。①

当然，老子由男性演变为女性形象，反映了民间信仰的一般特点：不苛求准确，但要实用，能够满足一般民众的心理需求。中国民间对于各种神灵

图 15–2　老子像

（清代晚期，高 29.5 厘米，宽 11.6 厘米，第 366 页）

图 15–3　老子像

（民国，高 30.5 厘米，宽 11.5 厘米，第 362 页）

① 李利安：《观音信仰的渊源与传播》第十章"古代印度观音信仰的中国化及其基本特征"，宗教文化出版社 2008 年版。

的信仰，主要是出于实用的目的，对自己是否有用，能否为自己消灾、赐福。对于民间信仰，葛兆光先生认为，"在中国的信仰者这里，灵验是第一位的，并不分佛教、道教、天主教甚至其他民间宗教"①。因此，老子形象女性化，寄托了民间百姓深层次的实用心理需求。

（三）老子脚踩祥云或莲花

老子左脚踩着祥云，或者是莲花，无论哪种东西，都有着深刻的内涵（图 15-4）。祥云为中国古代吉祥图案，常见于服饰、玉佩、雕塑等，祥云代表有好的预兆，表示对未来的美好祝愿。史载老子骑青牛向西出关，关令

图 15-4　老子像

（清代早期，高 32.8 厘米，宽 13 厘米）

---

① 　葛兆光：《古代中国社会与文化十讲》，清华大学出版社 2002 年版，第 128 页。

尹喜看到"紫气东来",知道将有大人物出现。① 道教徒修行的最高境界是修道成仙,腾云驾雾,周游于宇宙空间,因此"脚踏祥云"成为修道成仙的重要标志。由老子木雕造像来看,老子左脚所踩或为祥云。

另外,老子左脚所踩也可能是莲花。莲华与佛教结下了亲密的因缘,成了佛国的象征与圣花。据佛经记载,佛教莲花分为五种,分别是"东方福智虚空藏,坐青莲花,乘银牛;南方能满虚空藏,坐赤莲花,乘金象;西方施顾虚空藏,坐白莲花,乘琉璃马;北方无垢虚空藏,坐紫莲花,乘狮子;中央解脱虚空藏,坐黄金莲花,乘水晶龟"。其中第一种莲花,即"东方福智虚空藏,坐青莲花,乘银牛"尤其值得注意,因为"东方""乘银牛"等术语,让人自然而然地联想到老子骑青牛出关之传说。在这里,老子骑青牛出关与佛教教义中有关莲花之记载,在中国民间信仰体系中渐渐融合,于是出现了老子骑青牛、踩莲花的形象。

(四) 老子左手拿着《道德经》或《化胡经》

所获老子木雕造像中,有几尊老子左手拿着厚厚的像砖头一样的东西。仔细辨认,应是承载老子思想的一部书(图15–1、15–2、15–3)。据上引《史记》老子出关记载,老子应关令尹喜之约,留下道德之言五千文,这就是后来所谓《道德经》。那么,木雕像中老子左手所持圣物,有可能是《道德经》,只有这样,才能进行合理的解释。民间信仰中诸神形象,往往没有上层知识人所信仰者那样考究,由于知识和经费所限,民间所雕刻造像不可能很精致,甚至比例失调,这是可以理解的。

老子左手所持圣物也有可能是传说中的《化胡经》。根据老子的佛教化造型,如头戴五佛宝冠,脚踩莲花,甚至是美丽的女菩萨形象,我们有理由相信,老子木雕像左手所持圣物,也有可能是传说中的《化胡经》。在汉魏南北朝时期,道教徒与佛教徒在辩论争高过程中,由于理论上的缺陷,往往受挫,于是道教徒便伪造了一部经典,名曰《老子化胡经》。《高僧传》卷一《晋长安帛远》载:"(帛远卒)后少时有一人,姓李名通,死而更苏云:'见祖法师在阎罗王处为王讲《首楞严经》……又见祭酒王浮,一云道士基公次,

---

① (汉) 司马迁:《史记》卷六三《老子列传》,第2141页。

被锁械，求祖忏悔。'昔（法）祖平素之日与浮每争邪正，浮屡屈。既瞋不自忍，乃作《老子化胡经》，以诬谤佛法。"① 此外，裴子野《高僧传》也有类似记载。由此可知，西晋惠帝时，天师道祭酒王浮每与沙门帛远争邪正，遂造作《化胡经》一卷，记述老子入天竺变化为佛陀，教胡人为佛教之事，"以诬谤佛法"。这说明，老子《化胡经》之事有多种文献记载，它真实地反映了佛道两教早期的冲突和斗争。

三、老子造像佛教化造型所反映的问题

作为道教学派创始人、道教教主的老子，在河洛地区民间信仰体系中，为何呈现出明显的佛教化特征呢？到底反映了什么问题？这确实是个值得探讨的问题。

（一）道教与佛教的斗争和融合

在佛道冲突的早期历史中，为应对佛教的挑战，道教徒大力宣扬老子"化胡说"。依照老子"化胡说"理论，佛教不过是老子西去"化胡"后所传的宗教。道教教徒以此理论反驳佛教徒，"这种外来的宗教不过是为了满足未开化民族的需要、甚至或是旨在消灭他们，不过是道教的一种淡化了的和堕落的形式。它并不适合输入中国，因为在中国一直完好无损地保存着老子的教义"②。

有关老子西出化胡之说，中国古代典籍有载。《后汉书》卷三〇下《襄楷传》载汉桓帝延熹九年（166），襄楷上书曰："又闻宫中立黄老、浮屠之祠。此道清虚，贵尚无为，好生恶杀，省欲去奢。今陛下嗜欲不去，杀罚过理，既乖其道，岂获其祚哉！或言老子入夷狄为浮屠。"唐李贤等注曰："老子西入夷狄，始为佛屠之化。"襄楷在上奏文书中，提及当时流传的老子入夷狄化为浮屠之事。《魏略·西戎传》："临儿国，浮屠经云其国王生浮屠。浮屠，太子也。……《浮屠》所载与中国《老子经》相出入，盖以为老子西

① （梁）释慧皎撰，汤用彤校注，汤一玄整理：《高僧传》，中华书局1992年版，第27页。

② ［荷］许理和著：《佛教征服中国：佛教在中国中古时期的传播与适应》，李四龙等译，第375页。

出关，过西域之天竺，教胡。浮屠属弟子别号，合有二十九，不能详载，故略之如此。"① 此外，还有很多道教经典有类似记载。汤用彤先生认为，《太平经》虽反对佛教，但抄袭其学说；佛教徒所尊奉者虽非老子，但有人将佛教与黄老道术相附会，二者逐渐接近，于是有人伪造老子化胡故事。② 老子化胡说，我们承认其虚伪和荒诞，但这件事情恰恰真实地反映了道教与佛教早期的斗争史。为了在与佛教争宠过程中取得优势地位，不惜编造伪说。不过，这是宗教自身传播和发展的需要，尤其是在中国传统社会里。

针对道教徒所提出的"化胡说"及《化胡经》，佛教徒进行了反驳。佛教徒提出了"三圣东行说"，即中国古代圣人不过是佛的化身或菩萨，以完成他们"救度众生"的使命。佛教徒进一步认为，老子、孔子和颜回（孔子最喜欢的弟子），实际上是佛教圣人。一些佛教经典进一步认为，老子就是佛的大弟子迦叶东行的化身。③ 佛教徒还特别强调，老子虽然是佛的弟子，是迦叶圣人的化身，但老子仍是俗人，不是神仙。

在征集到的这些晋南、豫西民间老子木雕造像身上，我们能够直观感觉到道教与佛教两者融合的情况，并由此向上追溯到佛教与道教早期的冲突和斗争。

（二）民间老子信仰的特殊性

士大夫信仰与民间信仰，更进一步说有关精英文化和民间文化，具有很大的差异性。对此，有学者提出了不少理论进行分析，其中"大传统"与"小传统"就是比较有名的一个理论。大传统与小传统是美国人类学家罗伯特·芮德菲尔德（Robert Redfield）提出的一种二元分析的框架，用来说明在复杂社会中存在的两个不同文化层次的传统。④ 大传统是指以城市为中心，社会中少数上层人士、知识分子所代表的文化；小传统是指在农村中多数农

① （晋）陈寿：《三国志》卷三〇《乌丸鲜卑东夷传》，第859—860页。
② 汤用彤：《汉魏两晋南北朝佛教史》，北京大学出版社2011年版，第35页。
③ [荷]许理和著：《佛教征服中国：佛教在中国中古时期的传播与适应》，李四龙等译，江苏人民出版社2003年版，第397页。
④ [美]罗伯特·芮德菲尔德著：《农民社会与文化》，王莹译，中国社会科学出版社2013年版。

民所代表的文化。葛兆光先生采纳了"大传统"与"小传统"的说法，并进一步指出，二者的区别也可以叫作"上层文化和下层文化，正统文化和民间文化，学者文化和通俗文化，科层文化和世俗文化"的差异。[①]

在民间基层信仰者那里，由于信众知识水平不高，很多人不曾读过高深的教义，因此道教与佛教更是浑融的。诸神可以互换，各宗教法器和服饰可以互融，形成了你中有我、我中有你的局面。葛兆光认为："在中国，所有宗教都在皇权的笼罩之下，不像西方宗教的神权那样，力量大到可以和世俗的皇权对抗。所以在中国，宗教之间的界限并不是很清楚，宗教之间的排他性也不是很强烈，从来没有发生过宗教性的战争。"[②] 因此，作为道教教主的老子，也被佛教拿来运用。作为道教教主的老子，头戴五佛宝冠，脚踩莲花（或祥云）这一形象，被中国民间广为接受，并接受顶礼膜拜。佛教与道教融合的思想，在中国民间并不是像知识界那样有意识地打通三教的信仰体系，而只是一种无意识的混杂和糅合。

结　语

老子信仰在中国很多地方均存在，但在河洛地区（尤其是晋南、豫西）民间的老子信仰别具特色。老子形象呈现出明显的"佛教化"特征，这一方面说明民间信仰中诸神的融合和变通；另一方面也反映了佛教与道教的冲突和斗争，最终通过老子形象的变化，佛道两教在基层民间实现了融合。传说中的老子西行"化胡说"及《化胡经》，在晋南、豫西民间信仰中，可得到某种程度的验证。

中国民间信仰中的各种宗教（包括道教与佛教）的融合、各种神灵的融合，反映了民间信仰的实用化倾向。

---

① 　葛兆光：《古代中国社会与文化十讲》，第 176 页。
② 　葛兆光：《古代中国社会与文化十讲》，第 128 页。

余论：河洛文化教育资源的整合与利用

河洛地区是中华文明的摇篮，在中华文明探源工程中地位特殊、责任重大。河洛文化既是狭义的中原文化，也是中华优秀传统文化的核心与精华。河洛文化对河洛地区民众具有潜移默化的滋润与教育功能，是河洛地区高校加强自身特色建设、实现内涵式发展的优秀传统教育资源。考察河洛文化及其对地方高校特色发展的内在关系，具有重要的学术意义和教育教学改革意义。

一、河洛文化教育资源的整合

河洛文化博大精深，其中既有积极因素，又有消极因素，既有精华，也有糟粕。进入新时代，对待以河洛文化为代表的地域文化，要采取科学分析的态度，找出其与社会主义核心价值观相适应的精华部分，将其纳入教育资源，"整合"二字正取其义焉！

（一）丝路文化资源

丝绸之路并不是一条单一的道路，而是指中国与世界其它地区之间贯穿古今的海上和陆上通商以及文化交流的通道，沿这些丝路所传播和衍生的文化则被称之为"丝路文化"。

其一，丝绸之路世界文化遗产。2014年6月在卡塔尔首都多哈举行的第38届世界遗产大会上，由中国、哈萨克斯坦和吉尔吉斯斯坦联合申报的"丝绸之路：起始段和天山廊道的路网"被成功列入世界文化遗产名录。在列入世界文化遗产名录的丝绸之路跨国系列申遗项目中，以洛阳为中心的河洛地区，作为连接东西文明道路上的重要组成部分，汉魏洛阳城遗址、隋唐洛阳城定鼎门遗址、新安汉函谷关遗址和陕县崤函古道石壕段遗址 4 项遗产成功入选，向全世界彰显了河洛地区在丝绸之路历史长河中不可替代的重要地位。汉魏洛阳城遗址与隋唐洛阳城定鼎门遗址，均成为丝绸之路世界文化遗产的一部分，都城文化与丝路文化叠加融合、交相辉映，凸显了洛阳丝绸之路文化的厚重与深远。新安函谷关遗址，位于洛阳—长安驿道上，也是丝绸之路的必经地，因地势险要、山高谷深、地险如函而得名。

其二，新出土丝绸之路文化资源。河洛地区近年来出土较多有关丝绸之路的遗迹，如洛阳新出土唐代粟特人墓葬①、穿梭于丝绸之路的骆驼足迹②、洛阳出土的东罗马金币③ 等，新出土文物不断丰富着河洛地区的丝绸之路文化资源。

（二）大运河文化资源

大运河文化，是一种社会现象，是大运河自开凿以来长期创造形成的产物；又是一种历史现象，是运河流域社会历史的积淀物。伴随着大运河的开通，漕运变得活跃，各地征收的税粮源源不断地输送到中央所在地。为了储存各地缴纳的税粮，隋朝沿着漕运河道修建了很多大型粮仓。洛阳作为东都，人口密集，粮食需求量大，加上它在国家政治、交通、经济、军事中的特殊地位，需要储备大量的粮食。洛阳是隋唐大运河的中心，沿着水路运输通道，在河洛地区设立了一批国家粮仓，成为国家粮仓的密集地。④

河洛地区的大运河文化包括七个遗产点，分别是洛阳回洛仓遗址和含嘉仓遗址、通济渠郑州段、通济渠商丘南关段、通济渠商丘夏邑段、永济渠滑县—浚县段、浚县黎阳仓遗址。这些遗产点有皇家粮仓、河道、码头、桥梁等遗产类型，具有较高的历史与文物价值。回洛仓遗址、含嘉仓遗址和黎阳仓遗址是三座大型皇家粮仓遗址，规模宏大，排列整齐，印证了隋唐大运

---

① 李乔：《唐代洛阳粟特人与中西方文化交流》，《地域文化研究》2018 年第 2 期。

② 央视新闻联播：《我国首次在唐代丝绸之路洛阳段发现驼队足迹》，http://news.cctv.com/xwlb/20071030/107795.shtml。

③ 杨共乐：《洛阳出土东罗马金币铭文考析》，《中国历史文物》2008 年第 6 期。

④ 郭绍林：《洛阳隋唐五代史》，社会科学文献出版社 2019 年版，第 35—39 页。

河沟通南北、保障经济命脉畅通的重要功能。

为展示隋唐大运河文化，洛阳建立了大运河博物馆。洛阳大运河博物馆通过图片、实物、模型、视频等形式，向世人集中展示了隋唐大运河自然特性与人文精华，讴歌了中国人民的伟大创造，诠释了隋唐大运河的深远历史影响。

（三）都城文化资源

中国古都形成要具备多方面条件，自然环境、经济因素、军事因素和社会基础是影响中国古代都城形成的必要因素。[①] 洛阳周边地势险要，西靠秦岭，东临嵩岳，北依王屋山—太行山，又据黄河之险，南望伏牛山，具备成为都城的自然环境和军事因素。洛阳位居天下之中，交通便利，具备成为都城的经济和社会因素。在洛河沿岸、东西不足 100 公里的范围内，分布着二里头夏都遗址、偃师商城遗址、东周王城遗址、汉魏故城遗址、隋唐洛阳城遗址等五大都城遗址，被誉为五都荟洛。历史上如此密集的都城遗址，联系如此密切、时间跨度又如此之大，这在世界范围内都极为罕见。上千年的建都历史，促使洛阳形成了具有极大影响的都城文化。

（四）客家文化资源

历史上由于各种原因，中原人口大量向四方迁徙，甚至远至海外，形成了著名的客家人。随着河洛先民陆续迁移至中国南方和世界各地，河洛子孙及其后裔逐渐繁衍四海，遍布全球。河洛文化也对当地文化产生影响，远播海外。客家文化与河洛文化一脉相承，客家文化根在河洛。[②]

河洛地区保存有丰富的客家文化资源，如河洛姓氏文化，河洛移民文化，客家方言、习俗、信仰、建筑物等。海内外客家人血缘同宗，文化同源，问祖寻根，根在河洛。整合河洛地区客家文化资源，打出"客家祖源地"旗帜，激发海内外客家人的乡土情怀和家国意识，对于"一带一路"建设具有重要意义。

---

① 史念海：《中国古都和文化》，《史念海全集》（第一卷），人民出版社 2013 年版，第 633—654 页。

② 安国楼：《河洛文化与客家文化》，《中州学刊》2007 年第 3 期。

（五）非物质文化遗产资源

非物质文化遗产是人类的生命记忆，是人类创造力的精神源泉。近年来国家加大对非物质文化遗产保护力度，制定国家、省、市、县四级保护体系，贯彻"保护为主、抢救第一、合理利用、传承发展"的工作方针。[①] 河洛地区孕育了丰富的非物质文化资源，可谓非物质文化遗产的宝库。仅国家级文化名录就包括河图洛书传说、河洛大鼓、唐三彩烧制技艺、洛阳水席制作技艺、关公信俗、洛阳牡丹花会、洛阳宫灯和平乐郭氏正骨等，每一项都与中国历史文化相关。河图洛书传说是诞生于洛阳地区的关于"河出图""洛出书"等相关故事的民间传说体系，涉及伏羲制作八卦和大禹治水等，历来被认为是河洛文化的滥觞和中华文明的源头。关公信俗，涉及关公民间信仰与拜祭风俗。洛阳关林朝圣大典，已成为沟通海峡两岸、联结海内外华人的重要仪式。

洛阳地方戏也是重要的非物质文化遗产。在河南省境内形成了以豫剧为主的六十余个地方戏曲种类，这其中就包括以洛阳为中心的豫西调。保护和利用好洛阳地方戏文化资源，不仅对于开发洛阳的历史文化资源、擦亮洛阳的城市名片具有重要的推动作用，而且对于洛阳市今天的社会经济发展和"国际文化旅游名城"战略的实施均具有重要的现实意义。[②] 戏曲作为一种综合性很强的艺术样式，涉及了文学、服饰、历史、音乐等内容，所以对洛阳地方戏的调查有助于深化河洛文化的研究。如作为一种颇具特色的地方戏，靠山黄曾广泛流行于以洛阳为中心的豫西地区，考查其起源有助于探究豫剧的起源问题。靠山黄是豫剧豫西调形成的基础，甚至可以说它本身就是豫西调的前身。靠山黄的形成和发展有其浓厚的地域特色为支撑，因而其产生至消亡的过程可以体现地域文化的个别现象。[③]

---

① 《国务院关于加强文化遗产保护的通知》（2005-12-22），http://www.gov.cn/gongbao/content/2006/content_185117.htm。

② 胡玉华、王东洋：《探索中国非物质文化遗产的传承之路——以洛阳地方戏"曲剧"个案调查为例》，《重庆科技学院学报》2013 年第 4 期。

③ 王东洋、杨哲兴：《洛阳地方戏考略——以靠山黄为例》，收入洛阳市社会科学界联合会主编：《河洛文化与华夏历史文明传承创新区建设研究》，白山出版社 2013 年版，第337—347 页。

（六）墓葬文化资源

洛阳为我国著名古都，地下埋葬着众多王侯将相、历史名人、西域胡商以及丝路沿线的使者与学问僧，构成丰富的墓葬文化资源。以洛阳为中心，在周围形成了庞大的古代墓葬群，尤其是邙山古墓群最为壮观。依靠丰富的墓葬文化资源，洛阳建有世界上独一无二的古墓博物馆。洛阳古墓博物馆又称古代艺术博物馆，精选从西汉至北宋的几十座典型墓葬，还原墓葬的画像与壁画，展示丧葬礼俗的文物和资料，成为研究古代社会生活史的重要资料。

此外，周王陵、东汉皇陵、曹魏皇陵、西晋皇陵、北魏皇陵、烧沟汉墓、西周贵族墓群、东汉刑徒墓、狄仁杰墓、杜甫墓、白居易墓、二程墓，以及近年来不断出土的西域胡商墓葬等，都具有较高历史文化价值。

（七）博物馆文化资源

洛阳官办博物馆众多，民营博物馆更是如雨后春笋，遍地开花。[①] 依靠丰富的历史文化资源，洛阳正式启动"博物馆之都"建设，一座座博物馆代表不同时期的文化印记，蕴藏着厚重的河洛文明。既有代表丝绸之路东方起点的隋唐洛阳城定鼎门遗址博物馆，又有展示万里茶道遗迹的关林、隋唐大运河博物馆（山陕会馆）、洛阳民俗博物馆（潞泽会馆），还有华人寻根问祖之地周公庙博物馆、洛阳老子纪念馆等。

（八）古代文学资源

洛阳长期为中国古代都城，也是文化中心，"它以首都主轴心或陪都副轴心的文化功能，显示出超强的文学内聚力"[②]。洛阳是历代文人骚客集居之地，河洛大地的沧桑与厚重为他们提供了丰富的营养。《尚书》多篇诞生于洛阳，《诗经》汇集了河洛地区最早的诗篇。汉赋有多篇描绘都城洛阳，历史上曾有汉魏文章半洛阳的佳话，《洛神赋》更是传唱千古。全唐诗五万余首，其中与洛阳有关的就有五千余首。与洛阳有关的众多文学名家名作是洛阳宝贵的文化资源。

---

① 刘楠、王东洋：《探索中国民营博物馆的可持续发展之路》，《魅力中国》2014 年 7 月。
② 刘保亮：《洛阳王都与河洛文学》，《洛阳师范学院学报》2012 年第 6 期。

（九）宗教文化资源

洛阳是三教祖庭，儒教起源于洛阳，道教创始于洛阳，佛教首传于洛阳，理学光大于洛阳。儒、道、释三教的汇聚大大提高了洛阳作为中国宗教圣地的作用和优势。河洛大地宗教文化资源众多，如龙门石窟、白马寺、香山寺、灵山寺、龙马负图寺、偃师水泉石窟、伊川石佛寺古窟、关林庙、上清宫、吕祖庵、洞真观等。当然，对于这些宗教文化资源，需要进行整合，使之与今日社会主义核心价值观相适应，然后纳入教育资源。

总之，梳理各类河洛文化资源，探寻其源头，探索其流变，将之整合成河洛文化教育资源，使之成为河洛地区高校开展爱国主义教育、家国情怀教育、人生励志教育的重要阵地，是对河洛文化的最好传承方式。

二、河洛文化教育资源的综合利用

在整合各类河洛文化教育资源的基础上，相关机构应当综合利用河洛文化的有益资源进行教育教学实践：既包括培养方案的修订，又包括具体课程的增设；既包括理论教学改革，又包括实践教学创新；既涉及本科生，又涉及留学生。

（一）河洛文化进校园

让河洛文化走进校园，让师生在校园随处可以看到、听到、感受到河洛文化的存在。其一，在校园显著位置铸造有关河洛文化符号的大型雕塑或塑像，美化校园环境，增强人文氛围。精选最能代表河洛文化的符号或故事，比如"河图洛书""根在河洛""问鼎中原""老子入周问礼""洛阳太学""洛神赋""洛阳纸贵""二程"等，配以文字，图文并茂，增强感染力。其二，采用河洛文化名人和隋唐洛阳城里坊区名称，对教学楼、宿舍楼及校内道路进行命名，让河洛文化浸润师生心田。精选隋唐洛阳城里坊区名称，如进德、修义、毓德、兴艺、思恭、景行、怀仁、集贤、嘉善、宣范等，这些名称既弘扬中华传统美德，又与社会主义核心价值观相适应，古今辉映，相得益彰。其三，创办河洛文化博物馆。洛阳地上文物新罗棋布、地下文物层出不穷，创办高校博物馆具备得天独厚的条件。河洛地区高校要设置自己的河洛文化博物馆，收集与展览有关河洛文化的文书、石刻、墓志等文物，既是学生课余见习、课外实习的基地，也是宣传河洛文化的亮丽名片。其四，开展关于河洛文化的系列讲座，让高雅的河洛文化走进大学校园。其五，高校与洛阳市合办河洛文化相关活动，如河洛文化艺术节、中国洛阳牡丹文化节、河洛地区非物质文化遗产展示、河洛汉服展示等。

（二）河洛文化进课堂

河洛地区高校要充分利用优秀河洛文化资源，调整人才培养方案，增设河洛文化类课程，让河洛文化走进课堂。其一，全校公选课增开河洛文化类课程，让各专业同学有机会领略河洛文化。洛阳师范学院从 2001 年开始，利用周末面向全校学生开设河洛文化公共选修课，取得一定效果。[①] 其二，河洛文化类在线开放课程建设。在国家"双万"计划引导下，洛阳高校逐步意识到特色发展的重要性，更加重视河洛文化的教学与传播，目前已立项有关河洛文化教学的在线开放课程建设多门。其三，人文学科专业（历史学、考古学、汉语言文学、艺术学等），增设河洛文化专业课必修课和选修课，做到专业性与通识性的统一。

（三）河洛文化进教材

为深入推进河洛文化的教学与研究，教材编写是重要途径。整合全校师资，凝练办学特色，由教务处组织编写河洛文化系列教材，供全校师生选用。编写教材的目的是师生使用，拉近河洛文化与理论教学的关系，发挥乡土教材的积极意义，"乡土教材无不折射出国家意识与地域文化的统一性"[②]。以编写教材为契机，进一步深化河洛文化的教学与研究，以教学为基础，以科研反哺教学，实现教学与科研的良性互动。

（四）河洛文化走进实践教学

除理论教学外，实践教学也是不可或缺的重要一环。古都洛阳，地上古迹星罗棋布，地下文物层出不穷，洛阳高校具有开展历史学、考古学、艺

---

① 申晓辉：《地方高校弘扬地方传统文化研究——以河南三所地方高校为例》，华中师范大学博士学位论文，2013 年，第 55—56 页。

② 班红娟：《国家意识建构与地域文化传承——河南乡土教材的文化意义阐释》，《河南大学学报》2011 年第 4 期。

术学等专业实践教学得天独厚的地域优势。其一，增设河洛文化类实践教学课程。指导教师带领学生深入考古现场，深入河洛文化古迹，让学生亲自感受河洛大地的厚重和河洛文化的韵味。其二，优选河洛文化实习基地。如二里头夏都博物馆、大运河博物馆、龙门石窟、关林、汉代函谷关遗址、千唐志斋、定鼎门博物馆以及非物质文化遗产实习基地。河图洛书、大汉雄关、千里运河、万里丝路，这些极具河洛文化特色的文物古迹，可以成为师生课外学习、开展创新创业教育的第二课堂。

（五）河洛文化走进留学生教育

地域文化对留学生教育有重要影响，各高校应尽量发掘地域文化中的积极因素，丰富留学生理论与实践学习内容，增强培养效果。中国多所高校尝试在留学生教育中增设地域文化内容，效果良好。[①] 历史上由于洛阳的政治、经济和文化中心地位，来洛阳求学的外国留学生、学问僧众多。进入新时代，洛阳高校主动服务国家战略，因势利导，融合创新，大力发展来华留学生教育。如何"讲好中国故事，共塑中国形象"，如何给留学生一个正确的"中国观"，这是我们应该认真思考的重大问题。其一，开展河洛文化采风之旅。河洛大地上的文物古迹和风俗人情，成为开展留学生教育的重要资源。采取集中与分散相结合的方式，指导教师带领留学生走进河洛文化实践基地，深入河洛文化之家，品味河洛文化，感受魅力中国。其二，组织编写留学生"感知中国·河洛文化"系列教材。洛阳高校留学生多来自"一带一路"沿线国家，这些关于河洛文化的教材，生动活泼，较能拉近留学生与中国的心理距离。其三，筹办中国节日系列活动。如二里头夏都博物馆举办留学生"博物馆里过大年"活动，邀请外国留学生深入博物馆，在博物馆里过中国春节，品味河洛风俗民情。

总之，在整合各类河洛文化教育资源的基础上，结合现代教学改革实践，综合利用河洛文化的有益资源，让河洛文化进校园、进课堂、进教材，走进实践教学、走进留学生教育，使河洛文化潜移默化、浸润滋养地方高校

---

① 刘程、刘梅：《来华留学生课堂教学中的中国文化教育研究综述》，《云南师范大学学报》2020年第1期。

特色学科建设。

结　语

在新时代，我们应整合河洛文化各类教育资源，探寻其源头，探索其流变，使之成为河洛地区高校开展爱国主义教育、家国情怀教育、人生励志教育的重要阵地。综合利用河洛文化教育资源，开展教育教学综合改革，让河洛文化进校园、进课堂、进教材，同时走进实践教学、走进留学生教育。

同时，我们应发挥以河洛文化为代表的中国地域文化在地方高校特色学科建设、突出内涵发展中所起到的长期浸润与滋养作用。地方高校应充分整合和利用地域文化中的有益教育资源，将之纳入学校可持续发展、特色发展、内涵式发展的战略规划，充分发挥地域文化的独特魅力，做到地域文化与地方高校融合发展。

参 考 文 献

一、基本史料

1.（汉）司马迁：《史记》，中华书局 1982 年版。

2.（汉）刘向集录，范祥雍笺证：《战国策笺证》，上海古籍出版社 2011 年版。

3.（汉）应劭撰，王利器校注：《风俗通义校注》，中华书局 1981 年版。

4.（汉）马融著，冯慧娟译：《忠经》，吉林出版集团 2016 年版。

5.（晋）陈寿：《三国志》，中华书局 1982 年版。

6.（晋）常璩：《华阳国志》，巴蜀书社 1984 年版。

7.（南朝宋）范晔：《后汉书》，中华书局 2000 年版。

8.（北魏）郦道元著，陈桥驿校证：《水经注校证》，中华书局 2007 年版。

9.（北魏）杨炫之著，范祥雍校注：《洛阳伽蓝记校注》，上海古籍出版社 1978 年版。

10.（北齐）魏收：《魏书》，中华书局 1997 年版。

11.（南朝梁）萧子显：《南齐书》，中华书局 1996 年版。

12.（南朝梁）沈约：《宋书》，中华书局 1974 年版。

13.（南朝梁）萧统编，（唐）李贤注：《文选》，中华书局 1977 年版。

14.（南朝梁）释慧皎撰，汤用彤校注，汤一玄整理：《高僧传》，中华书局 1992 年版。

15.（唐）封演撰，赵贞信校注：《封氏闻见记校注》，中华书局 2005 年版。

16.（唐）魏徵等：《隋书》，中华书局 1973 年版。

17.（唐）释道宣：《广弘明集》，景印文渊阁《四库全书》（第 1048 册），台北商务印书馆 1985 年版。

18.（唐）房玄龄等：《晋书》，中华书局 1974 年版。

19.（唐）李延寿：《北史》，中华书局 1974 年版。

20.（唐）李百药：《北齐书》，中华书局 1972 年版。

21.（唐）令狐德棻等：《周书》，中华书局 1970 年版。

22.（唐）封演撰，赵贞信校注：《封氏闻见记校注》，中华书局 2005 年版。

23.（唐）郑玄注，孔颖达正义：《礼记正义》，中华书局 2009 年版。

24.（唐）孔颖达疏：《尚书正义》，中华书局 2009 年版。

25.（唐）徐彦疏：《春秋公羊传注疏》，中华书局 2009 年版。

26.（唐）徐坚等：《初学记》，中华书局 2004 年版。

27.（唐）李林甫等撰，陈仲夫点校：《唐六典》，中华书局 1992 年版。

28.（唐）长孙无忌等撰，岳纯之点校：《唐律疏议》，上海古籍出版社 2013 年版。

29.（后晋）刘昫等：《旧唐书》，中华书局 1975 年版。

30.（宋）洪适：《隶释》，中华书局 2003 年版。

31.（宋）李昉等：《太平御览》，中华书局 1960 年版。

32.（宋）董逌：《广川书跋》，台北商务印书馆 1985 年版。

33.（宋）司马光：《资治通鉴》，中华书局 1982 年版。

34.（宋）欧阳修等：《新唐书》，中华书局 1975 年版。

35.（宋）杜大珪编：《名臣碑传琬琰之集》，景印文渊阁《四库全书》（第 450 册），台北商务印书馆 1985 年版。

36.（宋）范纯仁：《范忠宣集》，景印文渊阁《四库全书》（第 1104 册），台北商务印书馆 1985 年版。

37.（宋）李焘：《续资治通鉴长编》，中华书局 2004 年版。

38.（宋）苏轼撰，孔凡礼点校：《苏轼文集》，中华书局 1986 年版。

39.（宋）赵汝愚编：《宋名臣奏议》，景印文渊阁《四库全书》（第 432 册），台北商务印书馆 1986 年版。

40.（宋）吕祖谦编：《宋文鉴》，景印文渊阁《四库全书》（第 1350 册），台北商务印书馆 1986 年版。

41.（宋）范仲淹：《范文正集》，景印文渊阁《四库全书》（第 1089 册），台北商务印书馆 1986 年版。

42.（宋）董煟：《救荒活民书》，中国书店 2018 年影印，台北商务印书馆 1986

年版。

43.（宋）洪迈：《容斋随笔》，上海古籍出版社 1996 年版。

44.（元）脱脱等：《宋史》，中华书局 1985 年版。

45.（明）梅鼎祚编：《古乐苑》，景印文渊阁《四库全书》（第 1395 册），台北商务印书馆 1986 年版。

46.（清）顾炎武：《石经考》，景印文渊阁《四库全书》（第 683 册），台北商务印书馆 1985 年版。

47.（清）万斯同：《石经考》，景印文渊阁《四库全书》（第 683 册），台北商务印书馆 1985 年版。

48.（清）杭世骏：《石经考异》，景印文渊阁《四库全书》（第 684 册），台北商务印书馆 1985 年版。

49.（清）孙星衍：《魏三体石经残字考》，载《丛书集成初编》第 131 册。

50.（清）姚振宗：《隋书经籍志考证》，载《二十五史补编》，中华书局 1955 年版。

51.（清）钱大昕：《十驾斋养新余录》，上海书店出版社 1983 年版。

52.（清）钱大昕：《廿二史考异》，上海古籍出版社 2004 年版。

53.（清）皮锡瑞：《经学历史》，中华书局 2004 年版。

54.（清）王昶：《金石萃编》，中国书店出版社 1985 年版。

55.（清）叶芳蔼等：《御定孝经衍义》，景印文渊阁《四库全书》（第 718 册），台北商务印书馆 1986 年版。

56.（清）陈立撰，吴则虞点校：《白虎通疏证》，中华书局 1994 年版。

57.（清）赵翼著，王树民校证：《廿二史札记》，中华书局 1984 年版。

二、今人论著（按作者姓氏拼音顺序排列）

1.白钢主编：《中国政治制度史》，天津人民出版社 2002 年版。

2.陈连庆：《中国古代少数民族姓氏研究——秦汉魏晋南北朝少数民族姓氏研究》，吉林文史出版社 2000 年版。

3.陈寅恪：《隋唐制度渊源略论稿》，生活·读书·新知三联书店 2001 年版。

4.陈寅恪：《金明馆丛稿初编》，生活·读书·新知三联书店 2001 年版。

5.程维荣：《拓跋宏评传》，南京大学出版社 1998 年版。

6. 程树德：《论语集释》，中华书局 2014 年版。

7. 段鹏琦：《汉魏洛阳故城》，文物出版社 2009 年版。

8. 葛兆光：《中国思想史》，复旦大学出版社 2001 年版。

9. 葛兆光：《古代中国社会与文化十讲》，清华大学出版社 2002 年版。

10. 顾颉刚：《秦汉的方士与儒生》，上海世纪出版集团 2005 年版。

11. 胡平生：《孝经译注》，中华书局 2009 年版。

12. 金邦一：《浙江千年版望族：富弼与富氏家族》，团结出版社 2017 年版。

13. 金春峰：《汉代思想史》（修订增补第四版），中国社会科学出版社 2018 年版。

14. 姜师立编著：《中国大运河文化》，中国建材工业出版社 2019 年版。

15. 李利安：《观音信仰的渊源与传播》，宗教文化出版社 2008 年版。

16. 李凭：《北朝研究存稿》，商务印书馆 2006 年版。

17. 刘承幹：《希古楼金石萃编》，载国家图书馆善本金石组编《先秦秦汉魏晋南北朝石刻文献全编》（一），北京图书馆出版社 2003 年版。

18. 刘浦江：《德运之争与辽金王朝的正统性问题》，载《正统与华夷：中国传统政治文化研究》，中华书局 2017 年版。

19. 刘汝霖：《汉晋学术编年》，华东师范大学出版社 2010 年版。

20. 刘汝霖：《东晋南北朝学术编年》，华东师范大学出版社 2010 年版。

21. 刘森林：《大运河：环境　人居　历史》，上海大学出版社 2015 年版。

22. 洛阳市第二文物工作队编：《富弼家族墓地》，中州古籍出版社 2009 年版。

23. 洛阳市第二文物工作队编：《富弼家族墓志研究论文集》，中州古籍出版社 2011 年版。

24. 逯耀东：《从平城到洛阳：拓跋魏文化转变的历程》，中华书局 2006 年版。

25. 卢弼：《三国志集解》，上海古籍出版社 2009 年版。

26. 马衡：《汉石经集存》，科学出版社 1957 年版。

27. 马衡：《凡将斋金石丛稿》，中华书局 1977 年版。

28. 裘锡圭主编：《长沙马王堆汉墓简帛集成》，中华书局 2014 年版。

29. 瞿同祖：《中国法律与中国社会》，中华书局 2003 年版。

30. 任继愈主编：《中国道教史》，上海人民出版社 1990 年版。

31. 史念海：《中国的运河》，人民出版社 2013 年版。

32. 单霁翔：《大运河文化遗产保护文集》，天津大学出版社 2013 年版。

33. 孙海波：《魏三字石经集录》，北平大业印书局 1937 年版。

34. 谭其骧主编：《中国历史地图集》第四册，中国地图出版社 1982 年版。

35. 唐长孺：《魏晋南北朝史论拾遗》，中华书局 2011 年版。

36. 唐长孺：《九品中正制度试释》，生活·读书·新知三联书店 1955 年版。

37. 汤用彤：《汉魏两晋南北朝佛教史》，北京大学出版社 2011 年版。

38. 田余庆：《拓跋史探》，生活·读书·新知三联书店 2003 年版。

39. 王国维：《王国维全集》，浙江教育出版社、广东教育出版社 2009 年版。

40. 王国维：《王国维学术随笔》，社会科学文献出版社 2000 年版。

41. 万绳楠整理：《陈寅恪魏晋南北朝史讲演录》，贵州人民出版社 2007 年版。

42. 王东洋：《魏晋南北朝考课制度研究》，社会科学文献出版社 2009 年版。

43. 王支援等主编：《洛阳民俗博物馆馆藏木雕造像》，中州古籍出版社 2013 年版。

44. 魏峰：《宋代迁徙官僚家族研究》，上海古籍出版社 2009 年版。

45. 吴宝炜辑：《魏三体石经录》，1923 年石印本。

46. 肖黎：《北魏改革家——孝文帝评传》，山西人民出版社 1987 年版。

47. 邢义田：《画外之意：汉代孔子见老子画像研究》，生活·读书·新知三联书店 2020 年版。

48. 薛瑞泽等：《河洛文化研究》，民族出版社 2007 年版。

49. 徐元诰：《国语集解》，中华书局 2002 年版。

50. 许友根：《武举制度史略》，苏州大学出版社 1997 年版。

51. 阎步克编著：《波峰与波谷：秦汉魏晋南北朝的政治文明》（第二版），北京大学出版社 2017 年版。

52. 阎步克：《察举制度变迁史稿》，北京师范大学出版社 2021 年版。

53. 严耕望：《唐代交通图考》（第一卷），上海人民出版社 2007 年版。

54. 杨伯峻编著：《春秋左传注》，中华书局 2009 年版。

55. 姚薇元：《北朝胡姓考》，中华书局 2007 年版。

56. 余嘉锡：《余嘉锡文史论集》，岳麓书社 1997 年版。

57. 张秉政编著：《运河·中国：隋唐大运河历史文化考察》，北京时代华文书局

2019 年版。

58. 张国淦：《历代石经考》，燕京大学国学研究所 1930 年版。

59. 张晓东：《汉唐漕运与军事》，上海世纪出版集团 2010 年版。

60. 张旭华：《九品中正制略论稿》，中州古籍出版社 2004 年版。

61. 周建江：《太和十五年》，广东人民出版社 2001 年版。

62. 周征松：《魏晋隋唐间的河东裴氏》，山西教育出版社 2000 年版。

63. 朱大渭、童超：《北魏孝文帝改革》，载《中国史研究》编辑部编《中国古代改革家》，中国社会科学出版社 1987 年版。

64. 朱偰编著：《大运河的变迁》，江苏人民出版社 2017 年版。

65. 朱志玲主编：《富弼及其祖裔》（未刊稿），浙江省文成县文物管理委员会办公室，1991 年。

66. 贾贵荣辑：《历代石经研究资料辑刊》（全八册），北京图书馆出版社 2005 年版。

67. ［荷］许理和著：《佛教征服中国：佛教在中国中古时期的传播与适应》，李四龙等译，江苏人民出版社 2003 年版。

68. ［美］罗伯特·芮德菲尔德著：《农民社会与文化》，王莹译，中国社会科学出版社 2013 年版。

69. ［日］谷川道雄：《隋唐帝国形成史论》，李济沧译，上海古籍出版社 2011 年版。

70. ［日］西嶋定生著：《中国古代帝国的形成与结构——二十等爵制研究》，武尚清译，中华书局 2004 年版。

三、相关论文（按作者姓氏拼音顺序排列）

1. 包伟民：《科举取士与家族兴衰——宋代富弼家族的例证》，载洛阳市第二文物工作队编《富弼家族墓志研究论文集》，中州古籍出版社 2011 年版。

2. 曹清华：《富弼年版谱》，四川大学 2002 年硕士学位论文。

3. 陈汉玉：《也谈北魏孝文帝的改革》，《中国史研究》1982 年第 4 期。

4. 戴雨林：《北魏孝文帝迁都洛阳问题研究综述》，《洛阳大学学报》2005 年第 1 期。

5. 单纯：《论中国人的“天下民族主义”》，《世界民族》2001 年第 2 期。

6. 邓小南:《西汉官吏考课制度初探》,《北京大学学报》(哲学社会科学版)1987 年第 2 期。

7. 董省非:《北魏统治中原的几个问题》,《浙江学刊》1986 年第 1 期。

8. 范邦瑾:《〈晋石经〉探疑》,《史林》1988 年第 4 期。

9. 高恒:《汉代上计制度论考》,《东南文化》1999 年第 1 期。

10. 高敏:《尹湾汉简〈考绩簿〉所载给我们的启示》,《郑州大学学报》(哲学社会科学版)1998 年第 3 期。

11. 顾廷龙:《大晋龙兴皇帝三临辟雍皇太子又再莅之盛德隆熙之颂跋》,《燕京学报》1931 年第 10 期。

12. 郭文佳:《董煟〈救荒活民书〉的价值与历史地位评议》,《商丘师范学院学报》2005 年第 4 期。

13. 韩昇:《南北朝隋唐士族向城市的迁徙与社会变迁》,《历史研究》2003 年 4 期。

14. 何德章:《魏晋南北朝时期南北水路交通的拓展》,《武汉大学学报》(哲学社会科学版)2004 年第 2 期。

15. 黄洁:《〈熹平石经〉与汉末的政治、文化规范》,《中国文化研究》2005 年秋之卷。

16. 黄清连:《唐代的文官考课制度》,《"中央研究院"历史语言研究所集刊》第 55 本,1984 年。

17. 黄盛璋:《曹操主持开凿的运河及其贡献》,《历史研究》1982 年第 6 期。

18. 蒋福亚:《孝文帝迁都得失议》,《民族研究》1983 年第 3 期。

19. 劳幹:《汉代察举制度考》,《"中央研究院"历史语言研究所集刊》第 17 本,1948 年。

20. 力高才、高平:《论孝文帝迁都洛阳之失误》,《晋阳学刊》1989 年第 6 期。

21. 李凭:《南朝北朝与南北朝——兼论中国古代史学科术语的时空界定问题》,载《北朝论稿》,北京师范大学出版社 2018 年版。

22. 李文才:《略论西魏北周时期的赐、复胡姓》,《民族研究》2001 年第 3 期。

23. 梁淑群:《馆藏木雕人物造像综述》,载王支援等主编《洛阳民俗博物馆馆藏木雕造像》,中州古籍出版社 2013 年版。

24. 刘安国：《西安市出土的"正始三体石经"残石》，《人文杂志》1957 年第 3 期。

25. 刘跃进：《班彪与两汉之际的河西文化》，《齐鲁学刊》2003 年第 1 期。

26. 马帮城：《略论北魏孝文帝的迁都改制》，《浙江学刊》1993 年第 6 期。

27. 马玉臣：《富直柔论略——兼论宋代河南富氏家族的骤兴忽败》，载洛阳市第二文物工作队编《富弼家族墓志研究论文集》，中州古籍出版社 2011 年版。

28. 尚志迈：《也谈魏孝文帝拓跋宏的迁都》，《张家口师专学报》1994 年第 3 期。

29. 史苏苑：《北魏孝文帝迁都洛阳评议》，《郑州大学学报》（哲学社会科学版）1986 年第 6 期。

30. 寿涌：《略析王安石有关〈洪范传〉的文章系年——以〈续资治通鉴长编〉为据》，《开封大学学报》2007 年第 3 期。

31. 宋廷位：《儒家太学石经对书籍发展的影响》，《中国编辑》2016 年第 4 期。

32. 王传林：《儒家"石经"之史考论》，《孔子研究》2015 年第 5 期。

33. 王东洋：《魏晋南北朝时期民众对地方官的评价及其影响》，《历史教学问题》2007 年第 1 期。

34. 王东洋：《富弼政治思想探讨》《富弼外交思想探讨》，载洛阳市第二文物工作队编《富弼家族墓地》，中州古籍出版社 2009 年版。

35. 王东洋：《北魏孝文帝迁都洛阳原因补论》，《河南科技大学学报》（社会科学版）2010 年第 3 期。

36. 王东洋：《汉魏石经杂考》，《河南科技大学学报》（社会科学版）2017 年第 1 期。

37. 王东洋：《"夷狄不足为君论"：两晋时期"夷夏"君臣观的政治宣扬及其影响》，《中州学刊》2021 年第 1 期。

38. 王继祥：《汉熹平石经的镌刻及其意义》，《图书馆学研究》1991 年第 2 期。

39. 王建舜：《平城弃守与北魏灭亡——读〈太和十五年：北魏政治文化变革研究〉》，《雁北师范学院学报》2003 年第 4 期。

40. 王利华：《魏晋南北朝时期华北内河航运与军事活动的关系》，《社会科学战线》2008 年第 9 期。

41. 王鑫义：《东晋南北朝时期的淮河流域漕运》，《安徽史学》1999 年第 1 期。

42. 王永平：《入晋之蜀汉人士命运的浮沉》，《史学月刊》2003 年第 2 期。

43. 王育民：《南北大运河始于曹魏论》，《上海师范大学学报》（哲学社会科学版）1986 年第 1 期。

44. 王志刚：《北魏崔浩石经石史考》，《史学史研究》2010 年第 3 期。

45. 王仲荦：《北魏初期社会性质与拓跋宏的均田、迁都、改革》，《文史哲》1955 年第 1 期。

46. 王仲荦：《鲜卑姓氏考》，《文史》第三十、三十一辑。

47. 萧东发：《儒家石经及其影响》，《紫禁城》1995 年第 4 期。

48. 薛瑞泽：《北魏的内河航运》，《山西师大学报》（社会科学版）2001 年第 3 期。

49. 余中星：《富弼研究》，暨南大学 1999 年硕士学位论文。

50. 曾昭聪：《中国古代的石经及其文献学价值》，《华夏文化》2002 年第 1 期。

51. 张涛：《〈孝经〉作者与成书年代考》，《中国史研究》1996 年第 1 期。

52. 张希清：《"师友僚类，殆三十年"——富弼与范仲淹》，载洛阳市第二文物工作队编《富弼家族墓志研究论文集》，中州古籍出版社 2011 年版。

53. 朱绍侯：《河洛文化的性质及研究的意义》，《黄河科技大学学报》2008 年第 6 期。

54. 祝总斌：《略论晋律之"儒家化"》，《中国史研究》1985 年第 2 期。

后　记

2007 年，我博士毕业进入河南科技大学工作，一晃十余年。岁月如刀，在我的履历上刻上了几页不甚丰硕的成果，在我的额头刻上了几道抹不去的纹路，一切都在变化。也还总有些不变的东西在，我以魏晋南北朝史为研究核心的方向没有变，对学术研究认真、较真、求真的初衷没有变。

洛阳是魏晋南北朝史研究的一个重要地理区域，能有机会将自己的研究时段与所居的地域空间相结合，是一件令人愉悦的事情。十余年来，我陆续完成了数个河洛文化相关的科研项目和十余篇论文，也算小有所成，这些成果本书稿多有收录。

感谢河南科技大学人文学院搭建的科研平台，使得本书纳入"黄河文明与河洛文化"研究丛书。感谢人文学院各位同人，他们的友善与帮助，我会铭记于心。罗子俊院长非常关心我的教学、科研与生活，他的信任、理解与支持，我感恩于心。

感谢洛阳的各位师友，我曾向多位先生请教，受益良多。

感谢我挚爱的妻子和可爱的儿女。感谢你们给了我温暖和谐的家，让我能够沉潜性情，安心工作。

感谢本丛书责任编辑邵永忠先生，他的专业与严谨，为本书的顺利出版付出了艰辛的努力；他的宽容与优雅，常常为我感动。

本书稿一定存在不少问题，敬请学界师友批评指正。

王东洋，记于洛河南畔

2021 年 7 月 21 日

责任编辑:邵永忠
封面设计:黄桂月

图书在版编目(CIP)数据

石刻文献与河洛文化论稿/王东洋 著. —北京:人民出版社,2022.6
(黄河文明与河洛文化丛书/罗子俊 主编;王东洋 副主编)
ISBN 978-7-01-023922-4

Ⅰ.①石… Ⅱ.①罗…②王… Ⅲ.①石刻-文献-中国-文集②文化史-
河南-文集 Ⅳ.①K877.404-53②K296.1-53

中国版本图书馆 CIP 数据核字(2021)第 217368 号

石刻文献与河洛文化论稿
SHIKE WENXIAN YU HELUO WENHUA LUNGAO

王东洋 著

人民出版社 出版发行
(100706 北京市东城区隆福寺街 99 号)

北京中科印刷有限公司印刷 新华书店经销

2022 年 6 月第 1 版 2022 年 6 月北京第 1 次印刷
开本:710 毫米×1000 毫米 1/16 印张:14.25 字数:230 千字

ISBN 978-7-01-023922-4 定价:50.00 元

邮购地址 100706 北京市东城区隆福寺街 99 号
人民东方图书销售中心 电话 (010)65250042 65289539